OÖ KULTUR

OÖ. LANDESAUSSTELLUNG 2018

DIE RÜCKKEHR DER LEGION

RÖMISCHES ERBE IN OBERÖSTERREICH

Amt der Oberösterreichischen Landesregierung
Direktion Kultur
(Hrsg.)

t.
TRAUNER VERLAG

IMPRESSUM

Die Rückkehr der Legion. Römisches Erbe in Oberösterreich
Begleitband zur Oberösterreichischen Landesausstellung 2018

ISBN 978-3-99062-298-8

Verlag:
TRAUNER VERLAG + BUCHSERVICE GmbH, Linz

WISSENSCHAFTLICHE LEITUNG

Ausstellung:
Dr. Stefan Traxler, OÖ. Landesmuseum
Dr. Reinhardt Harreither, Museum Lauriacum
Mag. Bernhard Schlag, Salzburg

Katalog:
Dr. Stefan Traxler, OÖ. Landesmuseum
Dr. Felix Lang, Universität Salzburg
Mag. Bernhard Schlag, Salzburg

Redaktion:
Dr. Stefan Traxler, OÖ. Landesmuseum
Dr. Felix Lang, Universität Salzburg

Lektorat:
Dr.^{in} Christina Schmid
Gertrude Traxler, BEd

Gestaltung und Produktion:
Werner Schmolmüller, kultur@farbgerecht.com

Druck:
TRAUNER DRUCK GmbH, Linz
Gedruckt auf säurefreiem, chlorfrei gebleichtem Papier – TCF
Mit zahlreichen Abbildungen
Printed in Austria 2018

Ausstellungssujet und Römerschatten: Matern Creativbüro, St. Georgen im Attergau

LAND OBERÖSTERREICH

Die Direktion Kultur des Amtes der Oberösterreichischen Landesregierung
dankt den Sponsoren der Oberösterreichischen Landesausstellung 2018:

- Energie AG Oberösterreich
- Oberösterreichische Versicherung AG
- PANEUM – Wunderkammer des Brotes
- Raiffeisen Landesbank Oberösterreich AG
- S. SPITZ Ges.m.b.H.

INHALTSVERZEICHNIS

ZUM GELEIT

IMPERIUM ROMANUM

LAURIACUM

ZIVILES LEBEN

DIS MANIBUS

OBERES DONAUTAL & HINTERLAND

UNSER RÖMISCHES ERBE

ANHANG

MARCUS AURELIUS, SELBSTBETRACHTUNGEN

*„Das Folgende entspricht
immer dem Vorangehenden,
nicht nur in der Weise des
Nacheinander mit bloß äußerer
Verknüpfung, sondern durch ein
inneres geistiges Band."*

ZUM GELEIT

DIVI TRAIANI
ANTONINI PII
DIVI HADRIANI ABN
ANTONINVS PI
PERTINACIS AVG ARAB

VORWORT DES LANDESHAUPTMANNES

DIE RÜCKKEHR DER LEGION.

RÖMISCHES ERBE IN OBERÖSTERREICH

Mag. Thomas Stelzer

Seit nun mehr als fünf Jahrzehnten gehören OÖ. Landesausstellungen zu den Fixpunkten und zugleich Highlights der vielfältigen und abwechslungsreichen heimischen Kulturlandschaft.

Unter dem Titel „Die Rückkehr der Legion. Römisches Erbe in Oberösterreich" gibt die heurige – zugleich die 32. – OÖ. Landesausstellung mit Schaugrabungen, eindrucksvollen Originalfunden, Forschungs-Abenteuern für Nachwuchs-Archäologen, interaktiven Apps und virtuellen Welten einen vielschichtigen Einblick in das Leben der Römer vor 1.800 Jahren.

Die Landesausstellung 2018 führt die Besucherinnen und Besucher auf Spurensuche in die Zeit des „Imperium Romanum". Eine Mischung aus eindrucksvollen Funden und moderner Präsentationstechnik zeigt die Vielfalt der Siedlungsbauten und Bedeutung der Handelsstraßen in Oberösterreich.

Im Zentrum stehen die neu gestalteten Ausstellungen im Museum Lauriacum und in der Unterkirche der Basilika St. Laurenz in Enns, die sich dem vielfältigen Leben im Legionslager und der römischen Zivilsiedlung sowie dem frühen Christentum in Oberösterreich widmen. Das 1892 gegründete Museum Lauriacum ist die drittälteste wissenschaftliche museale Institution in Oberösterreich.

Die OÖ. Landesausstellung beschreitet dieses Jahr neue Wege und macht sich fit für die Zukunft: Erstmals in der Geschichte der OÖ. Landesausstellungen bleiben alle Standorte auch nach der Landesschau in vollem Umfang erhalten. Das Museum Lauriacum und die Ausstellung in der Unterkirche der Basilika St. Laurenz werden auch in Zukunft das römische Erbe Oberösterreichs präsentieren. Im Bereich der Wissenschaft wurden durch die enge Zusammenarbeit mit dem OÖ. Landesmuseum Synergien genutzt und es wurde auf das vorhandene, hoch qualifizierte wissenschaftliche Personal zurückgegriffen.

Zudem setzt die Landesausstellung zunehmend auf Digitalisierung und bietet 2018 erstmals eine kostenlose App zur Vermittlung der Ausstellungsinhalte an.

Ziel ist es, die Landesausstellungen zeitgemäß neu zu positionieren. Ich bin davon überzeugt, dass mit dem neuen Konzept der Landesausstellungen Freiräume für neue Wege in der breitenwirksamen Vermittlung von Kunst und Kultur geschaffen werden.

Diesem Grundsatz folgend wurde auch das Gestaltungskonzept des vorliegenden Begleitbandes neu überarbeitet, d.h. wissenschaftlich fundierte Fakten bzw. Themen werden modern und spannend präsentiert. Tauchen Sie daher mit dieser Publikation in diese für die Entwicklung unserer Kultur so wichtige Epoche ein.

Ich möchte mich bei allen, die zum Gelingen dieses Buches beigetragen haben, sehr herzlich bedanken. Zugleich heiße ich alle Besucherinnen und Besucher der Landesausstellung 2018 sehr herzlich willkommen!

Mag. Thomas Stelzer
Landeshauptmann

STEFAN TRAXLER *UNTER MITARBEIT VON REINHARDT HARREITHER UND BERNHARD SCHLAG*

DIE RÜCKKEHR DER LEGION.

RÖMISCHES ERBE IN OBERÖSTERREICH

Museum Lauriacum.
Foto: Ch. Goldmann

PROLOG UND DANKSAGUNG

Die Bewertung eines Großprojektes, wie es die 32. OÖ. Landesausstellung darstellt, muss letztendlich Menschen überlassen werden, die einen ungetrübten, also möglichst objektiven Blick von außen darauf werfen. Außerdem, so lehrt uns die Geschichte, ist eine gewisse zeitliche Distanz von Nöten, um vergleichende Aussagen treffen zu können. Aus der also sehr subjektiven Perspektive einer Person, die das Glück hat, hier unmittelbar mitwirken und gestalten zu dürfen, möchte ich dennoch jetzt schon behaupten, dass mit der „Rückkehr der Legion" bedeutende Akzente für die Archäologie, die Geschichte und die Kultur des Bundeslandes Oberösterreich gesetzt werden konnten. Die musealen Projekte werden für alle sichtbar sein: die großzügige Neuaufstellung einer der wichtigsten römerzeitlichen Sammlungen Österreichs im Museum Lauriacum, die neue Präsentation in der Unterkirche der Basilika St. Laurenz sowie die Schutzbauten in Schlögen (ab Mai 2018; Beitrag ab S. 208), Oberranna (ab Juli 2018; Beitrag ab S. 222) und bei den Kalkbrennöfen von Enns (2019; Beiträge ab S. 100). Hier werden nicht nur drei ganz besondere archäologische Stätten, die im Zuge von Forschungsgrabungen freigelegt werden konnten, langfristig der interessierten Öffentlichkeit zugänglich gemacht, durch die Landesausstellung ist es möglich geworden, diese Orte quasi UNESCO-tauglich zu machen. Im Jänner 2018 wurde der Einreichungsantrag zum UNESCO Welterbe Donaulimes – Abschnitt West in Paris abgegeben. Im Sommer des Jahres 2019 könnte bereits die Ernennung zum Welterbe erfolgen. Auf der Liste stehen insgesamt 98 römische Fundorte in Ostbayern, Österreich, der Slowakei und in Ungarn, die zum Teil in mehrere archäologische Fundzonen untergliedert sind. Für Oberösterreich sind fünf Fundstellen gelistet: Burgus Oberranna, Kastell und Zivilsiedlung Schlögen, Wachturm Kürnberger Wald, Teile des Linzer Schlossberges und mehrere Zonen des Legionsstandortes Lauriacum/Enns. Im Gegensatz zu anderen Regionen war am oberösterreichischen Abschnitt von diesem potentiellen Welterbe nicht sehr viel sichtbar. Neben der Unterkirche der Lorcher Basilika sind insbesondere das 1957 partiell wiederaufgebaute Westtor des Kastells von Schlögen sowie das konservierte Fundament des Wachturms im Kürnberger Wald (Gemeinde Wilhering) zu nennen. Das konnte in den letzten Jahren durch die Finanzierung der Direktion Kultur des Landes Oberösterreich und mit tatkräftiger Unterstützung der beteiligten Gemeinden deutlich verbessert werden. Und all diese Projekte werden den Idealen der UNESCO (United Nations *Educational, Scientific* and *Cultural* Organization) in besonderer Weise gerecht, denn sie stehen alle im Zeichen von *Bildung/Vermittlung, Wissenschaft* und *Kultur*.

Basilika St. Laurenz.
Foto: blickwerk/M. Zauner

Innenansicht.
Foto: blickwerk/M. Zauner

Neben diesen allgemein sichtbaren Projekten ist aber im Hintergrund noch viel mehr passiert. Die Auswertungen zu den neuen Ausgrabungen haben begonnen, außerdem sind Fundmaterial und insbesondere auch menschliche Überreste aus früheren Grabungsprojekten genau unter die Lupe genommen worden (Beiträge ab S. 178). Durch absolut zerstörungsfreie geophysikalische Prospektionen konnte ein komplett neues Bild zu den Siedlungsbereichen um das Legionslager Lauriacum gewonnen werden (Beitrag ab S. 134; Plan Umschlagklappe hinten). Und der Aufschwung am Limes hat sich – wie schon in der Antike – auch im Hinterland positiv bemerkbar gemacht. Mehrere Kleinprojekte vor allem zu römischen Gutshöfen (z.B. in Altheim Weirading, in St. Georgen im Attergau, in Weyregg am Attersee und im Umland von Wels) haben unser Wissen um die römische Infrastruktur im Nordwesten der Provinz Noricum beträchtlich erweitert.

Viele dieser neuen Erkenntnisse fließen in die Neupräsentationen mit ein. Anderes muss noch ausgewertet oder vertieft werden, sodass gewährleistet ist, dass die archäologische Forschung in den kommenden Jahren nicht stillstehen wird. Die OÖ. Landesausstellung 2018 ist nicht nur aus musealer und touristischer Sicht das wahrscheinlich nachhaltigste derartige Projekt, das es bis dato gegeben hat – alle Präsentation bleiben bestehen –, sondern es ist auch aus wissenschaftlicher Sicht etwas ganz Besonderes: Durch die „Rückkehr der Legion“ ist der Motor der provinzialrömischen Archäologie in Oberösterreich auf Touren gekommen, das angestrebte Welterbe soll helfen, weiter an Fahrt aufzunehmen. Eine gewisse Garantie dafür gibt das Wissenschafts-Netzwerk, das im Zuge dieses Projektes verdichtet und erweitert werden konnte. Erst die hervorragende Zusammenarbeit mit den Universitäten Salzburg, Innsbruck und Wien, der Österreichischen

Akademie der Wissenschaften/Österreichisches Archäologisches Institut, dem Naturhistorischen Museum Wien, dem Bundesdenkmalamt und der Grabungsfirma Archeonova haben diesen Erfolg ermöglicht. Diese Liste unterstreicht aber auch einmal mehr das Potential und die Bedeutung der Archäologie in Oberösterreich.

Ausgrabung Römerbad Schlögen (2014/15).
Foto: OÖ. Landesmuseum

All diesen Institutionen und all jenen Menschen, die unsere Projekte mit großem persönlichen Einsatz unterstützt haben, sei an dieser Stelle ein ganz herzliches Dankeschön ausgesprochen. Der Stadt Enns, den Gemeinden Haibach ob der Donau, St. Agatha und Engelhartszell und ihren MitarbeiterInnen, welche die Landesausstellung so großartig „mittragen", sei ebenso gedankt wie den privaten EigentümerInnen, die uns den Zugang zu ihren historisch wertvollen Grundstücken erlaubt haben. Mein abschließender und ebenso herzlicher Dank gilt meinem Dienstgeber, dem Land Oberösterreich, der die finanzielle und organisatorische Basis für die „Rückkehr der Legion" bereitgestellt hat, außerdem meinen KollegInnen im Landesdienst, die mich nicht nur großartig unterstützt, sondern mir auch den nötigen seelischen Beistand für dieses Großprojekt gegeben haben. Meiner Familie danke ich für den liebevollen Rückhalt und ihr Verständnis, dass ich in den letzten Jahren viel mehr Zeit im Büro, in Enns und im Oberen Donautal verbracht habe als zuhause.

DAS NEUE MUSEUM LAURIACUM

Das 1892 gegründete Museum Lauriacum ist die drittälteste wissenschaftliche museale Institution in Oberösterreich. Die ersten Schauräume befanden sich im Meierhof des Schlosses Ennsegg, doch konnten die musealen Exponate schon 1898 durch das Entgegenkommen der Stadtgemeinde Enns im historischen Ratssaal im ehemaligen Rathaus in würdigem Rahmen aufgestellt werden. 1971 wurden weitere großzügige Räumlichkeiten im früheren Rathaus für das Museum adaptiert. Für die Präsentation in den 1980er-Jahren erhielt das Museum Lauriacum 1988 den in eben diesem Jahr erstmals vergebenen Museumspreis.

Das Museum, das eine der bedeutendsten Sammlungen zur Römerzeit in Österreich beherbergt, bildet das Herz der 32. OÖ. Landesausstellung, durch welche die Präsentationsflächen mehr als verdoppelt werden konnten – von ursprünglich 600 m² auf 1.300 m². Das Museum Lauriacum ist damit eines der größten Römermuseen Mitteleuropas. Durch die Einbindung jüngster Forschungsergebnisse von Ausgrabungen, geophysikalischen Prospektionen, altertumswissenschaftlichen, anthropologischen und archäozoologischen Untersuchungen können ganz neue Aspekte zum Leben an der Donau vor 1.800 Jahren präsentiert werden. Die Kombination von interaktiven Vermittlungsstationen, Multimedia und klassischer Objektpräsentation ermöglicht ein informatives, anschauliches und unterhaltsames Erlebnis für Jung und Alt.

LEITTHEMEN IM MUSEUM LAURIACUM

Erdgeschoß:
- Militär in Lauriacum (Beiträge ab S. 80)
- Sterben in Lauriacum (Beiträge ab S. 170)

1. Obergeschoß:
- Die zivilen Siedlungsbereiche von Lauriacum – Wand- und Deckenmalerei (Beiträge ab S. 66 u. 140)
- Stadtgeschichte – von der Römerzeit ins Mittelalter

2. Obergeschoß:
- Numismatik (Beitrag ab S. 58)
- Alltag in Lauriacum (Beiträge ab S. 137)

Zinnfigurenlegion.
Foto: Mules of Marius

SALVE!

Im Eingangsbereich begleiten marschierende Legionäre in Form einer Großformatgraphik die BesucherInnen ins Museum. Damit wird auch der Titel der OÖ. Landesausstellung 2018 „Die Rückkehr der Legion" aufgegriffen. Hier tauchen erstmals die beiden Leitfiguren für die Präsentation im Erdgeschoß auf, die das römische Militär und den Legionsstandort Lauriacum sozusagen aus persönlicher Sicht näherbringen: Seccius Secundinus, Veteran der *legio II Italica* (Audiostationen) und Marius Maximus, einer seiner beiden Enkelsöhne (Vermittlungsstationen). Die Familie des Seccius Secundinus ist uns aus einer Grabinschrift bekannt. Sie spielt auch im eigens für die Landesausstellung von 7Reasons produzierten Film eine wichtige Rolle (Beitrag ab S. 32). Großvater und Enkel Marius begrüßen vor dem Eingang in die eigentliche Ausstellung die Gäste und geben ihnen einen Einblick, was sie im Erdgeschoß des Museums erwartet:

Leitfigur
Illustration: M. Gletthofer

„Salve … Sei gegrüßt! Wir schreiben das Jahr 210 n. Chr. Das heutige Österreich ist mit Ausnahme der Gebiete nördlich der Donau Teil des Imperium Romanum. In Lauriacum/Enns ist die einzige Legion der Provinz Noricum stationiert."

LEGIO – DAS RÖMISCHE HEER

Im ersten großen Ausstellungsraum wird das Thema römisches Heer anschaulich vor Augen geführt: Was ist eine Legion? Welche Truppen und Chargen gab es? Wie waren die Soldaten bewaffnet?

Das absolute Highlight in diesem Raum ist die 6.000 Mann starke, handbemalte Zinnfigurenlegion „Mules of Marius" (mules-of-marius.com). Nach 1.800 Jahren ist also wieder eine Legion in Enns stationiert, dieses Mal allerdings im Kleinformat.

Ausgrabung Kalkbrennofen 9, Lauriacum/Enns (2016/17).
Foto: R. Koch

Ausgrabung Römerburgus Oberranna (2017/18).
Foto: E. Weinlich

IMPERIUM ROMANUM

Im nächsten Bereich erfolgt die Verortung von Lauriacum im Imperium Romanum und in der Provinz Noricum. Lauriacum wurde mit der Stationierung der *legio II Italica,* der zweiten Italischen Legion, am Ende des zweiten Jahrhunderts n. Chr. einer von 30 (später 33) Legionsstützpunkten im Römischen Reich (Plan Umschlagklappe vorne) – man kennt die Vorgängersiedlung des heutigen Enns auch in Rom. Hier wird die Einbindung in den sog. Donaulimes deutlich. Ab Mitte 2019 könnte Lauriacum/Enns einer der zentralen Orte des UNESCO Welterbes Donaulimes sein.

LEGIO II ITALICA

Der unter Kaiser Marcus Aurelius im Vorfeld der Markomannenkriege in Norditalien ausgehobenen zweiten Italischen Legion ist ein eigener Raum gewidmet. Der „Philosophenkaiser" wird hier ebenso thematisiert wie der historische Hintergrund, der zur Aushebung der Einheit geführt hat. An Hand von Abbildungen der Marcus-Säule in Rom werden die Feldzüge gegen die Markomannen und ihre Verbündeten skizziert. Unterschiedlichste Denkmäler werfen Blitzlichter auf die Geschichte der Legion, die – ab der Mitte des dritten Jahrhunderts allerdings in reduzierter Form – bis in die Spätantike in Lauriacum verbleibt. Die Höhepunkte in diesem Raum sind das in 3D-Druck gefertigte Modell des Legionslagers von Lauriacum und eine monumentale Bauinschrift, die einst über einem der Lagertore angebracht gewesen ist.

Außerdem führt in diesem Bereich eine Multimedia-Station die unglaubliche Karriere eines Kommandanten der *legio II Italica* vor Augen, die wir praktisch lückenlos rekonstruieren können (Beitrag ab S. 86).

SPEZIALISTEN IN DER LEGION

Ein Anliegen des Kuratorenteams ist es, das von Asterix und Sandalenfilmen geprägte einseitige Bild des kämpfenden, trinkenden und würfelnden Soldaten aufzuweichen. So ist ein Bereich den Spezialisten in der Legion gewidmet (Beiträge ab S. 30).

Hinter dem Militär stand ein komplexer Verwaltungsapparat, und in den Legionen waren hochspezialisierte und hervorragend ausgebildete Pioniere, Baumeister, Handwerker, Ärzte etc. tätig. Zum Ausdruck kommt dieses Spezialistentum besonders in der Kalkbrennofenbatterie von Lauriacum (Beitrag ab S. 100).

DIS MANIBUS – STERBEN IN LAURIACUM

Orpheus, der begnadete Musiker und Sänger der griechisch-römischen Mythologie bildet den Auftakt in dem Bereich, der den Gräberfeldern von Lauriacum gewidmet ist. Ein Grabrelief zeigt den sitzenden Musikanten mit einer Lyra. Vor ihm haben sich mehrere Vögel und vermutlich ein Reh versammelt. Seine traurige Lebensgeschichte hat Orpheus ja sogar in die Unterwelt geführt, die Rückführung seiner geliebten Gattin Eurydike ist knapp vor dem Ziel gescheitert. Vor diesem mythologischen Hintergrund verwundert es wenig, dass Orpheus ein besonders beliebtes Motiv in der antiken Grabkunst ist. In einem Raum stehen die Grabdenkmäler aus der Blütezeit der Siedlung im Fokus, außerdem veranschaulicht eine Multimedia-Station altertumswissenschaftliche und anthropologische Forschungsmethoden. Im nächsten Raum stehen die zahlreichen Gräberfelder von Lauriacum im Fokus, die uns tiefe Einblicke in das Leben und Sterben am Donaulimes zwischen dem 1. und 5. Jahrhundert gewähren (Beitrag ab S. 170).

An einer Wand werden mittels Vermittlungsstationen und Vitrinen die Ergebnisse der jüngsten anthropologischen Forschungen zum größten bekannten römischen Gräberfeld in Enns präsentiert. Im Gräberfeld „Steinpaß" konnte eine generell schlechte Zahngesundheit diagnostiziert werden, außerdem tödliche aber auch erfolgreich behandelte Verletzungen. Sogar Enthauptungen sind belegt. Für das Verständnis des Alltagslebens in einem Ballungszentrum wie Lauriacum ist aber beispielsweise sehr viel wichtiger, dass ein Großteil der Menschen an chronischen Atemwegserkrankungen gelitten hat, und dass arbeitsbedingte Überbelastungen sowohl bei Männern als auch bei Frauen vorkommen. Das Leben war hart an der Nordgrenze des Römischen Reiches (Beiträge ab S. 178).

DIE ZIVILEN SIEDLUNGSBEREICHE VON LAURIACUM

Das erste Obergeschoß ist primär den zivilen Siedlungsbereichen gewidmet. Der Zuzug von ca. 6.000 Soldaten und unzähligen weiteren, ganz unterschiedlich motivierten Menschen brachte einen enormen wirtschaftlichen Aufschwung, nicht nur für die Siedlung sondern für die gesamte Region mit sich. Zu ihrer Blütezeit dürfte Lauriacum etwa 25.000 Einwohner beherbergt haben – also etwa doppelt so viele, wie die heutige Stadt Enns. Jede größere Ausgrabung fördert auf der einen Seite kistenweise Massenware zu Tage, auf der anderen Seite stecken aber immer wieder einzelne Funde durch ihr Material und/oder ihre Qualität besonders ins Auge.

WAND- UND DECKENMALEREI – TAPETENWECHSEL

Die österreichweit bedeutendsten römischen Funde von Wand- und Deckenmalereien der letzten Jahrzehnte unterstreichen die Sonderstellung von Lauriacum und zeugen vom Wohlstand der römischen Siedlung. Sie vermitteln die Vielfalt der römischen Wanddekoration

Markussäule.
Illustration: R. Reznicek

Restaurierung der Fresken aus dem „Haus der Medusa“.
Foto: BDA

und ihre stilistische Entwicklung. Bis zu vier übereinanderliegende Schichten – also Belege für römerzeitlichen „Tapetenwechsel“ – zeigen prachtvolle figurale und dekorative Elemente (Beitrag ab S. 140).

Neben der antiken Technik, dem Material und der Handwerkskunst thematisiert die Ausstellung auch die moderne konservatorische Bearbeitung der sensiblen Objekte. Dieses wunderbare Konvolut ist sogar im Kunsthistorischen Museum in Wien zu sehen gewesen, bevor es auf Dauer nach Enns zurückkehrt ist. Das Gebäude wird nach dem mehrfach belegten Bildmotiv der Gorgo Medusa als „Haus der Medusa“ bezeichnet. Ein Film zur Forschungsgeschichte und ein 3D-Modell ergänzen die Präsentation.

STADTGESCHICHTE – VON DER RÖMERZEIT INS MITTELALTER

Ausgehend von einer römischen Siedlung am Schnittpunkt wichtiger Verkehrswege entwickelte sich Lauriacum ab dem späten 2. Jahrhundert durch die Stationierung der *legio II Italica* zum größten militärischen Stützpunkt der Provinz Noricum mit einem Legionslager und zivilen Siedlungsbereichen. Zur Zeit Kaiser Diocletians erlitt unser Landespatron, der Heilige Florian, am 4. Mai 304 den Märtyrertod durch Ertränken in der Enns. In der Spätantike war Lauriacum Bischofssitz, und über den baulichen Resten einer frühchristlichen Kirche erhebt sich heute die Basilika St. Laurentius in Lorch/Enns.

Durch die Verleihung des Stadtrechts durch Leopold VI. am 22. April 1212 ist Enns die älteste Stadt Österreichs, deren heute noch erhaltene Stadtmauer die Wiederverwendung antiker Baumaterialien aus dem römischen Legionslager erkennen lässt.

Im Stadtgeschichte-Raum wird die wechselvolle Geschichte von Enns praktisch im Zeitraffer dargestellt. Neben ausgewählten Exponaten, die stellvertretend die verschiedenen Epochen repräsentieren, führt eine multimediale Präsentation auf ein großes Landschaftsmodell die Entwicklung bis ins Heute besonders anschaulich vor Augen.

Der Lyra spielende Orpheus mit den Tieren, Grabrelief aus Lauriacum.
OÖ. Landesmuseum – Foto: O. Harl, lupa.at/517

NUMISMATIK – BILDERWELTEN

Im zweiten Stockwerk wird eine großartige Auswahl der über 32.000 dokumentierten Fundmünzen von Lauriacum gezeigt. Neben verschiedenen Herstellungstechniken, den obligaten Informationen zu Münzstätten, Nominalien, Kaufkraft, Einkommen und Inflation kann das Publikum selbstverständlich auch in antike Bilderwelten eintauchen. Die Münzen waren ein wichtiges Propagandainstrument, quasi die Zeitung des einfachen Volkes. Neben den Kaisern und ihren Familienangehörigen auf der Vorderseite sind auf der Rückseite Gottheiten, geschichtliche Ereignisse, erfolgreiche Feldzüge und Eroberungen sowie Bauwerke dargestellt. In Bezug auf den Legionsstandort Lauriacum wird ein Bereich besonders hervorgehoben: Münzbilder, die das Militär in Aktion zeigen (Beitrag ab S. 58).

ALLTAG IN LAURIACUM

Der abschließende, großzügig gestaltete Themenbereich zum Alltag in Lauriacum lädt die BesucherInnen noch einmal zur aktiven Beteiligung ein. In jedem Bereich gibt es etwas zu tun oder zu erkunden. Die vielfältigen archäologischen Exponate des Museums gewähren tiefe Einblicke in die Lebensräume einer römischen Garnisonssiedlung an der Außengrenze des Imperium Romanum. Im Fokus stehen das öffentliche Leben, die Glaubenswelten und die Versorgung der BewohnerInnen durch lokales Handwerk und überregionalen Handel. Massenprodukte stehen hier neben absoluten Raritäten, wie etwa dem Depotfund mit Silbergeschirr von Lauriacum.

Die jüngsten anthropologischen und archäozoologischen Forschungen werfen ein neues Licht auf die Lebensumstände und die Ernährungsgewohnheiten. Neben der getreidebasierten Grundernährung zeigt sich ein breites Spektrum an verschiedenen Fleisch- und Fischsorten. Karies ist allgegenwärtig, Mangelerscheinungen sind dafür im Befund ganz selten, was auf eine zu allen Jahreszeiten recht ausgewogene Ernährung schließen lässt (Beitrag ab S. 178).

Zudem werden weitere spannende Themen zum Alltags- und Familienleben in römischer Zeit genauer beleuchtet. So besteht kein Zweifel, dass die Frauen in Lauriacum eine wesentliche Rolle sowohl im gesellschaftlichen als auch im wirtschaftlichen Leben gespielt haben. Den Abschluss bildet ein besonders qualitätvoller Familiengrabstein. Dieses Highlight steht mit an der Spitze der römischen Bildhauerarbeiten Österreichs.

STEFAN TRAXLER

GRABRELIEF

MIT DER DARSTELLUNG EINER WOHLHABENDEN FAMILIE

Foto: O. Harl, lupa.at/4613

Idealisierte Grabaedicula.
Das Familienrelief und andere Bauteile (Dachplatte, Säulen) sind Denkmälern aus Lauriacum/Enns nachempfunden.
Illustration: R. Reznicek

Im Jahr 1983 wurde bei Kelleraushubarbeiten auf den sog. Plochbergergründen (Beitrag ab S. 140) eines der qualitätsvollsten römischen Reliefs Österreichs gefunden. Es stammt von einer Grabaedicula.

Oben links ist die Mutter dargestellt. Die in der Mitte gescheitelten Haare verdecken die Ohren und sind demnach im Nacken gebunden bzw. eingerollt („Nestfrisur"). Sie ist mit *tunica manicata* und Umhang bekleidet und trägt eine Halskette mit großen alternierend angeordneten rechteckigen und ovalen Perlen. In der rechten Hand hält sie einen (Granat-)Apfel (?), den linken Arm hat sie um den Mann gelegt, ihre Hand liegt auf seiner linken Schulter (Ehegestus).

Oben rechts ist der Mann abgebildet. Er hat kurzes Haar und einen knapp gehaltenen Vollbart. Über der *tunica manicata* trägt er ein fransenbesetztes sagum (ein beim Militär besonders beliebter Mantel), das auf der rechten Schulter mit einer Scheibenfibel zusammengehalten wird. In der linken Hand hält er ein gefaltetes Tuch, die rechte Hand liegt auf der Schulter seiner Tochter.

Der Knabe unten links hat kurze Haare und trägt ebenfalls *tunica manicata* und *sagum*, das auf der rechten Schulter mit einer Scheibenfibel geschlossen ist. Er hält entweder ein Tuch oder eine Schriftrolle in der linken Hand, der Zeigefinger der rechten Hand zeigt im sog. Schwurgestus darauf.

Das Mädchen unten rechts trägt wie die Mutter *tunica manicata* und Umhang. Ihre in der Mitte gescheitelten Haare fallen wellenförmig bis zum Hals, in der Nackenmitte sind sie leicht eingerollt.

Die mit großen Ohrringen geschmückten Ohren sind freigelassen, und um den Hals liegt eine Kette mit großen ineinandergreifenden Gliedern. Ihre Hände umschließen eine große Weinrebe.

Das Familienrelief ist am Ende des 2. oder im ersten Drittel des 3. Jahrhunderts entstanden und kann der „Werkstatt der Dreifigurenreliefs" zugeschrieben werden. Die Bildhauer, die solche Kunstwerke schaffen, stammen mit großer Wahrscheinlichkeit aus Italien und sind in Folge der Stationierung oder sogar gemeinsam mit der *legio II Italica* nach Lauriaucm gekommen. Diese Werkstatt arbeitet primär mit Gummerner Marmor, der bei Villach (Kärnten) abgebaut wird und ist auf die Darstellung von (Soldaten-)Familien spezialisiert. Sowohl die Qualität und das verwendete Material als auch die Kleidung und der Schmuck der dargestellten Personen zeigen, dass wir es mit einer besonders wohlhabenden Familie zu tun haben, die sich einen aufwendigen und teuren Grabbau vermutlich direkt an der Limesstraße errichten hat lassen. Der Vater könnte Offizier der Legion gewesen sein.

STEFAN TRAXLER – REINHARDT HARREITHER

„WOHIN MAN HIER DEN FUSS SETZEN MAG, STÖSST MAN AUF EIN STÜCK GESCHICHTE“ *

EIN ÜBERBLICK ZUR FORSCHUNGSGESCHICHTE VON LAURIACUM/ENNS

**JOSEPH GAISBERGER ZITIERT IN SEINEM BERICHT „LAURIACUM UND SEINE RÖMISCHEN ALTERTHÜMER“ (1846, V) MARCUS TULLIUS CICERO, FÜNF BÜCHER ÜBER DAS HÖCHSTE GUT UND ÜBEL 5,2,6.*

Gründungsmitglieder des Museumsvereines Lauriacum in einem Hypocaustum des Lagerbades, 1895.
V.l.n.r.: F. Plochberger, H. Postl, Landgraf v. Fürstenberg, K. Christ und E. Schmidel
Foto: Museum Lauriacum

Dieser Beitrag ist all jenen gewidmet, die sich dankenswerter Weise um das archäologische Erbe von Enns bemüht haben bzw. nach wie vor bemühen.

FRÜHE BERICHTE (14.–18. JAHRHUNDERT)

Der älteste Bericht über römische Denkmäler in Enns stammt aus dem Jahr 1322 und erwähnt eines der bedeutendsten Objekte im Museum Lauriacum (Beitrag ab S. 32). Für das 16. und 17. Jahrhundert liegen Reiseberichte und Inschriftensammlungen vor, die einerseits von der fortschreitenden Zerstörung der antiken Siedlung künden, andererseits auch Steindenkmäler beschreiben. So macht etwa der Holländer Stephanus Vinandus Pighius 1574 in Enns Station und beschreibt in seinem Reisebericht die „rundum mit römischen Spolien“ (tanzende Satyren und Nymphen, Europa auf dem Stier) ausgestattete Kirche auf dem Georgenberg. Was mit all diesen Denkmälern nach Abbruch der Georgskirche am Beginn des 17. Jahrhunderts geschehen ist, ist nicht bekannt. 1665 berichtet der Bibliothekar und Historiograph Peter Lambeck (Lambeccius) seinem Dienstherrn, Kaiser Leopold I., dass von den Werken, die Pighius beschreibt, nichts mehr zu finden sei. Ein schwacher Trost sind ihm mehr als 100 silberne und bronzene Münzen, die er von verschiedenen Anrainern erwirbt.

Mathias Fuhrmann erwähnt in seinem 1737 publizierten Werk „Oesterreichisches Heydenthum, oder Völcker-Beschreibung der Alten Zeiten“, dass „... man eben vorm Jahr zu Enns in der Kirch-Gassen an des Färbers Haus ein Römisch Monument ... welches die Affaire des verstellten Jupiters mit der Leda fürstellet, ... wobey zur rechten Seiten der Cupido mit des Jupiters Donner-Keil, und Regiments-Stab stehet“ angetroffen hat. Dieses Relief ist heute noch erhalten und kann im Schlossmuseum Linz betrachtet werden.

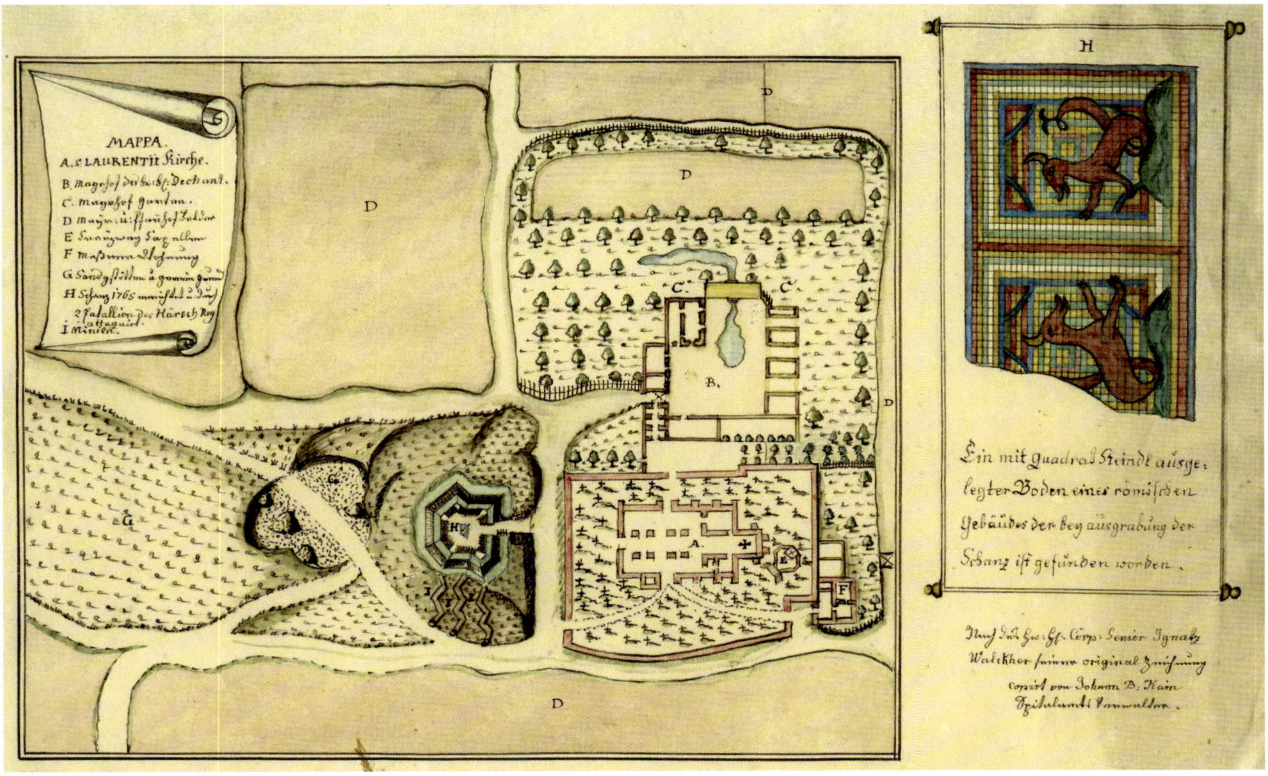

1765 westlich der Basilika St. Laurenz aufgefundener Mosaikboden.
OÖ. Landesmuseum – Kopie J. B. Kain nach einem Original von I. Walcher

Im 18. Jahrhundert erregt die Entdeckung eines Mosaikbodens, der westlich der Basilika St. Laurenz „bey Ausgrabung der Schanz ist gefunden worden" eine gewisse Aufmerksamkeit, ebenso die leider größtenteils verlorene Kunstsammlung des Fürsten von Auersperg. In das *valetudinarium,* das Lagerspital des Legionslagers, war in der Spätantike eine Kirche, die Vorläuferin der Kirche Maria am Anger, eingebaut worden. Im Jahr 1792 oder kurz danach wurde diese Kirche abgetragen, welche nach Joseph Schicker ebenfalls „mit schönen römischen Bildwerken geschmückt war."

STEINBRUCH LAURIACUM

Bereits diese Beispiele verdeutlichen, dass Lauriacum im Mittelalter und in der frühen Neuzeit zum wichtigsten Steinbruch für die aufstrebende Stadt Enns wird. Dem 1907 publizierten „Führer durch das Museum der Stadt Enns" von J. Schicker ist auch ein Rundgang durch die Stadt angefügt, der die Wiederverwendung von römischem Steinmaterial sehr schön zum Ausdruck bringt. So wird da etwa die wunderbare Aussicht vom Georgenberg gelobt, wo „Säulen aus dem römischen Hypocaustum ... zum Ausruhen" einladen. Es handelt sich um die Pfeiler einer Fußbodenheizung aus dem Badegebäude des Legionslagers, die man auch heute noch im Hof und im Garten des Schlosses Ennsegg findet. Der Spaziergang führt weiter „neben der Ringmauer, in der das kundige Auge gar manchen römischen Säulenrest oder Granitquader findet". Zum Lager vermerkt er, dass vom Wall „durch das Einebnen mit dem Pflug" nichts mehr zu sehen ist, „desgleichen von der Mauer, den Türmen und Toren und den Kasernen, da die Bausteine bis auf die Grundfesten zum Bau der Ennsburg und Ringmauer und Stadt verwendet wurden". Beim Abtragen von Teilen der Stadtbefestigung wurden auch immer wieder Inschriften und

Relief mit Leda und dem Schwan sowie Amor, um 1736 im „Färberhaus“ entdeckt.
OÖ. Landesmuseum, Schlossmuseum Linz
Foto: SRI/Hemmers/Traxler

Reliefs angetroffen. Ein Spaziergang durch Enns ist aber nach wie vor eine Entdeckungsreise. Die Reste der Stadtmauer, die Türme und Tore und natürlich die Basilika St. Laurenz erlauben Blicke auf römisches Baumaterial, und es besteht kein Zweifel, dass nicht nur durch Ausgrabungen, sondern auch durch die Bauforschung bzw. bei Restaurierung, Umbau und Schleifung alter Gebäude „neue“ Römersteine entdeckt werden.

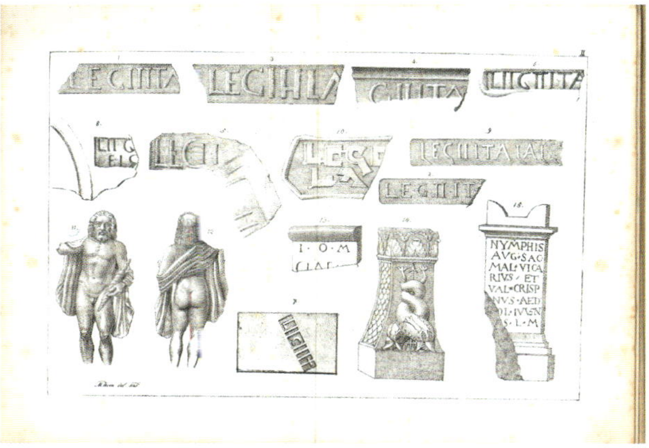

J. Gaisberger 1846,
Lauriacum und seine römischen Alterthümer, Taf. 2.

SAMMELN, BEWAHREN, VERMITTELN

Die zunehmende Verschleppung und Zerstörung von Kunst- und Kulturdenkmälern spielt bei der im Jahr 1833 erfolgten Gründung des OÖ. Musealvereines, aus dem das OÖ. Landesmuseum hervorgegangen ist, eine wesentliche Rolle. 1846 publiziert Joseph Gaisberger, „Vater der oberösterreichischen Altertumsforschung“ den 69 Seiten und acht Bildtafeln umfassenden Bericht „Lauriacum und seine römischen Alterthümer“. Viele der abgebildeten Denkmäler aus der Sammlung des Ennser Bürgermeisters Johann B. Kain gelangten 1853 ins OÖ. Landesmuseum.

Hypocaustum im Bad des Legionslagers, um 1895.
OÖ. Landesmuseum – Foto: J. Grilnberger

Den Beginn der tatsächlichen archäologischen Forschung in Enns markiert das Jahr 1851/52 mit der Freilegung einer Hypocaustenanlage im Bad des Legionslagers. Niemand geringerer als Adalbert Stifter berichtet Eduard Freiherr von Bach, dem Statthalter von Österreich ob der Enns und Joseph Ritter von Arneth, Direktor des k.k. Münz- und Antikenkabinetts zu Wien (Kunsthistorisches Museum) über die Ausgrabungen dieser Fußbodenheizung, wodurch eine weitere Finanzierung erwirkt werden kann. Ein im wahrsten Sinne des Wortes einschneidendes Ereignis ist der Bau der Kaiserin Elisabeth-Westbahn zwischen Linz und Wien (Eröffnung 1858), der das Legionslager zweiteilt und zwei Toranlagen zerstört.

Rechtsanwalt Julius Zeitlinger, Stadtarzt Josef Appenauer, Schulleiter in Pension Theodor Bukounig, Major in Pension Karl Christ, Apotheker August Ritter

„Römerrastplatz“ im Hof von Schloss Ennsegg: Sitzbank mit Hypocaustpfeilern des Lagerbades. *Foto: OÖ. Landesmuseum*

Hypocaustpfeiler des Lagerbades flankieren die Zufahrt zu Schloss Ennsegg. *Foto: OÖ. Landesmuseum*

von Kathrein, Realitätenbesitzer Franz Plochberger, der landgräfliche Güterinspektor Heinrich Postl und Landesgerichtsrat a. D. Edmund Schmidel gründeten Anfang 1892 den „Musealverein für Enns und Umgebung“ (Museumsverein Lauriacum). Protektor des Vereins war Vinzenz Egon Landgraf Fürstenberg, der Besitzer des Schlosses Ennsegg. Hauptmotivation zur Vereinsgründung war die Sammlung von Funden aus Enns, um sie auch an Ort und Stelle präsentieren zu können. Die ersten Schauräume befanden sich im Meierhof des Schlosses Ennsegg, doch konnten die musealen Exponate schon 1898 durch das Entgegenkommen der Stadtgemeinde Enns im historischen Ratssaal im ehemaligen Rathaus in würdigem Rahmen aufgestellt werden. Nach der Absiedlung des Bezirksgerichtes, des Roten Kreuzes und der Freiwilligen Feuerwehr aus dem früheren Rathaus war ab 1971 eine Umgestaltung der frei gewordenen Räumlichkeiten für museale Zwecke möglich.

Oberst Maximilian Groller von Mildensee, vor ihm Hohlziegel von Wandheizungen, 1914. *Foto: Museum Lauriacum*

Der Museumsverein Lauriacum führte 1901 eigenständige Grabungen im Bereich des Legionslagers durch, die ab 1904 von der 1897 gegründeten Limeskommission fortgesetzt wurden.

FORSCHUNGSGRABUNGEN – RETTUNGSGRABUNGEN

Das 20. Jahrhundert ist auch für die Archäologie ein wechselvolles. Viele Institutionen und WissenschaftlerInnen bemühen sich um Lauriacum, meist ist es nicht der Forscherdrang, der zu Ausgrabungen führt, sondern der Wettlauf gegen die Zerstörung, insbesondere durch Baumaßnahmen. Der von der Limeskommission der Kaiserlichen Akademie der Wissenschaften abgesandte Oberst Maximilian Groller von Mildensee widmet sich bis zu seinem Tod im Jahr 1920 vor allem der Erforschung des Legionslagers. In der Zwischenkriegszeit sind Alexander Gaheis, Rudolf Egger und Erich Swoboda aktiv, der Museumsvereinsobmann Joseph Schicker beschäftigt sich mit den Gräberfeldern und dem Legionslager.

Die stetige Expansion der Stadt Enns vor allem in der Zeit nach dem Zweiten Weltkrieg führt zu einer bedenklichen Dezimierung der archäologischen Substanz. Zwischen 1951 und 1960 werden in einem Kooperationsprojekt vom OÖ. Landesmuseum und dem Österreichischen Archäologischen Institut unter der Leitung von Wilhelm A. Jenny und Hermann Vetters die zivilen Siedlungsbereiche westlich des Legionslagers untersucht. Die 1953 aus der Taufe gehobene Publikationsreihe Forschungen in Lauriacum (FiL) dient, wie im Vorwort zu Band 1 zu lesen ist, der „Veröffentlichung von Beiträgen zur Geschichte Lauriacums." Und weiter heißt es: „In erster Linie wird es Aufgabe der

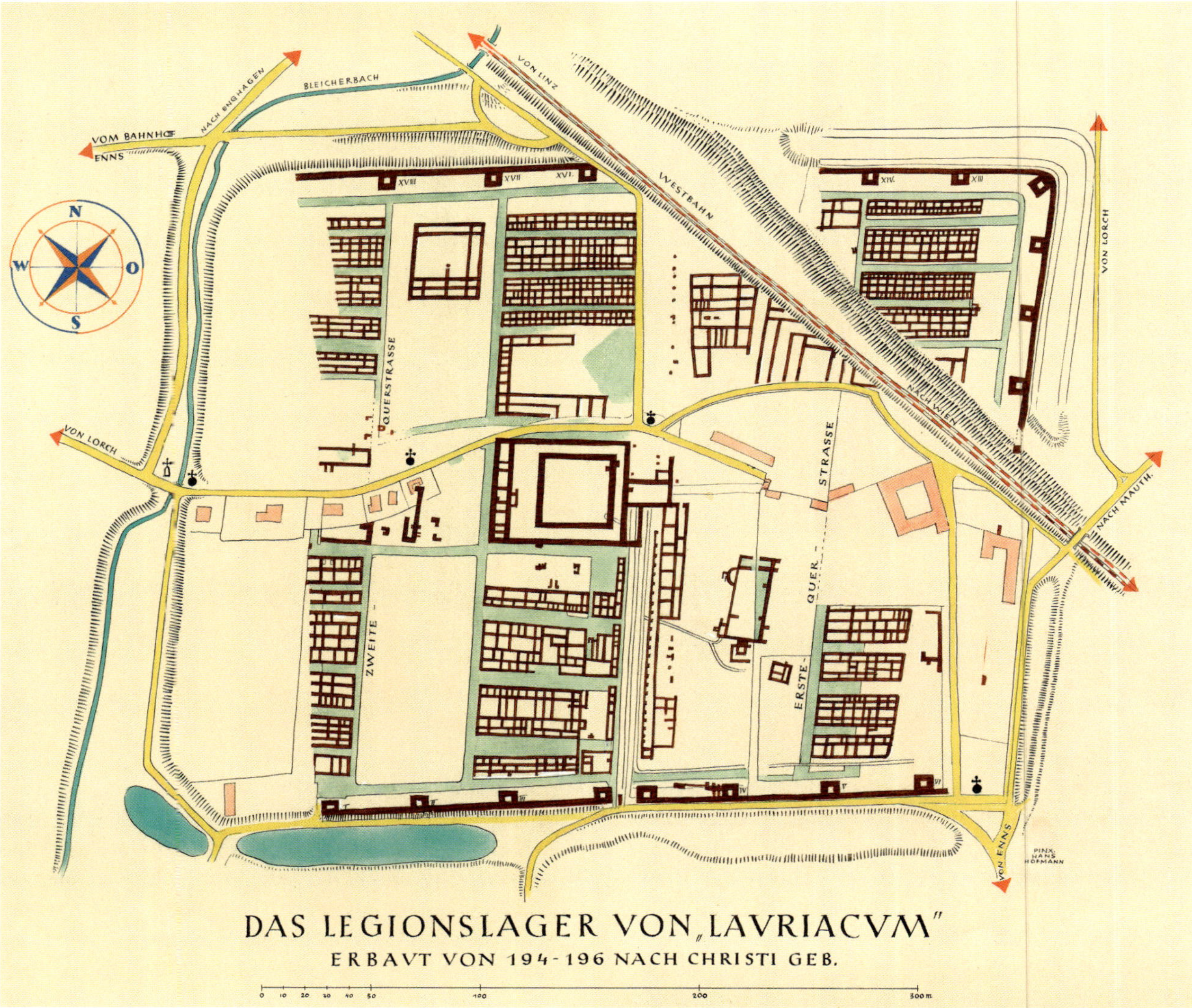

Kolorierter Plan zu den Lagergrabungen der Limeskommission 1904–1920.
OÖ. Landesmuseum – Zeichnung: H. Hofmann nach M. Groller

Ausgrabungen Espelmayrfeld, 1952.
Foto: OÖ. Landesmuseum

‚Forschungen' sein, über Ausgrabungen zu berichten". Zwischen 1953 und dem Tod W. A. Jennys 1960 erscheinen fünf FiL-Bände, zwei davon als Doppelnummern. Diese beeindruckende Publikationstätigkeit, die in dieser Dichte bis zum Jahr 2018 nicht mehr erreicht werden konnte, darf nicht darüber hinwegtäuschen, dass es die meisten Grabungsprojekte in Enns über Vorberichte nicht hinausgebracht haben. Und so schlummert nach wie vor ein großer Wissensschatz in den Depots des Museumsvereines Lauriacum, des OÖ. Landesmuseums und des Bundedenkmalamtes.

Ämilian Kloiber, Anthropologe am OÖ. Landesmuseum, hat sich in den 1950er- und 1960er-Jahren besondere Verdienste um die Gräberfelder von Lauriacum erworben. Seine Ergebnisse zu den spätantiken Bestattungsplätzen „Ziegelfeld" und „Espelmayrfeld" hat er auch bald nach Abschluss der Grabungen publiziert (FiL 4/5, 1957 und FiL 8, 1962). Das östlich des Legionslagers gelegene Gräberfeld Steinpaß, das ebenfalls unter seiner Leitung untersucht worden ist, erfährt im Rahmen der OÖ. Landesausstellung 2018 besondere Aufmerksamkeit (Beiträge ab S. 170).

Von 1960 bis 1966 dauern die Grabungen in der Kirche St. Laurenz unter der Leitung von Lothar Eckhart, ebenfalls vom OÖ. Landesmuseum. Die Art der Umsetzung und der Aufwand, der betrieben worden ist, um dieses einzigartige Ensemble als „Unterkirche" der Öffentlichkeit zugänglich zu machen, nötigt uns auch heute noch gebührenden Respekt ab.

Im Jahr 1971 beginnt die Zusammenarbeit zwischen dem Museumsverein Lauriacum und dem Bundesdenkmalamt mit dem Grabungsleiter Hannsjörg Ubl. Seine bis 2002 reichende überaus erfolgreiche Tätigkeit führt unter anderem zur Entdeckung der bedeutenden Wandmalereifunde am Plochbergerfeld und auf dem Grundstück Eisenbeiss (Beitrag ab S. 140). Das Bundesdenkmalamt hat die eigene Grabungstätigkeit seit 2010 weitgehend eingestellt. Rettungsgrabungen vor Baumaßnahmen werden seit einigen Jahren von Grabungsfirmen durchgeführt.

Im Juli 2015 bekennt sich der Gemeinderat der Stadt Enns zur Einreichung ausgewählter Bereiche von Lauriacum als Teile des UNESCO Welterbe Donaulimes (Abschnitt West). Der Antrag wurde im Jänner 2018 in Paris abgegeben. Die OÖ. Landesausstellung 2018 und der Welterbe-Antrag ermöglichen eine Reihe von Forschungsarbeiten, die das Wissen über Lauriacum ganz wesentlich erweitern.

Ausgrabungen in der Basilika St. Laurenz, 1960–1966.
Foto: OÖ. Landesmuseum

„Jede Brandschicht, jedes Mörtelniveau ist eine einzigartige Urkunde, weil sie im Gegensatz zur schriftlichen Überlieferung den objektiven historischen Tatbestand, den Brand, die Legung eines Fußbodens, nicht gefiltert vermittelt, sondern er selbst ist. Jede Grabung ist ein aufgeschlagenes Buch, das Lesen können ihrer vielen Seiten ist eine andere Frage."

Wilhelm A. Jenny (1896-1960), in Lauriacum/Enns tätiger Archäologe (Nachruf L. Eckhart)

Diese Bildserie dokumentiert die zunehmende Verbauung des archäologisch besonders wichtigen Bereichs rund um das Legionslager. Der Ausschnitt aus dem „Franziszeischen Kataster“ stammt aus dem Jahr 1826, das Lagerareal ist praktisch unverbaut. Die Fotos aus den Jahren 1963, 1992 und 2016 verdeutlichen den ungebrochener Bauboom.

Plan und Fotos: Land Oberösterreich, Abt. Geoinformation und Liegenschaft

STEFAN TRAXLER

EIN VETERAN DER *LEGIO II ITALICA*

UND SEINE FAMILIE ALS VORLAGE FÜR EINEN FILM

„Sodann sind etwa im Jahre des Herrn 1300, als die Bürger von Lorch, die wegen des Alters baufällige Kirche wiederherstellten, einige Bildwerke mit in den Steinen gehauenen Buchstaben im Ostteil der Kirche gefunden worden...“

Bernardus Noricus (Berchtold von Kremsmünster) berichtet über sekundär in der Kirche St. Laurentius verbaute Römersteine, die bei einer Renovierung um 1300 entdeckt worden sind. Außerdem versucht er sich an der Lesung der Grabinschrift des Seccius Secundinus, die dieser für seine Familie und sich hat anfertigen lassen. Dieses Denkmal steht damit am Beginn der Überlieferung zu römischen Denkmälern aus Lauriacum/Enns. Im 16. Jahrhundert gelangte es ins Schloss Zell bei Zellhof und danach ins Schloss Windhaag bei Perg, wo es bis 1597 über dem Portal eingemauert war. Der Historiker Reichard Streun von Schwarzenau ließ die Inschrift in sein neues Schloss Freydegg bei Ferschnitz (Niederösterreich, Bezirk Amstetten) bringen, wo er auch andere Altertümer angesammelt hatte. Die Bevölkerung der Umgebung durfte spätestens im 19. Jahrhundert das verfallende Schloss als Steinbruch nutzen, und so gelangte der Stein in die Schmiede von Ferschnitz, wo er 1858 wiederentdeckt wurde. Der Pfarrer ließ ihn abermals aus der Mauer brechen und verkaufte ihn schließlich im Jahr 1904 an den damals noch jungen Museumsverein Lauriacum.

EIN VIELSAGENDER GRABSTEIN

Das Denkmal ist aber nicht nur auf Grund seiner abenteuerlichen Odyssee von besonderem Interesse, auch das Material und die Inschrift verraten einiges. Die zehnzeilige, ordentlich ausgeführte Inschrift ist in einen Quader aus Hiesberger Marmor gemeißelt. Die erste Reise hatte der Stein nach seinem Transport aus einem Steinbruch bei Melk (Niederösterreich) nach Enns hinter sich. Über die ursprüngliche Anbringung lässt sich nichts Konkretes sagen, vielleicht war die Inschrift in einem Grabhäuschen eingemauert.

Es handelt sich um die Familiengrabinschrift eines Veteranen der *legio II Italica*. Der Sohn des *Seccius Secundus* und der *Iulia Severio, Iulius Apricius* steht noch aktiv im Dienst, als er stirbt, was wohl der Anlass zur Grabsteinsetzung ist. Er ist als Soldat und dabei speziell als Benefiziarier des Legionspräfekten ausgewiesen, wird also im Bereich der Lagerverwaltung tätig gewesen sein. *Seccius* dürfte ein Gentilname sein, der vom keltischen Kurznamen *Secco* abgeleitet ist. Die Tochter trägt den Gentilnamen des Vaters. Eine Inschrift aus Nemausus/Nîmes (Südfrankreich) nennt ebenfalls eine *Seccia Secundina,* Tochter des *Seccius.* Wenn es kein unglaublicher Zufall ist, haben wir hier dieselben Personen vor uns. Es könnte sein, dass *Seccius Secundinus* aus der Provinz Gallia Narbonensis stammt und über das römische Militär in Lauriacum gelandet ist.

D(is) M(anibus)
Seccius Secundinus
vet(eranus) leg(ionis) II Ital(icae) p(iae) f(idelis) et Iulia
Severio coni(unx) eius si-
bi et Secciae Secundinae
fil(iae) et Mariis Maximo et
Secundo nepotibus
suis vivi fecerunt et
Iul(io) Apricio fil(io) mil(iti) leg(ionis) s(upra) s(criptae)
b(ene)f(iciario) praef(ecti) stip(endiorum) VI Θ(bito) an(norum) XXV.

„Den göttlichen Totengeistern! Seccius Secundinus, Veteran der *legio II Italica pia fidelis* und Iulia Severio, seine Gattin, haben (das Grabmal) für sich, für die Tochter Seccia Secundina und für ihre Enkel Marius Maximus und Marius Secundus zu Lebzeiten errichtet und für den Sohn Iulius Apricius, den Soldaten der oben genannten Legion, Benefiziarier des Legionspräfekten, der nach sechs Dienstjahren im Alter von 25 Jahren gestorben ist.“
Museum Lauriacum – Foto: O. Harl, lupa.at/4512

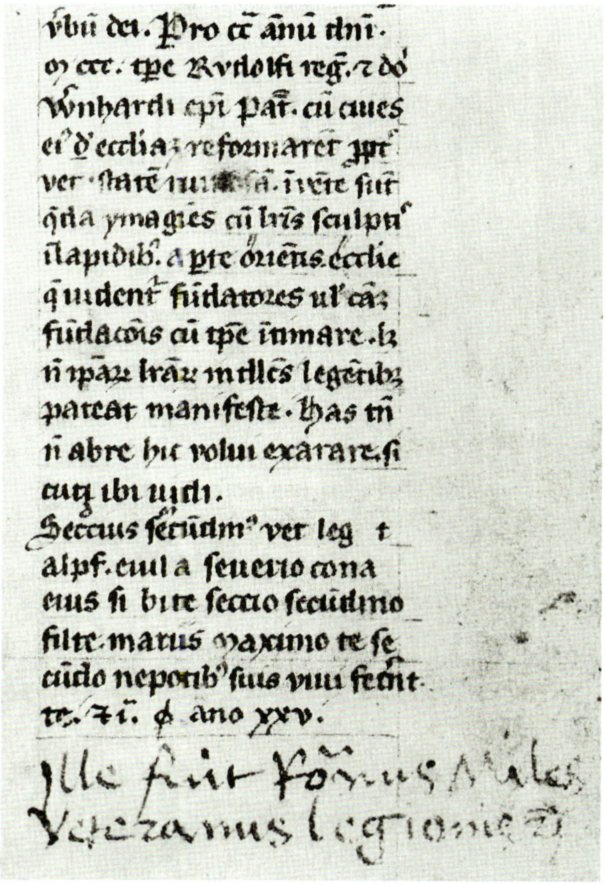
vbu dei. Pro cc anu dni·
m ccc. tpe Rvdolfi reg. z dn̄
Wnhardi epi Paf. cu cures
ei d'eccliaz refomaret pt
ver statē ...ie. inēte sūt
qda ymagies cū lrīs sculpti
i lapidib. a pte orient. ecclie
q uidentr fūdatores ul' cāz
fūdacōis cū tpe innare. h
n ipāz lrāz intlles legētib;
pateat manifeste. has tñ
ñ abre hic volui exarare. si
cui ibi uidi.
Seccius secūdin⁹ vet leg t
alpf. eiul a seuerio cona
eius si bite seccio secūdino
filie. marius maximo te se
cūdo nepotib' suis viui fecit
te. ... ano xxv.
Ille fuit Romanus Miles
Veteranus legionis

Bernardus Noricus schreibt 1322 über Römersteine in der Lorcher Kirche und versucht die Transkription der Seccius Secundinus-Inschrift.
Stift Kremsmünster, Handschrift CC, Cim.3

Schaftblock des Grabbaus für den Weingroßhändler Publius Tenatius Essimnus. Auf der hier sichtbaren Seitenfläche sind eine Weinheber-Szene und links unten Weinfässer dargestellt.
Original in der Archäologischen Staatssammlung München, Abguss im Römermuseum Kastell Boiotro in Passau
Foto: SRI/Hemmers/Traxler

Seine Tochter wäre demnach wieder in die Heimat des Vaters zurückgekehrt.

Der mit 25 Jahren verstorbene Sohn trägt das *nomen gentile* der Mutter, was darauf hinweisen könnte, dass er aus einer früheren Ehe der Iulia Severio stammt. Eine andere, vermutlich wahrscheinlichere Variante ist, dass er im Gegensatz zu seiner Schwester, zu einer Zeit auf die Welt gekommen ist, als sein Vater noch im aktiven Dienst stand, also nicht heiraten hat dürfen.

Marius Maximus und Marius Secundus sind die Söhne von Seccia Secundina und die Enkelsöhne von Iulia Severio und Seccius Secundinus. Ihr Vater wird nicht genannt. Der Großvater lässt das Grabmal für die genannten Familienmitglieder und sich selbst errichten. Die Inschrift beginnt mit der weit verbreiteten Abkürzung *D(is) M(anibus)* – „Den göttlichen Totengeistern!"

DER FILM ZUR OÖ. LANDESAUSSTELLUNG

Dem ausdrücklichen Wunsch des Kuratorenteams (Reinhardt Harreither, Bernhard Schlag und Stefan Traxler), einen Kurzfilm zu produzieren, der die drei Schauplätze Enns, Schlögen und Oberranna verbindet und die Bedeutung der Donau als zentrale

Dreharbeiten zum Landesausstellungs-Film „Korn und Wein für die Legion. Auf der Donau nach Lauriacum" in der Römerstadt Carnuntum.
Fotos: B. Schlag, St. Traxler, 7Reasons

Verkehrsachse in den Fokus rückt, wurde von Seiten der Direktion Kultur des Landes Oberösterreich dankenswerter Weise entsprochen. Mit der Umsetzung der Produktion „Korn und Wein für die Legion. Auf der Donau nach Lauriacum" wurden die Multimedia-Spezialisten von 7Reasons beauftragt. Für das Drehbuch und die Dialoge zeichnen allerdings die oben genannten Kuratoren alleinverantwortlich. Der Film spielt im Spätsommer 963 Jahre nach der Gründung Roms (nach unserer Zeitrechnung 210 n. Chr.) und beginnt in einer Taberna an der „Nordumfahrung" von Lauriacum. Die Garküche mit Ausschank, die in Kürze eröffnet werden soll, haben Iulia Severio und Seccius Secundinus nach seinem Ausscheiden aus dem aktiven Militärdienst erworben. Die gesamte Familie packt bei den letzten Vorbereitungen mit an. Accius Maximus, Versorgungsoffizier der Legion, kommt zu Besuch und berichtet, dass er bald einen Schiffstransport mit einer Getreidelieferung aus Boiodurum/Passau begleiten wird. Damit wird rechtzeitig zur Eröffnung der Taberna der edle Tropfen des Weingroßhändlers Publius Tenatius Essimnus aus dessen Heimat, dem Trentin, eingelangt sein. Die zweite Szene spielt in Boiodurum, wo Getreide aus dem Innviertel auf die Donauschiffe umgeladen wird und Essimnus den bestellten Wein und außerdem Nachrichten aus der Nachbarprovinz bringt. Die Reise führt Accius Maximus, den Steuermann Messorius Matuco und ihre Crew an Oberranna vorbei nach Schlögen. Hier wird ein kleiner Teil des Getreides für die Besatzung des Kastells abgeladen. Vor der Nachtruhe nimmt Maximus noch ein Bad mit dem hiesigen Kommandanten Tabellius Victor. Die Reise führt sie dann am nächsten Tag am Wachturm am Kürnberg und beim Reiterkastell Lentia/Linz vorbei zurück nach Lauriacum. Der Kreis schließt sich mit der Eröffnung der Taberna der Iulia Severio und des Seccius Secundinus, wo der edle Tropfen aus Südtirol und erlesene Speisen kredenzt werden (Abb. S. 154).

DIE HANDELNDEN PERSONEN

Die Geschichte ist frei erfunden, Passagen daraus mögen sich aber so ähnlich durchaus abgespielt haben. Die Personen im Film sind realen Menschen nachempfunden, von denen wir allerdings nicht ihr Aussehen, sondern nur ihre Namen und z. T. auch ihre Berufe kennen. Die Familie des Seccius Secundinus kennen wir von der eingehend beschriebenen Inschrift aus Lauriacum/Enns

Auf einem Grabbauquader aus Passau ist der Weinhändler Publius Tenatius Essimnus überliefert. Er stammt aus Iulia Tridentum/Trient (Italien). Sein Grabmal ist aus Hiesberger Marmor gefertigt, wie eben auch die Inschrift des Seccius Secundinus. Gerade dieses Denkmal zeigt die Vernetzungen eines römischen Händlers besonders gut. Für den Transport von Wein aus seiner Heimat (von dem man definitiv ausgehen darf) hat der Inn eine wichtige Rolle gespielt. Und das Material für sein Grabmal ist sicher auf der Donau antransportiert worden.

Ein *frumentarius* Accius Maximus ist aus einer Grabinschrift aus Virunum/Zollfeld (Kärnten) bekannt (Abb. S. 94). Der Steuermann im Film hat seinen Namen vom Veteranen Messorius Matuco, der sich nach seinem Militärdienst offensichtlich gemeinsam mit seiner einheimischen Frau Mottu am schönen Attersee niedergelassen hat. Die Grabinschrift aus Seewalchen ist leider verschollen.

Zu den Einheiten in Schlögen gibt es kaum brauchbare Informationen und schon gar keine Namen. Tabellius Victor war ein hoher *centurio* in Lauriacum – er hat dort Altäre der *legio II Italica* errichten lassen. Für den Film haben wir ihm das Kommando in Schlögen übertragen.

Die Szenen in und vor der Taberna wurden ebenso wie die Badeszene von Schlögen (Abb. S. 220) in Carnuntum gedreht. Den MitarbeiterInnen der Römerstadt Carnuntum sowie von 7Reasons und natürlich allen Mitwirkenden sei an dieser Stelle ein herzliches Dankeschön ausgesprochen.

APPIANOS VON ALEXANDRIA, RÖMISCHE GESCHICHTE

*»Als Gebieter über die besten Teile
von Land und Meer wollen sie aber,
im Ganzen gesehen, doch lieber durch Klugheit
ihren Besitzstand mehren,
als ihre Herrschaft ins Grenzenlose ausdehnen,
über bettelarme, keinen Gewinn bringende
Barbarenvölker, von denen ich
in Rom einige zu Gesicht bekam;
dort boten sie sich durch ihre Gesandten
als Untertanen an, wurden jedoch
vom König (Kaiser) als Menschen abgewiesen,
die ihm keinerlei Nutzen
bringen könnten.«*

IMPERIUM ROMANUM

FELIX LANG

DAS IMPERIUM ROMANUM

UND DIE PROVINZ NORICUM

Statuette eines gefesselten, knienden Barbaren.
Museum Lauriacum
Foto: E. Grilnberger

EINE KLEINE SIEDLUNG WIRD ZUR WELTMACHT

Das Römische Reich entwickelte sich im Lauf der Jahrhunderte langsam vom namengebenden Stadtstaat in Mittelitalien zu der „Weltmacht" der Antike. Die Anfänge Roms liegen weitgehend im Dunkeln bzw. in der sagenhaften Überlieferung. Einem weit verbreiteten Mythos nach wurde die Stadt 753 v. Chr. durch die Zwillingsbrüder Romulus und Remus gegründet. Romulus ermordete seinen Bruder und schwang sich zum ersten von insgesamt sieben Königen auf. 510/509 v. Chr. wurde der letzte dieser Reihe, Lucius Tarquinius Superbus, vertrieben und die Republik gegründet. Tatsächlich lassen sich im 6. Jh. v. Chr. vermehrt archäologische Hinweise auf ein städtisches Gebilde nachweisen. Es ist davon auszugehen, dass dieses Gemeinwesen, wie viele Nachbarstädte auch, bis zur Übernahme der Herrschaft durch die Aristokratie von Alleinherrschern regiert worden ist. Im 5. und 4. Jh. v. Chr. entwickelte sich daraus schrittweise – auch aufgrund immer wieder auftretender Ständekämpfe zwischen den adligen Familien, den Patriziern und den einfachen Bürgern, den Plebejern – die römische Republik mit ihren Ämtern (Konsuln, Volkstribunen, Zensoren usw.) und Institutionen (Senat, verschiedene Formen von Volksversammlungen).

Begünstigt durch die topographisch vorteilhafte Lage am Tiber im Grenzbereich zwischen Etrurien und Latium nahm die Bedeutung Roms bzw. der römischen Republik langsam aber stetig zu. Beginnend mit erfolgreichen Kleinkriegen gegen die Nachbarn in Latium und vor allem gegen die nahe etruskische Stadt Veji stieg man nach Siegen gegen griechische Staaten im Süden sowie Etrusker und Gallier im Norden Italiens und vor allem in den harten Kriegen gegen die in Mittelitalien siedelnden Samniten zur bestimmenden Macht der Halbinsel auf. Es gab natürlich immer wieder Rückschläge. Vor allem die Niederlage in der Schlacht an der Allia gegen ein gallisches (= keltisches) Heer, wohl 387 v. Chr., und die anschließende Plünderung Roms sowie die Belagerung des Kapitols können geradezu als traumatische Erfahrung bezeichnet werden, die sich in das „römische Gedächtnis" einbrannte und eine Gallophobie auslöste. Nachdem man schließlich im 3. Jh. v. Chr. auch Karthago, die bis dahin größte Konkurrentin im westlichen Mittelmeerraum im 1. und 2. Punischen Krieg, besiegt hatte, gab es im mediterranen Raum im Grunde keinen Staat mehr, der sich mit Rom messen konnte. Schrittweise erfolgte nun

Das *Tropaeum Alpium* in La Turbie bei Monaco ließ Augustus anlässlich des Sieges über die Alpenvölker errichten.
Foto: Peter Gugerell (WikimediaCommons)

die Unterwerfung der Nachfolgereiche Alexanders des Großen im Osten sowie weiterer kleinerer Staaten. Das Mittelmeer wurde zum *mare nostrum* (= unser Meer).

Mit der Eroberung Galliens durch Caesar stieß das Römische Reich schließlich Mitte des 1. Jhs. v. Chr. weit nach Nordwesten bis an den Ärmelkanal und den Rhein vor. Dieses Jahrhundert war zudem gekennzeichnet durch schwere innere Machtkämpfe, die die römische Republik erschütterten. Eine Reihe blutiger Bürgerkriege war die Folge, aus denen schließlich Augustus als Sieger hervorging. Damit endete die römische Republik und die Kaiserzeit begann. Es wurden zwar viele Elemente der Republik, darunter die Ämter, beibehalten. Der Kaiser, der sich als *princeps* (erster unter gleichen) bezeichnete, kontrollierte jedoch das Heer und die wichtigsten Provinzen. Zudem hatte er praktisch durchgehend wichtige Ämter bzw. Machtbefugnisse inne, die es ihm ermöglichten, unliebsame Beschlüsse zu verhindern.

Caput mundi

Die alten Römer bezeichneten ihre Hauptstadt gerne als „Haupt der Welt".
Der älteste bekannte Beleg findet sich beim Dichter Lucan
(Marcus Annaeus Lucanus, * 39, † 65 n. Chr.).

DIE PROVINZ NORICUM – EINGLIEDERUNG IN DAS RÖMISCHE REICH

15 v. Chr. wurde der Alpenraum in das Römische Reich eingegliedert. In den Westalpen, im Tiroler Raum und im bayerischen Voralpenland bis zum Inn stießen die römischen Truppen unter der Führung von Tiberius und Drusus, den Stiefsöhnen des Kaisers Augustus, auf hartnäckigen Widerstand. Die größtenteils wohl keltischsprachige Bevölkerung in den östlich davon gelegenen Gebieten, zu der auch das heutige Oberösterreich gehörte, die in der Folge unter der

Grabbauquader aus *Lentia*/Linz mit der Darstellung eines Soldaten, 2./3. Jh.
OÖ. Landesmuseum, Schlossmuseum Linz
Foto: SRI/Hemmers/Traxler

Provinz Noricum zusammengefasst wurden, scheinen sich weitgehend friedlich unterworfen zu haben. Lediglich die *Ambisontes*, die am Oberlauf der Salzach im heutigen Pinzgau/Pongau lokalisiert werden, sind unter den unterworfenen Stämmen auf dem *Tropaeum Alpium*, dem großen Siegesdenkmal in La Turbie in den Seealpen oberhalb von Monaco, aufgelistet, das Augustus anlässlich des Sieges über die Alpenvölker errichten ließ. Zusätzlich werden die insgesamt 46 besiegten Stämme von Plinius dem Älteren in der *Naturalis Historia* (3,136-137) angeführt. Die Verortung der Ambisonten ist allerdings nicht unumstritten. Sie könnten auch beiderseits des Isonzo, also im heutigen Slowenien, gesiedelt haben.

Ein wesentlicher Grund für die Eingliederung dieses Raumes war die Eroberung Galliens durch Gaius Iulius Caesar in den Jahren 58 bis 51/50 v. Chr., über die der Feldherr in den *Commentarii de Bello Gallico* selbst berichtet. Die Westalpen schoben sich wie ein Keil zwischen das Mutterland Italia und die neugewonnenen Provinzen. Die Kontrolle der Pässe war dadurch von eminenter Bedeutung, um den Nachschub der dort stationierten römischen Heere zu gewährleisten. Zudem bestand, zumindest theoretisch, die Gefahr, dass es zu Einfällen in Italien kommen konnte. Dies wäre ein Schlag gegen die Propaganda des Augustus gewesen, der nach den schweren Bürgerkriegen den inneren Frieden als eine seiner größten Leistungen hervorhob. Dieser „Römische Friede" *(pax romana)* hinderte die Militärmaschinerie des Imperium Romanum natürlich nicht, gegen äußere Feinde oder Widerstände in den Provinzen massiv vorzugehen. Auf jeden Fall rundete die Eingliederung des Alpenraumes bis zur Donau das Römische Reich in vielerlei Hinsicht ab. So konnten die Stiefsöhne des Kaisers militärisches Prestige sammeln und sich als potentielle Nachfolger positionieren. Außerdem war es nicht geplant, die Donau als Grenze zu etablieren. Vielmehr war dies lediglich als Zwischenschritt für die Eroberung der sogenannten Germania libera jenseits von Rhein und Donau gedacht. Diese schon relativ weit fortgeschrittene Unterwerfung bekam durch die verheerende Niederlage von drei Legionen samt Hilfstruppen unter dem Kommando des Publius Quinctilius Varus gegen eine vom Cherusker Arminius angeführte Koalition mehrerer germanischer Stämme im Teutoburger Wald 9 n. Chr. einen schweren Dämpfer. Auch wenn man noch versuchte, diesen Rückschlag wettzumachen, stellte dieses Ereignis letztlich den Wendepunkt für die offensive Politik in diesem Raum dar. In Noricum etablierte sich de facto die Donau als Grenze des Römischen Reiches zum sog. Barbaricum und blieb dies bis zum Ende der römischen Herrschaft im späten 5. Jh. Der Alpenhauptkamm und die befestigte Donaugrenze bildeten praktisch zwei Schutzschilder für das Mutterland.

PAX ROMANA

Nach der Eingliederung in das Imperium kam es zu einem raschen Ausbau von Verwaltung und Infrastruktur. Der genaue Zeitpunkt der Einrichtung der Provinzen Noricum und Raetia wird in der Forschung allerdings diskutiert. Der gängigen Meinung nach stand der Alpenraum vorerst unter Militärverwaltung. Mitte des 1. Jhs. wurden dann unter Kaiser Claudius die Provinzen eingerichtet und jeweils von einem *procurator Augusti* aus dem Ritterstand als Statthalter verwaltet. Nach anderer Meinung erfolgte die Provinzeinrichtung unmittelbar auf die Eroberung oder zumindest unter Kaiser Tiberius (14-37 n. Chr.). Noricum wurde dabei dem *publicum portorium Illyrici*, dem illyrischen Zollbereich zugeordnet, während Raetien Teil der *quadragesima Galliarum*, dem gallischen Zollbezirk, war. Die Westgrenze zwischen diesen beiden Provinzen bildete im Norden der Inn. Zollstationen sind dabei in Passau – auf norischer Seite *Boiodurum*, auf raetischer Seite *Batavis* – und bei Rosenheim – *Ad Enum*/Mühltal bzw. *Pons Aeni*/Pfaffenhofen festgestellt worden. Von Kufstein nach Süden dürfte die Grenze im Bereich des Ziller- und des Eisacktales verlaufen sein. Die Donau bildete die Nordgrenze von Noricum. Im Osten dürfte das Provinzgebiet ursprünglich die Bernsteinstraße miteingeschlossen haben, da nach Überlieferung des Velleius Paterculus (*Historia Romana* 2,109,5) *Carnuntum* 6 n. Chr. norisch war. Dies wurde relativ kurze Zeit später geändert, indem die Grenze nach Westen verschoben wurde, wodurch *Carnuntum* sowie *Vindobona*/Wien in der Provinz Pannonia lagen. Der neue Grenzverlauf ist zwischen Zeiselmauer und Klosterneuburg zu verorten. Der weitere Verlauf nach Süden ist unsicher, wohl entlang dem Ostrand der Alpen. Im Süden gehörte *Poetovio*/Ptuj bereits zu Pannonien, während Maribor und *Celeia*/Celje norisch waren. In diesem Bereich reichte die Provinz bis an die Save. Zollstationen sind in *Atrans*/Trojane (Slowenien) und im Kanaltal belegt – *Statio Bilachiniensis* bei *Camporosso*/Saifnitz mit dem Pendant auf italischer Seite, der *Statio Plorucensis* bei Resiutta im Fellatal. Von dort dürfte der Kamm der Karnischen Alpen als Grenze gedient haben. Die nächsten bekannten Zollstationen sind *Timavo*/Timau südlich des Plöckenpasses auf italischer und *Loncium* im oberen Gailtal auf norischer Seite. Das Pustertal scheint zur Gänze zu Noricum gehört zu haben.

Grabaltar für Faustinianus aus Passau-Innstadt (Noricum).
Kirche St. Severin – Foto: St. Traxler

D(IS) M(ANIBUS) |
FAUSTINI|ANO VECT(IGALI) |
ILLYR(ICI) VIL(ICO) |
INGENUS | FIL(IUS) ET FELIX |
CONTRA SC(RIPTOR) EX VIK(ARIO) |
EIUS B(ENE) M(ERENTI) P(RO) P(IETATE).

„Den göttlichen Totengeistern!
Dem Faustinianus, dem Stationsleiter der illyrischen Zoll- und Mautorganisation, (haben) Ingenuus, der Sohn, und Felix, der Gegenbuchführer und ehemalige Stellvertreter desselben, einem (um sie) wohl verdienten aus Pflichtgefühl (das Grabmal errichtet).“

Unmittelbar nach der Eingliederung in das Römische Reich dürfte es zur Anlage eines leistungsfähigen Straßennetzes gekommen sein, um im Bedarfsfall sowohl schnelle Truppenbewegungen zu ermöglichen als auch deren Versorgung zu gewährleisten. Es ist davon auszugehen, dass umgehend an mehreren strategisch wichtigen Stellen Militär stationiert worden ist, wie dies in Raetien der Fall war. Bislang lassen sich allerdings – vielleicht mit Ausnahme von *Lentia*/Linz – keine frühen Lager nachweisen. Zumindest kann für *Lentia*/Linz ab der Mitte des 1. Jhs. ein Auxiliarkastell, ein Lager einer Hilfstruppeneinheit, mit einiger Sicherheit angenommen werden. Ob bereits in augusteisch-tiberischer Zeit Militär vor Ort war, muss noch geklärt werden. Weitere Hilfstruppenlager sind erst unter den flavischen Kaisern (69 bis 96 n. Chr.) belegt bzw. wahrscheinlich – *Boiodurum*/Passau, St. Pantaleon-Erla – Stein, *Locus Felix* (?)/Wallsee, *Arelape*/Pöchlarn, *Favianis*/Mautern, *Augustianis*/Traismauer, *Asturis*/Zwentendorf und *Comagenis*/Tulln. Eine Hilfstruppe bestand aus einer 500 oder 1.000 Mann starken Infanterie *(cohors)*, Reiterei *(ala)* oder gemischten Einheit *(cohors equitata)*.

Die fehlende militärische Präsenz im frühen 1. Jh. kann nur im Forschungsstand begründet sein. Es ist nicht davon auszugehen, dass sich in einem neu hinzugewonnenen Gebiet so wenige Truppen befanden. Dies zeigt auch eine Passage bei Tacitus, der in den *Historiae* (3,5,2) eine Episode der Bürgerkriege im Vierkaiserjahr schildert: *„Wegen der feindseligen Haltung Rätiens, dessen Prokurator Porcius Septiminus an Vitellius unerschütterlich festhielt, stellte man Hilfsvölker als Flankenschutz auf. Deshalb wurde Sextilius Felix mit der aurianischen Schwadron* (Anm. der *ala Auriana*, also eine Reitereinheit), *acht Kohorten und der norischen Jungmannschaft abgesandt, die Uferlandschaften am Inn, der zwischen Rätien und Noricum fließt, zu besetzen. Da man sich weder hüben noch drüben in einen Kampf einließ, wurde das Schicksal der Partei anderwärts ausgetragen."* (übersetzt von J. Borst). Daraus geht klar hervor, dass sich im Jahr 69 n. Chr. mindestens neun Hilfstruppeneinheiten in der Provinz befanden. Wo diese in Friedenszeiten lagerten, muss noch geklärt werden.

Generell fällt auf, dass in der westlichen Hälfte des norischen Donauabschnitts, zwischen Passau und Wallsee, deutlich weniger Soldaten stationiert gewesen sein dürften, als in der Osthälfte, die zusätzlich durch zwei nahe Legionen geschützt war. In der Nachbarprovinz Pannonia superior stand eine Legion in *Vindobona*/Wien und eine weitere in *Carnuntum*. Offensichtlich sah man im Raum des heutigen Mühlviertels bis ins letzte Drittel des 2. Jhs. keine massive Bedrohung.

Die geschilderte Episode zum sog. Vierkaiserjahr, als sich nach dem Selbstmord Neros 68 n. Chr. in rascher Folge vier Kaiser abwechselten – Galba, Otho, Vitellius und Vespasianus, der schließlich als Sieger hervorging und die flavische Herrscherdynastie begründete (die allerdings nur aus ihm und seinen beiden Söhnen Titus und Domitian bestand) – stellt das einzige eindeutig fassbare Ereignis dar, das belegt, dass der Provinz bereits in der Frühzeit kriegerische Gefahr gedroht hat. Diese konnte letztlich abgewendet werden, weil sich der norische Statthalter glücklicherweise für die richtige, sprich erfolgreiche, Seite entschieden hatte.

Die lange Friedenszeit trug wesentlich zu der prosperierenden Entwicklung bei, die Noricum bis in die zweite Hälfte des 2. Jhs. nahm. Dies lässt sich besonders an den Stadtrechtverleihungen in diesem Zeitraum demonstrieren. Die frühesten *municipia* der Provinz werden dabei von Plinius dem Älteren angeführt: *„Im Rücken der Karner und Iapuden, wo der große Hister* (Anm.: die Donau) *fließt, schließen sich an die Räter die Noriker an. Deren Städte Virunum, Celeia, Teurnia, Aguntum, Iuvavum sind alle claudische (Municipien), ein flavisches ist (die Stadt) von Solva."* (*Naturalis Historiae* 3,146; übersetzt von G. Winkler und R. König). Somit wurden in Noricum unter den Claudiern, dem jüngeren Teil der iulisch-claudischen Dynastie, Mitte des 1. Jhs. bereits fünf Siedlungen zu Städten erhoben. Vieles spricht dafür, dass dies unter Kaiser Claudius der Fall war. Vier dieser *municipia* lagen südlich des Alpenhauptkamms: *Virunum* (auf dem Zollfeld in Kärnten), die Nachfolgerin der Siedlung auf dem Magdalensberg, *Celeia*/Celije (Slowenien), *Teurnia*/St. Peter im Holz (Kärnten) und *Aguntum* (bei Lienz, Osttirol). Lediglich das *municipium Iuvavum*/Salzburg befand sich im Norden. Unter den Flaviern kam mit Solva (bei Leibnitz, Steiermark) eine weitere Stadt im Süden dazu. Im 2. Jh. gewann der Norden der Provinz an Bedeutung. Der Anstieg der zivilen Bevölkerung, auch bedingt durch die Zunahme des Militärs

Dachfalzziegel *(tegula)* aus der Zeit des *dux Ursicinus* (spätes 4. Jh.).
Museum Lauriacum – Foto: B. Schlag

vom ausgehenden 1. Jh. an, schlug sich letztlich in den Erhebungen von *Ovilava* (oder *Ovilavis*)/Wels und *Cetium*/St. Pölten unter Kaiser Hadrian (117-138 n. Chr.) zu Städten nieder.

DIE MARKOMMANENKRIEGE UND IHRE FOLGEN

Diese Friedenszeit endete mit den sog. Markomannenkriegen (166-180 n. Chr.), als mehrere nördlich der Donau lebende Stämme, vor allem Markomannen, Quaden und Jazygen in das Römische Reich einfielen und bis *Aquileia* in Italien vordrangen. Diese kriegerischen Ereignisse betrafen auch Noricum. Die ältere Forschung glaubte in mehreren norischen Siedlungen Zerstörungshorizonte nachweisen zu können, dies muss jedoch im Einzelfall kritisch überprüft und hinterfragt werden. Die psychologischen Auswirkungen, die der Verlust der Sicherheit zur Folge hatte, sind jedenfalls nicht zu unterschätzen. Die vermehrten Münzhortfunde in und ab dieser Zeit dürften dafür ein gutes Zeugnis sein. Eine weitere unmittelbare Auswirkung hatten die Kriege zudem in der Stationierung der *legio II Italica*, die um 165 n. Chr. in Italien ausgehoben und zur

Dachfalzziegel Stempel 1

FIG(LINA) LEG(IONIS) II ITAL(ICAE)

Dachfalzziegel Stempel 2

TEMP(ORE) VRSIC(INI) V(IRI) P(ERFECTISSIMI)

Übersetzung: Produkt der Ziegelei der 2. italischen Legion, (geschlagen) in der Periode seiner Exzellenz Ursicinus.

Sicherung des Hinterlandes an die Donau verlegt wurde. Diese Legion schlug vermutlich im letzten Drittel des 2. Jhs. ihr Lager in *Lauriacum*/Enns auf (Beitrag S. 80). Um 170 wurde zudem in *Ioviacum*(?)/Schlögen ein kleines Kastell errichtet (Beitrag S. 208).

Mit der Verlegung der *legio II Italica* – etwa 6.000 Mann – wurde nicht nur die Truppenstärke an der norischen Donaugrenze massiv aufgestockt. Auch aus demographischer Sicht hatte dies durch die Ansiedlung der den Soldaten nachfolgenden Zivilbevölkerung (Familien der Soldaten, Handwerker, Händler und andere Dienstleister) eine deutliche Verschiebung des bisherigen Bevölkerungsschwerpunkts zur Folge. Der Statthalter der Provinz *(legatus Augusti pro praetore)* hatte nun senatorischen Rang und war gleichzeitig Kommandant der Legion. Somit dürfte er hauptsächlich in *Lauriacum*/Enns oder im nahen *Ovilavis*/Wels residiert haben. Dadurch verlagerte sich das politische Zentrum der Provinz von der ursprünglichen „Hauptstadt" Virunum an die Donau. Dementsprechend erhielt *Ovilavis*/Wels um 200 n. Chr. eine Stadtmauer und wurde unter Kaiser Caracalla (211-217 n. Chr.) als einzige der norischen Städte in den Rang einer *colonia* erhoben. Dieser Herrscher, von dem die Überlieferung wenig Günstiges zu berichten weiß – unter anderem ließ er seinen jüngeren Bruder Geta ermorden und dessen Anhänger massakrieren –, setzte 212 n. Chr. die *Constitutio Antoniniana* in Kraft, eine Verordnung, durch die den freien Bewohnern des *Imperium Romanum* das römische Bürgerrecht verliehen wurde. Sklaven waren davon natürlich ausgenommen. Dies hatte eine Vereinheitlichung der rechtlichen Verhältnisse zur Folge. Bis dahin gab es einen Unterschied zwischen römischen Bürgern und „Peregrinen", die zwar zur freien Bevölkerung im Imperium Romanum gehörten, aber nicht über die Privilegien der ersteren verfügten. Die *Constitutio Antoniniana* bedeutete jedoch nicht, dass jetzt alle Freien gleichgestellt waren. Mit der Zeit hatte sich eine neue Trennung der Gesellschaft in *honestiores* (Angesehene) und *humiliores* (weniger Angesehene) etabliert, was wieder rechtliche Unterschiede mit sich brachte. So konnten *honestiores* im Gegensatz zu *humiliores* für Kapitalverbrechen nicht hingerichtet werden. Jedenfalls fiel durch diese Verordnung für die Männer aus der Provinz der Anreiz weg, durch Dienst in den Hilfstruppen das Bürgerrecht zu erlangen. Damit verschwand ein wesentliches Unterscheidungskriterium zwischen Legionen und Hilfstruppen.

REICHSKRISE UND SPÄTANTIKE

Die Stationierung der *legio II Italica* konnte nicht verhindern, dass das 3. Jh. nach dem Ende der severischen Herrscherdynastie eine unsichere Zeit war. Nach der Ermordung von Kaiser Severus Alexander 235 n. Chr. durch aufständische Soldaten, kam es zu zahlreichen innen- und außenpolitischen Krisen. Die Herrscher wechselten in kurzen Abständen. Häufig erhoben zwei oder mehrere Anwärter den Anspruch auf den Thron und versuchten diesen gewaltsam durchzusetzen. Mehrere Bürgerkriege waren die Folge, was die Stabilität des Reiches erschütterte. Ab 230 n. Chr. fielen immer wieder alamannisch-juthungische Verbände in das Reich ein. Die Provinzen Germania superior und Raetia waren davon besonders betroffen. Letztlich konnten die Gebiete nördlich der Donau, das sog. Dekumatenland, nicht mehr gehalten werden. Mitte des 3. Jhs. zog

Marmortorso eines Gepanzerten, vermutlich eines Kaisers.
Museum Lauriacum – Fotos: E. Grilnberger

SCHUPPENPANZER

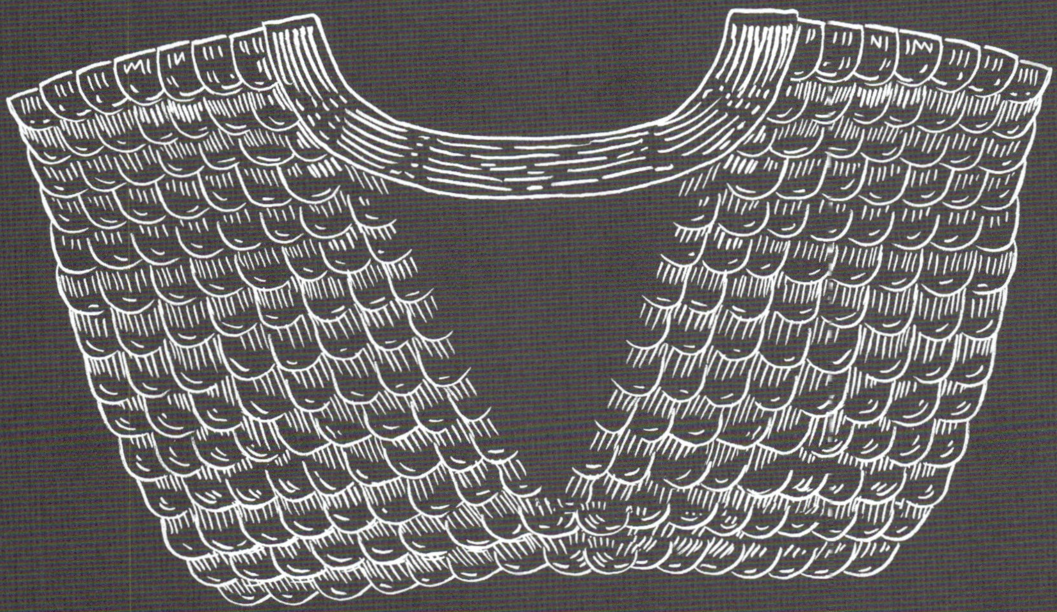

Schuppenpanzer *(lorica squamata)*

Panzerschuppen
(squamae)

Brustplatte eines Schuppen- oder Kettenpanzers (Paraderüstung) mit den Dioskuren Castor und Pollux, den Schutzgöttern der römischen Reiter.

OÖ. Landesmuseum & Museum Lauriacum – Illustration: R. Reznicek, Fotos: E. Grilnberger, Ch. Schepe

HELM & SCHILD

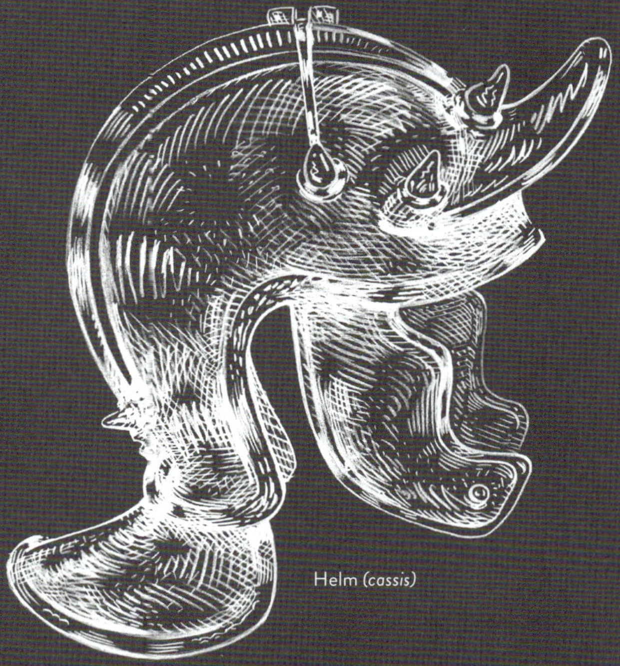

Helm *(cassis)*

Helmwangenklappe

Schildbuckel *(umbo)*

Schildgriff *(ansa)*

Museum Lauriacum – Illustrationen: R. Reznicek, Fotos: E. Grilnberger man sich hinter Rhein und Donau zurück. Um 294 etablierte man schließlich hinter Oberrhein, Bodensee, Iller und Donau eine neue, stabile Grenze. Einzelne Teile des Römischen Reiches wie das Gallische Sonderreich erlangten eine Zeitlang die Unabhängigkeit. Zudem veränderten sich die gesellschaftlichen Strukturen an den Grenzen des Reiches. Anstatt einer Vielzahl kleinerer Verbände formierten sich zwischen Rhein und Donau Franken, Alamannen, Sachsen sowie Burgunder, und an der unteren Donau erschienen verschiedene gotische Gruppen. Inwieweit die Bevölkerung von Noricum in dieser Zeit von Überfällen betroffen war, lässt sich derzeit nicht mit Sicherheit feststellen. Erst in den 70er Jahren des 3. Jhs. scheint es hier zu Zerstörungen größeren Ausmaßes gekommen zu sein.

Diese „Reichskrise" konnte erst durch die tiefgreifenden Reformen der Kaiser Diocletian (284-305 n. Chr.) und Konstantin (306-337 n. Chr.) weitgehend überwunden werden. Durch die Umgestaltung der Verwaltung und des Heeres kehrte wieder eine gewisse Stabilität ein. Die Anzahl der Provinzen wurde durch Teilung wesentlich vergrößert. Zugleich wurden übergeordnete Einheiten, sogenannte Diözesen, geschaffen. Zudem wurde das Imperium in ein West- und in ein Ostreich geteilt. Hauptstadt im Westen wurde 300 n. Chr. Mailand, später Ravenna, auch wenn Rom weiterhin das symbolische Zentrum blieb. Im Osten wurde die Stadt *Byzantion* von Konstantin dem Großen zur Residenz ausgebaut und in *Constantinopolis* (Stadt des Konstantin, heute Istanbul) umbenannt. Nach dem Tod des Kaisers Theodosius im Jahr 395 n. Chr. kam es schließlich zur endgültigen Teilung der beiden Reichshälften durch seine beiden Söhne Arcadius und Honorius, wobei Arcadius als Herrscher über die Osthälfte und *senior Augustus* nominell den Vorrang hatte und das Imperium weiterhin als Einheit betrachtet wurde.

Im Zuge der diocletianischen Reichsreform wurde auch Noricum entlang des Alpenhauptkamms in die südliche Provinz *Noricum mediterraneum* (Binnennoricum) und den nördlichen Teil *Noricum ripense* (Ufernoricum) geteilt. Beide Provinzen gehörten zur *Diocesis Pannoniarum*, später auch als *Illyricum occidentale* bezeichnet. Es kam zudem zu einer Trennung der militärischen und zivilen Aufgaben. Die Provinzen wurden von einem *dux* als Militärkommandant befehligt. Die Grenzverteidigung in Ufernoricum unterstand dabei dem Oberkommando des *dux Norici ripense et pannoniae Primae*. Die zivile Verwaltung sowie die Rechtsprechung oblag dem *praeses*, dem zivilen Statthalter, der in Ufernoricum seinen Sitz in *Ovilavis*/Wels oder in *Lauriacum*/Enns hatte.

Die Regierungszeit Diocletians und Konstantins markiert außerdem die entscheidende Wende der Haltung der staatlichen Macht dem Christentum gegenüber. Diese war bis dahin geprägt von ablehnender Toleranz bis hin zu gewaltsamen Verfolgungen. Gerade unter Diocletian wurden viele Christen zum Tod verurteilt, darunter auch Florianus, der Schutzpatron von Oberösterreich (vgl. S. 71). Dies änderte sich unter Konstantin, der gemeinsam mit seinem Mitkaiser Licinius 313 n. Chr. die sog. Mailänder Vereinbarung erließ. Dadurch wurde jedem Bürger erlaubt, seine Religion frei zu wählen. Dies schloss das Christentum mit ein, das von da an schrittweise zur beherrschenden Staatsreligion aufsteigen und in Folge selbst immer wieder gewaltsam gegen die Anhänger anderer Religionen vorgehen konnte.

Zur Zeit Kaiser Valentinians I. (364-375) erfuhr die norische Donaugrenze besondere Aufmerksamkeit. Unter dem *dux* Ursicinus wurden Kastelle verstärkt und *burgi* an den Verbindungsstraßen errichtet. Für Noricum wurde zudem im 4. Jh. eine zusätzliche Legion aufgestellt, die *legio I Noricorum*. Diese Reformen konnten jedoch den fortschreitenden Niedergang nicht verhindern. Bereits kurz vor 400 n. Chr. kam es zu neuerlichen Überfällen der Markomannen. 401 n. Chr. fielen Vandalen und Alanen ein. Dies machte jeweils ein Eingreifen des Heermeisters Flavius Stilicho notwendig, der als *magister peditum praesentalis* den Oberfehl über die weströmischen Truppen hatte. Nach dem Tod Stilichos 408 n. Chr. besetzten Westgoten unter Alarich Binnennoricum und forderten die beiden norischen Provinzen als Siedlungsland. Als dies vom weströmischen Kaiser Honorius abgelehnt wurde, fielen sie in Italien ein und plünderten 410 n. Chr. Rom. 431 n. Chr. ging der Heermeister Flavius Aëtius *(magister equitum praesentalis)* gegen aufständische Noriker *(Nori rebellantes)* und Vindeliker vor.

In den städtischen Zentren kam es zu Deurbanisierungserscheinungen, die sich archäologisch etwa durch Ackerflächen in den (ehemaligen) Stadtgebieten nachweisen lassen. Andererseits begab sich die Bevölkerung vom offenen Land in den Schutz der Stadt- oder Lagermauern. Im Hinterland zog man sich aus den ungeschützten Ebenen in natürlich geschützte Höhensiedlungen zurück. Auch in *Lauriacum*/Enns kam es spätestens ab 250 n. Chr. zu einer Reduktion der zivilen Siedlungsbereiche. In weiterer Folge siedelte die zivile Bevölkerung im 4. und 5. Jh. zumindest teilweise innerhalb des Legionslagers.

„*VITA SANCTI SEVERINI*" UND DAS ENDE DER RÖMISCHEN HERRSCHAFT

Für die zweite Hälfte des 5. Jhs. besitzen wir durch die Lebensbeschreibung des heiligen Severin, die sog. *Vita Sancti Severini*, für Noricum eine einzigartige Quelle. Severin war in dieser Zeit in Ufernoricum seelsorgerisch tätig. Der vom Mönch Eugippius verfasste Bericht liefert viele Details über das alltägliche Leben in dieser Zeit. Der Severinsvita nach musste sich die Bevölkerung von *Quintanis*/Künzing, *Batavis*/Passau und *Ioviaco*/Schlögen (?) um/kurz nach 470 n. Chr. vor den Alamannen nach *Lauriacum*/Enns in Sicherheit bringen. Später wurden sie in *Favianis*/Mautern angesiedelt, wo sie unter dem direkten „Schutz" der Rugier stand, die im heutigen Niederösterreich nördlich der Donau mit dem Zentrum im Raum von Krems siedelten und in dieser Zeit eine Hegemoniestellung über große Teile von Ufernoricum gehabt haben dürften.

476 n. Chr. setzte der Heermeister Odoaker den letzten weströmischen Herrscher Romulus Augustus ab und bezeichnete sich als *rex Italiae* (König Italiens). 482 n. Chr. zerschlug er in zwei Feldzügen das Rugierreich an der Donau und übergab deren Land den Langobarden. *Noricum ripense* war nicht mehr zu halten. 488 n. Chr. befahl Odoaker daher der Bevölkerung abzuziehen und sich südlich der Alpen in Italien niederzulassen. Nicht alle folgten dem Aufruf sondern verblieben im Land, was sich an einer größeren Zahl von Orts- und Flussnamen wie den Walchen-Namen – Straßwalchen, Seewalchen (die an der Straße, am See wohnenden Walchen/Welschen) – widerspiegelt. Auf jeden Fall markierte dies das Ende der römischen Herrschaft nördlich der Alpen. Binnennoricum verblieb im Herrschaftsbereich des Odoaker. Nachdem dieser von Theoderich besiegt und ermordet worden war, gelangte die Provinz unter die Herrschaft der Ostgoten, war aber nach dem Tod Theoderichs umkämpft. In das entstandene Machtvakuum drangen im 6./7. Jh. letztendlich von Westen Baiuwaren und von Osten Slaven ein, die im Lauf der Zeit mit der einheimischen Bevölkerung verschmolzen. Dies stellt den Übergang zum Frühmittelalter dar.

Das Wappenbild der *legio II Italica*:
Die kapitolinische Wölfin säugt die Zwillinge Romulus und Remus. Antoninian des Kaisers Gallienus zu Ehren der Legion.
OÖ. Landesmuseum – Foto: A. Bruckböck

SCHIENENPANZER & BEINSCHIENEN

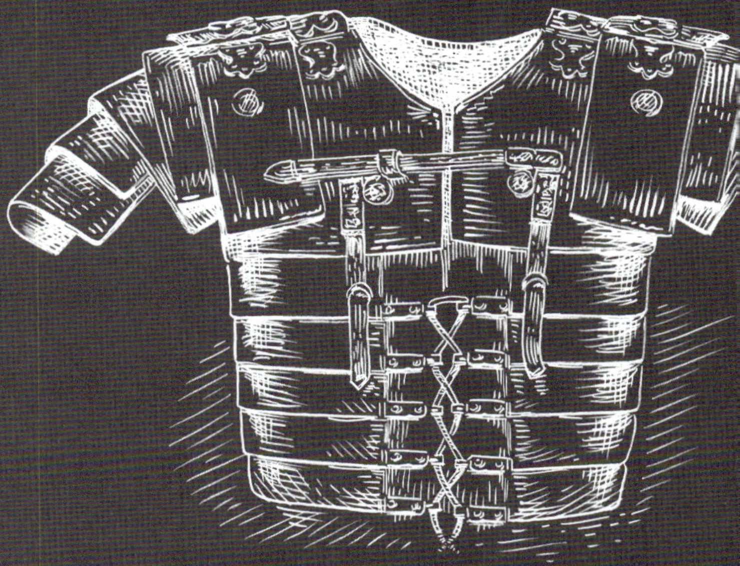

Schienenpanzer
(lorica segmentata)

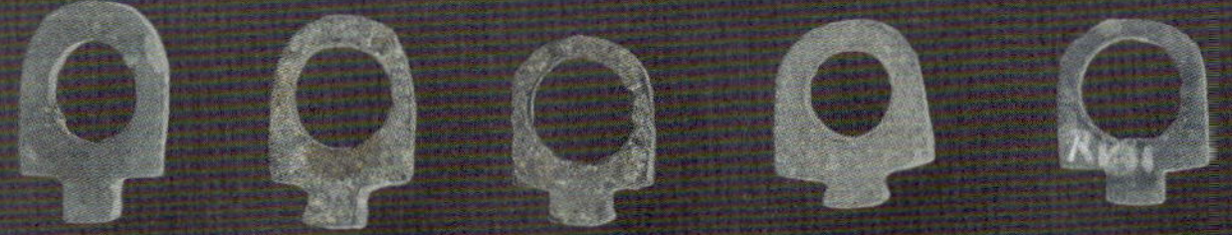

Schnürösen (sog. Panzerverschlüsse)

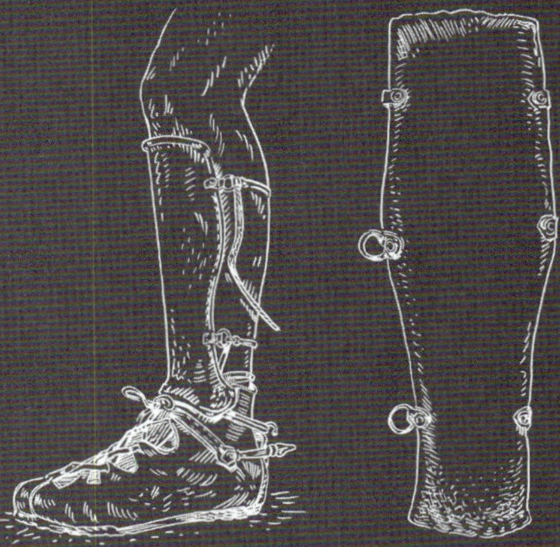

Beinschienen *(ocreae)*
Seiten- und Vorderansicht

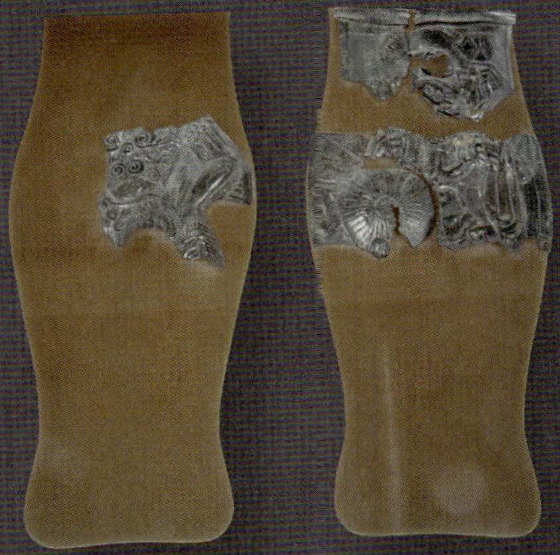

Beinschienen mit Darstellung
des Kriegsgottes Mars

Museum Lauriacum – Illustrationen: R. Reznicek, Fotos: E. Grilnberger

FELIX LANG – STEFAN TRAXLER

LIMES UNLIMITED

GRENZEN DES RÖMISCHEN REICHES

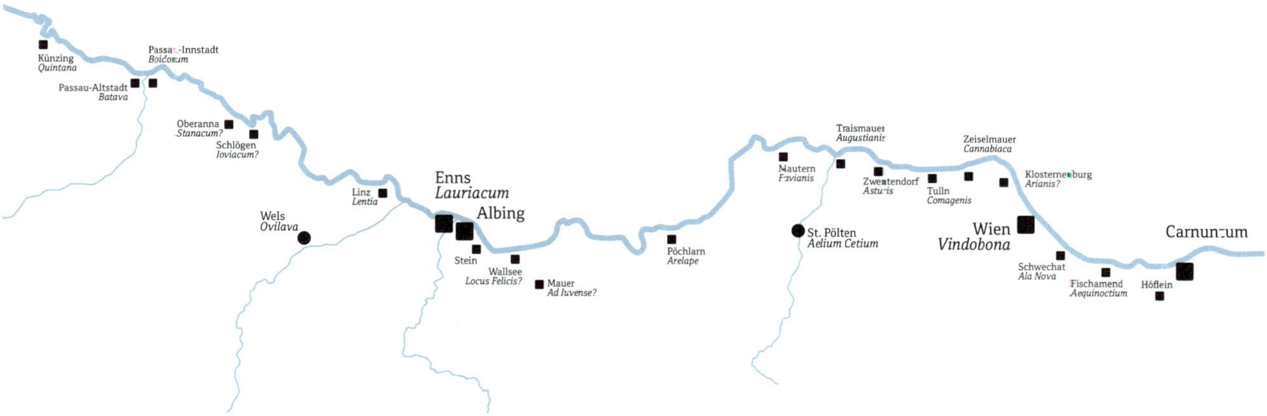

Der Donaulimes in Österreich.
Lohninger/Kurzwernhart/Traxler

Im heutigen Sprachgebrauch werden die Grenzen des Römischen Reiches bzw. das entsprechende Überwachungssystem unter dem Begriff „Limes" zusammengefasst. *limes, -itis* (m) bedeutete ursprünglich „(Grenz-)Weg", „Schneise", die militärische Bezeichnung für Grenze, Grenzwall oder -mauer entwickelte sich im Laufe des 1. Jhs. Unser Wort Limit leitet sich davon ab. Die Flussgrenzen an Rhein, Donau, Euphrat und Tigris wurden in der römischen Antike allerdings als *ripa* bezeichnet. Die größte Ausdehnung erreichte das Imperium Romanum und damit der Limes unter Kaiser Traian (98–117 n. Chr.), der Dacien (im Wesentlichen das heutige Rumänien) dem Reich eingliederte und im Osten bis über den Tigris vorstieß. Insgesamt finden sich in über 20 Ländern Europas, Asiens und Afrikas auf über 6.500 km römische Reichsgrenzen.

Die Landgrenzen waren häufig je nach topographischen Gegebenheiten, der Siedlungsdichte und der Bedrohungslage vor Ort durch unterschiedliche physische Barrieren, *limites*, markiert. In Regionen, in denen das Römische Reich an Wüstengebiete angrenzte wie Nordafrika oder in Teilen Vorderasiens, war dies in Form einer eher lockeren Kette aus Kastellen und Wachtürmen der Fall. Der Hadrianswall im heutigen Großbritannien sowie ein Teil des raetischen Limes bestanden aus einer durchgehenden Befestigungsmauer, die mit Wachtürmen versehen war. Andere Abschnitte des raetischen und obergermanischen Limes waren durch hölzerne Palisaden gesichert. Diese Anlagen dienten nicht nur der Verteidigung, sondern auch bzw. vor allem der Überwachung und Kontrolle des Waren- und Personenverkehrs. Bei aus- bzw. eingeführten Waren fiel eine durchaus beträchtliche Zollgebühr an, die bei Luxuswaren bis zu 25 % betragen konnte.

DIE DONAU – REICHSGRENZE UND HAUPTVERKEHRSWEG

Über mehrere Jahrhunderte stellte die Donau eine der wichtigsten Nordgrenzen des Imperium Romanum dar. Diese betraf die Provinzen Raetia, Noricum, Pannonia superior und inferior sowie Moesia superior und

Ferdinand Runk, Ansicht des gefährlichen Wirbel und Strudel auf der Donau, kolorierte Radierung von Johann Ziegler, spätes 18. Jahrhundert.
OÖ. Landesmuseum

inferior bzw. das heutige Bayern, Österreich, die Slowakei, Ungarn, Serbien, Bulgarien und Rumänien (von Westen nach Osten). Mit der Eingliederung von Dacien, das große Teile des heutigen Rumänien umfasste, griff das Römische Reich eine Zeitlang an der Unteren Donau über diese Linie hinaus, bis Kaiser Aurelian dieses Gebiet 271 n. Chr. wieder aufgab und die Grenze an die Donau zurückverlegte.

Der *Danuvius* (*Danubius* oder auch *Hister*, von griechisch *Istros*, genannt) war aber nicht nur eine Grenze. Flüsse stellten in der Antike wichtige Verkehrsverbindungen dar, da über sie verschiedenste Güter auf Schiffen oder Flößen schnell und kostengünstig transportiert werden konnten. Anschaulich wird dies von Strabon in seiner Beschreibung Galliens geschildert: *„Das ganze Land nun ist von Flüssen durchströmt … Die Flussbetten aber verhalten sich so bequem zueinander, dass die Waren [leicht] aus einem Meere in das andere hinübergeschafft werden können, indem sie nur auf eine kurze Strecke und durch Ebenen ohne Mühe [auf Wagen] gefahren, größtenteils aber auf den Flüssen sowohl stromauf- als stromabwärts verschifft werden."* (Strabon, Geographica 4,1,2; übersetzt von A. Forbiger). Der Flusstransport war vor allem stromabwärts wesentlich effektiver und günstiger als ein Transport über Land. Flussaufwärts musste allerdings getreidelt werden, das heißt, die Schiffe mussten durch Tiere oder die Schiffsbesatzung selbst gezogen werden. Trotzdem konnten auf diese Weise wesentlich größere Mengen als mit Wagen über Land verfrachtet werden. Daher wurden die Flüsse meist von Straßen/Wegen begleitet. Die Donau stellte dementsprechend die wichtigste Ost-Westverbindung in den

Marcus-Säule in Rom:
Darstellung des Flussgottes Danuvius und Schiffsbrücke.
Fotos: D. Anderson

Donauprovinzen dar. Felsen und Untiefen waren dabei ernstzunehmende Bedrohungen. So war der Strudengau aufgrund „Strudel und Wirbel" erzeugender Felsenriffe einer der gefährlichsten Donauabschnitte. Es ist davon auszugehen, dass derartige Stellen zumindest bei Niedrigwasser umgangen wurden. Bei Regulierung dieser Passage in der Mitte des 19. Jhs. kamen sowohl urgeschichtliche als auch römische Funde zu Tage, die vielleicht auf Unfälle und/oder Opfergaben für eine glückliche Durchquerung hinweisen.

Eine Passage in der Lebensbeschreibung des hl. Severin zeigt, welch wichtige Rolle Inn und Donau noch im letzten Jahrhundert der römischen Herrschaft für die Versorgung der Bevölkerung spielen konnten. In *Favianis*/Mautern war eine Hungersnot ausgebrochen, die ernste Ausmaße anzunehmen drohte. *„Kurz hernach nun erschienen unvermutet am Donauufer zahlreiche mit Waren übervoll beladene Schiffe aus Rätien, die im dicken Eis des Inn viele Tage stecken geblieben waren; als es nun auf Gottes Geheiß plötzlich schmolz, brachten sie den Hungerleidenden Lebensmittel in Hülle und Fülle."* (Eugippius, *Vita Sancti Severini;* übersetzt von R. Noll).

UNESCO WELTERBE „GRENZEN DES RÖMISCHEN REICHES"

In Europa sind der Hadrianswall in England (1987), der Antoninuswall in Schottland (2008) und der Obergermanisch-Raetische Limes zwischen Rhein und Donau (2005) von der UNESCO bereits zum Welterbe erklärt worden. Im Jänner 2018 wurde der Einreichungsantrag zum Welterbe Donaulimes – Abschnitt West in Paris abgegeben. Auf der Liste stehen insgesamt 98 römische

Marcus-Säule in Rom:
Donauübergang des römischen Heeres auf einer Schiffsbrücke.
Fotos: D. Anderson

Fundorte in Ostbayern, Österreich, der Slowakei und Ungarn, die zum Teil in mehrere archäologische Fundzonen untergliedert sind. Für Oberösterreich sind fünf Fundstellen gelistet: Burgus Oberranna, Kastell und Zivilsiedlung Schlögen, Wachturm Kürnberger Wald, Teile des Linzer Schlossberges und mehrere Zonen des Legionsstandortes Lauriacum/Enns.

Die OÖ. Landesausstellung 2018 hat einen wesentlich Beitrag geleistet, Enns, Schlögen und Oberranna UNESCO-tauglich zu machen. Die Ausgrabungsprojekte im Vorfeld der Landesausstellung wurden unter der Federführung des OÖ. Landesmuseums in Kooperation mit der Firma Archeonova (*burgus* Oberranna, Römerbad Schlögen) bzw. der Universität Salzburg (Kalkbrennofen Enns) durchgeführt. Die Schutzbauten in Schlögen (Beitrag ab S. 208) und Oberranna (Beitrag ab S. 222) werden im Zuge der Landesausstellung eröffnet.

Der Schutzbau für den Kalkbrennofen 9 von Lauriacum, dem besterhaltenen Ofen der größten bekannten römischen Kalkbrennofenbatterie überhaupt (Beitrag ab S. 100), wird voraussichtlich 2019 errichtet. Alle drei Schutzbauten werden nach der Landesausstellung als Außenstellen ins OÖ. Landesmuseum integriert.

Im Sommer des Jahres 2019 könnte die Ernennung des Donaulimes zum UNESCO Welterbe erfolgen. Diese drei Stätten sind dann Teile davon. Damit bekommt das OÖ. Landesmuseum nicht nur drei neue Außenstellen, sondern auch die ehrenvolle Aufgabe, drei Welterbestätten zu pflegen, zu präsentieren und archäologisches Kulturerbe zu vermitteln.

SCHWERT & DOLCH

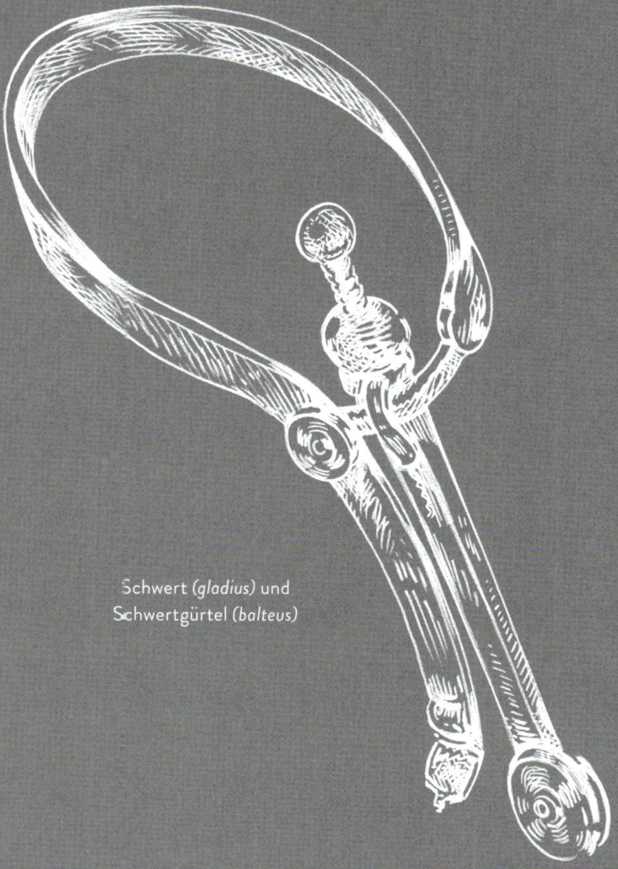

Schwert (*gladius*) und
Schwertgürtel (*balteus*)

Militärdolch (*pugio*)

Schwertgriffe
und Dosenortband

BDA & Museum Lauriacum – Illustrationen: R. Reznicek, Fotos: E. Grilnberger

Römisches Langschwert *(spatha)* aus Lauriacum/Enns.
Diese Prunkwaffe ist aus speziell verarbeitetem Eisen (sog. Torsionsdamast) gefertigt und mit Einlegearbeiten in Rotgold verziert.
Auf einer Seite ist Minerva, die Göttin der Weisheit und des geordneten Kampfes dargestellt, auf der anderen Seite die Siegesgöttin Victoria.
OÖ. Landesmuseum – Fotos: Ch. Schepe

KLAUS VONDROVEC

ROMS LEGIONEN IM MÜNZBILD

KRIEGSBERICHTERSTATTUNG IM KLEINFORMAT

Abb. 1: Sesterz des Marcus Aurelius (161–180 n. Chr.), geprägt 172 n. Chr. in Rom.
Fotos: KHM

Während der Antike sind Münzen das weitverbreitetste Bildmedium überhaupt und ungleich zahlreicher als Reliefs oder Statuen. Schon durch ihre Herstellung bedingt sind sie Massenprodukte, die zudem oft von Hand zu Hand gehen und über Tausende Kilometer wandern können. Sie wurden immer von der staatlichen Autorität herausgegeben und sind somit offizielle Dokumente. Selbstverständlich legte man besonderen Wert auf die Auswahl der gezeigten Bilder und Legenden. Die Vielfalt an Bildern ist während der römischen Kaiserzeit beinahe unbegrenzt; vom 1. bis zum 5. Jh. kennt man über 42.000 verschiedene Münztypen und -varianten aus der sog. Reichsprägung, die provinzialrömischen Münzen, deren Prägung im 3. Jh. endet, ist nochmals ähnlich variantenreich. Man bildete Götter, Personifikationen und Gebäude ab, berichtete von Ereignissen und zeigte Bilder aus fernen Provinzen. Ganz gezielt und in komplexen Bildprogrammen, die erst die moderne Forschung in ihrer vollen Tragweite zu rekonstruieren vermag, nutzte man Münzen zur Herrscherrepräsentation. Der Kaiser setzte sich selbst, seine Taten und sein Regierungsprogramm ins rechte Licht und zeigte sein eigenes Portrait sowie das seiner Nachfolger, seiner Familie oder auch Vorgänger. Zurecht bezeichnet man Münzen daher als die Zeitung des kleinen Mannes.

Die Legionen, beziehungsweise der auszuzahlende Sold, stellten sicherlich einen wesentlichen Posten im römischen Staatshaushalt dar. Obwohl ein Teil für Ausrüstung und Verpflegung einbehalten wurde, musste doch der Großteil in barer Münze ausbezahlt werden.

Der Brutto-Jahressold eines einfachen Soldaten betrug unter Augustus (27 v. – 14 n. Chr.) 900 Sesterze und stieg bis Antoninus III. Caracalla (211 – 217 n. Chr.) auf 3.000 an. Legt man also eine Gesamtstärke von 6.000 Mann zugrunde und schätzt den Mehrverdienst höherer Dienstgrade ab, kann man errechnen, dass der Sold für eine Legion in diesen zwei Jahrhunderten von etwa 11 auf 36 Millionen Sesterze pro Jahr anstieg. Für die *legio II Italica*, also die 2. italische Legion, die im letzten Drittel des 2. Jhs. in Lauriacum stationiert wurde, müssen in den etwa 45 Jahren bis 238 n. Chr. über 1,4 Milliarden Sesterze Brutto-Lohn zusammengekommen sein. Die Gesamtsumme aller vor diesem Jahr geprägten Münzen, die in Enns gefunden wurden, aber zum Teil wohl erst etwas später verloren worden sind, beläuft sich übrigens lediglich auf 12.000 Sesterze.

Abb. 2: Antoninian des Probus (276–282 n. Chr.), geprägt 277 n. Chr. in Serdica.
Fotos: ÖAW

Es liegt auf der Hand, dass die Stationierung einer Legion ein enormer Wirtschaftsfaktor war, denn freilich wurde der Sold ausgegeben. Zudem bildete sich in der Regel im Schutze eines Lagers eine Lagervorstadt *(canabae)*, die unter der Verwaltung des Militärs stand, und in der Entfernung eines alten Meilenmaßes *(loiga)* eine freie Zivilstadt, der bisweilen der Rang eines *municipium* oder gar einer *colonia* verliehen wurde. Hier siedelten Handwerker und Händler, zudem auch Angehörige von Soldaten, obwohl ihnen die Gründung einer Familie ursprünglich nicht gestattet war. Die Garnisonsstandorte von Legionen, im heutigen Österreich sind das neben *Lauriacum* noch *Vindobona* (Wien) und *Carnuntum* sowie in der Spätantike *Favianis* (Mautern), zählen zu den größten und wichtigsten Fundplätzen. Aus Enns und Umgebung wurden trotz der relativ dichten Verbauung bislang rund 32.000 römische Fundmünzen dokumentiert.

Erstaunlich selten gibt es in der römischen Münzprägung sogenannte Legionsserien, auf denen konkrete Truppenteile genannt werden. Dies war in der Regel dann der Fall, wenn Bürgerkrieg herrschte und ein Kaiser oder Usurpator sich nur mittels der militärischen Macht der ihm treuen Legionen durchsetzen konnte. Allerdings waren diese Legionsmünzen nicht in erster Linie als direkte Bezahlung der Soldaten gedacht, sondern vielmehr eine für alle Bürger sichtbare Auszeichnung der genannten Truppen. Es gibt Legionsserien von Marcus Antonius († 30 v. Chr.), Septimius Severus (193–211 n. Chr.) und Gallienus (253/260–268 n. Chr.) sowie im Gallischen Sonderreich, das sich zwischen 260 und 274 n. Chr. von Rom lossagte. Besagte Legionsserie von Marcus Antonius, dem Gegenspieler von Octavianus, dem späteren Kaiser Augustus (27 v.–14 n. Chr.), entstand unmittelbar vor der entscheidenden Schlacht von Actium, die im Jahr 31 v. Chr. stattfand. Diese Serie ist deshalb interessant, da sie etwas weniger Silber enthielt als andere zeitgleiche Münzen, weshalb diese Stücke etwas weniger wert waren – gemäß dem Wertgeldprinzip hat eine Münze den Wert des in ihr enthaltenen Metalls. Da dies bereits in der Antike bekannt war und sogar beim Historiker Plinius dem Älteren († 79 n. Chr.) erwähnt wurde, versuchten die wissenden Bürger offenbar, die Stücke immer gleich auszugeben. Daher verschwanden sie nicht wie üblich rasch aus dem Umlauf, denn niemand hatte Interesse, sie einzuschmelzen, sondern sie finden sich vermehrt

Abb. 3: Follis des Constantinus I. (306–337 n. Chr.), geprägt 320 n. Chr. in Siscia.
Fotos: ÖAW

in Einzel- sowie Schatzfunden des späten 2. und frühen 3. Jhs. Sogar aus Lauriacum kennt man noch über 40 Legionsdenare des Marcus Antonius, die zum Zeitpunkt der Stationierung der Legion bereits über 200 Jahre im Geldumlauf gewesen sind – die meisten Stücke sind daher fast bis zur Unkenntlichkeit abgenutzt.

Abb. 4: Follis des Constantinus I. (306–337 n. Chr.), geprägt 323–324 n. Chr. in Lugdunum.
Fotos: ÖAW

Der in Leptis Magna (im heutigen Libyen) gebürtige Septimius Severus war im Jahr 193 n. Chr. Statthalter von Ober-Pannonien mit Sitz in Carnuntum. Als Kaiser Pertinax, der Nachfolger des ermordeten Commodus, im März 193 n. Chr. ermordet wurde, akzeptierte Septimius Severus dessen Nachfolger Didius Iulianus nicht, sondern machte sich mit Truppen auf den Weg nach Rom, wo er im Sommer kampflos als Kaiser einzog. Nur für drei auserwählte Legionen – darunter die 14. Legion in Carnuntum – gibt es Aurei, für die übrigen Truppen, die sich ihm angeschlossen hatten, Denare, so auch für die 2. italische Legion in Lauriacum.

Das Jahr 260 n. Chr. brachte für das Imperium eine der schlimmsten Krisen überhaupt. Im Zuge einer verheerenden Niederlage war Kaiser Valerianus I. (253–260 n. Chr.) vom Perserkönig, dem Sasaniden Shapur I. (240–272 n. Chr.), gefangengenommen worden und sollte nie mehr zurückkehren. Sein Sohn und Mitregent Gallienus sah sich mit der Abspaltung des Gallischen Sonderreiches im Westen und des Palmyrenischen Sonderreiches im Osten konfrontiert. Zu Beginn seiner Herrschaft entstand also eine weitere Legionsserie. Sie bestand allerdings nur aus Antoninianen (Doppeldenaren) und umfasste keine Goldmünzen. Hingegen ließ der abtrünnige Postumus (260–269 n. Chr.) im Westen Aurei prägen, die seine Legionen nennen. Im Unterschied zu den früheren Legionsserien zeigen die Münzen des Gallienus jetzt nicht mehr einen Legionsadler zwischen Standarten, sondern das Wappentier der jeweiligen Legion. Im Falle der 2. italischen Legion ist das die Wölfin, die die Zwillinge Romulus und Remus säugt. Dies ist gleichzeitig sozusagen das Wappen der Stadt Rom, das ja der Legende zufolge von Romulus gegründet worden war.

Wie eingangs erwähnt sind Münzen nicht nur das wichtigste Bildmedium der Antike mit dem höchsten Verbreitungsgrad, ihre Darstellungen weisen trotz ihrer Winzigkeit einen verblüffenden Detailreichtum auf. Was nun jene Münzen betrifft, die militärische Themen zeigen, erfüllen sie einen ähnlichen Zweck wie moderne Kriegsberichterstattung. Freilich gilt es aber zu bedenken, dass sehr genau bedacht wurde, was auf Münzen zu sehen war und dass der Kaiser und seine Taten folglich immer in ein vorteilhaftes und ruhmreiches Licht gestellt wurden.

Abb. 5: Follis für Constantius II. als Caesar, geprägt 327 n. Chr. in Arelate.
Fotos: ÖAW

In der frühen und mittleren Kaiserzeit vor den sog. Markomannenkriegen ist der Kaiser zwar manchmal in Rüstung auf Münzen zu sehen, aber nur äußerst selten in wirklichen Kampfhandlungen, die kaum auf konkrete Ereignisse anspielen. Dies änderte sich freilich, als die militärische Lage unruhiger wurde. Ein Sesterz des Marcus Aurelius (161–180 n. Chr.) (Abb. 1) zeigt, wie er an der Spitze seiner Armee auf einer Pontonbrücke die Donau überquert. Ob der Kaiser selbst tatsächlich der erste in der Kolonne gewesen ist, mag man anzweifeln, jedenfalls vermittelt er das Bild eines Heerführers – dennoch ist er als Philosophenkaiser in die zeitgenössische Geschichtsschreibung eingegangen. Das dargestellte Ereignis hat sich im Jahr 172 n. Chr. in der Region von Carnuntum zugetragen, wo das römische Heer die Donau tatsächlich auf einer Pontonbrükke überschritt, als es nach der markomannisch-quadischen Invasion zum Gegenschlag ansetzte und den Krieg nach Germanien trug.

Abb. 6: Schweres Miliarense des Constantinus II. (337–340 n. Chr.), geprägt 337–340 n. Chr. in Thessalonika. *Fotos: ÖAW*

Ab dem 3. Jh. werden Münzbilder von Soldaten und Kampfszenen zahlreicher. Nicht ohne Grund spricht man von der Ära der Soldatenkaiser, nicht zuletzt deshalb, da nun häufig Offiziere von ihren Legionen zum Kaiser ausgerufen wurden und ihren Anspruch auf den Thron sodann im Kampf gegen andere römische Legionen, also durch Bürgerkrieg, durchzusetzen versuchten. Dies war sicherlich mitbedingt durch zahlreiche feindliche Übergriffe an den Grenzen. Ab jetzt finden wir den Kaiser häufig im Kampf (Abb. 2) und auf der Portraitseite trägt er manchmal einen Helm (Abb. 3) oder sogar Lanze und Schild. Denn nun zählte zu den wichtigsten Tugenden eines Kaisers, was Marcus Aurelius wohl noch freiwillig tat, nämlich persönlich die Truppen in die Schlacht zu führen. Dieser Wunsch nach der Anwesenheit des Kaisers im Feld, oder vielmehr die Notwendigkeit einer direkten Führung des Kommandos, war es, der schließlich unter Diocletianus (284–305 n. Chr.) in die sog. Tetrarchie führte, also in die Viererherrschaft, sodass vier Kaiser, zu jener Zeit immer erfahrene Offiziere, gleichzeitig an verschiedenen Fronten im Feld stehen konnten.

Dies gilt als der Epochenwechsel zur Spätantike, was freilich ein längerer Prozess war, der mit zahlreichen Reformen und Veränderungen einherging. Beispielsweise wurden Provinzen durch Teilung verkleinert und darüber die neuen Verwaltungseinheiten der Diözesen geschaffen, von denen wiederum mehrere eine Präfektur bildeten, die einem Kaiser unterstand. Auch die bestehenden Legionen und Garnisonen wurden verkleinert, und man gab die Trennung zwischen Legionen und sog. Hilfstruppen auf zugunsten eines beweglichen Heeres *(comitatenses)* und weiterhin fest stationierten Grenztruppen *(limitanei)*. Die Münzprägung erfuhr womöglich die durchgreifendsten Neuerungen. Neben eigentlichen Geldreformen, die neue Nominalien (Münzgrößen) einführten, ersetzte man Individualportraits durch schablonenhafte Gesichter und demonstrierte auf diese Weise Eintracht. Am wichtigsten war aber, dass neben dem Kaisertum selbst auch die Geldproduktion dezentralisiert wurde. Was unter Gallienus begonnen wurde, erreichte nun seine endgültige Form, und zwar, dass in bis zu 15 Münzstätten gleichzeitig nach einheitlichem Programm geprägt wurde.

Abb. 7: Maiorina des Constans (337–350 n. Chr.), geprägt 348–350 n. Chr. in Siscia. *Fotos: KHM*

Während der Spätantike nehmen militärische Themen in der Auswahl der Reversbilder eine zentrale Stellung ein. Die klassischen Götter verschwinden bereits in den 320er Jahren, noch bevor das Christentum staatstragende Bedeutung erlangte. Das Christogramm, also die Verschmelzung der griechischen Buchstaben Chi und Rho (für Christus), kommt übriges zunächst nur sporadisch vor (Abb. 8). Man zeigt gefesselte und demoralisierte Besiegte (Abb. 3) oder beschwört die Tüchtigkeit des Heeres *(virtus exercit[us])* (Abb. 6); der hier dargestellte Soldat ist wohl eine Personifikation der Armee an sich. Üblicherweise stellt man die Gegner im Westen, hier kämpfte man gegen diverse germanische Stämme, mit langen, offenen Haaren dar (Abb. 3), während jene im Osten, die als ‚Perser' bezeichneten Soldaten des sasanidischen Großreiches, die typische, auch als phrygische Mütze bekannte, lederne Kopfbedeckung tragen.

Konkrete militärische Erfolge werden zwar selten verkündet, ein Beispiel hierfür sind jedoch die Münzen, die Constantinus I. (306–337 n. Chr.) anlässlich eines Sieges in Sarmatien (Abb. 4) prägen ließ. Sie wurden von seinem damaligen Herrscherkollegen Licinius I. (308–324 n. Chr.) als Provokation empfunden und führten zum Ausbruch erneuten Bürgerkrieges. Wir sehen auch Tore beziehungsweise Türme (Abb. 5), bei denen es sich zweifellos um militärische Befestigungswerke handelt. Immer wieder treffen wir auf Legenden, die wie Durchhalteparolen anmuten, etwa die ‚Wiederherstellung der glücklichen Zeiten' *(fel[icitas] temp[(orum] reparatio)* oder der ‚Ruhm der Römer' *(gloria romanorum)* (Abb. 7 und 8).

Wenig zimperlich, jedenfalls gemessen an heutigen Maßstäben, zeigte man sich im Umgang mit den Feinden Roms. Ein Münztyp des Constans (337–350 n. Chr.) stellt eine Umsiedlungsaktion dar, jedenfalls führt ein Soldat eine kleinere Gestalt aus einer Art Hütte (Abb. 7). Ein derartiges Ereignis ist für die 340er Jahre überliefert, als unter Constans' Kommando Teile eines fränkischen Stammes auf Reichsgebiet angesiedelt wurden. Jedenfalls wurde dieses Bild über die Münzprägung im gesamten Imperium verbreitet. Ein bezeichnendes Detail, sowohl für die Qualität von Münzbildern als auch für die Politik Roms, zeigt eine Münze aus Siscia (Abb. 8). Ein Mann in Rüstung, aber mit Diadem statt eines Helmes – offenbar also der Kaiser selbst, zerrt einen unterlegenen Gegner am Haarschopf davon, und dies zum Ruhme der Römer *(gloria romanorum)*. Wie auch immer man diese Bilder heute bewertet, das Imperium kämpfte damals bereits um sein militärisches Überleben. Die Schlacht von Adrianopel, die im Jahr 378 n. Chr. ausgetragen wurde, kostete Kaiser Valens (364–378 n. Chr.) das Leben und gilt als eine der verheerendsten Niederlagen, die Rom jemals zu erleiden hatte. Historiker meinen, das Imperium habe sich nie völlig davon erholt und bezeichnen sie als den Anfang des Unterganges; jedenfalls markiert sie den Beginn der Völkerwanderung.

Abb. 8: Centenionalis des Valens (364–378 n. Chr.), geprägt 364–367 n. Chr. in Siscia.
Fotos: ÖAW

Obwohl nicht unmittelbar betroffen, geht in der Limesregion die Zahl der nach 378 n. Chr. geprägten Fundmünzen drastisch zurück. Im gesamten Imperium gab es jetzt einen spürbaren Rückgang in der Produktion von Buntmetallgeld. Die spätesten Buntmetallmünzen aus Lauriacum datieren immerhin ins frühe 5. Jh., als bereits von einem Verebben des Geldumlaufes auszugehen ist; nördlich der Alpen gibt es dann, also etwa zur Zeit des Hl. Severin, nur mehr vereinzelte Funde von goldenen Solidi, die aber bis ins 6. und 7. Jh. reichen. Im Jahr 488 n. Chr. wurde Ufernorikum schließlich aufgegeben und die romanische Bevölkerung zog sich über die Alpen beziehungsweise nach Italien zurück.

ROMA TE VULT

ROM BRAUCHT DICH!

Du bist römischer Bürger, ledig, zwischen 18 und 26 Jahre alt und liebst Reisen und Abenteuer. Dann bist DU bei uns richtig.

Wir bieten ein überdurchschnittliches Einkommen mit Sonderzahlungen und Beutebeteiligung.

Wir fördern deine Talente mit einer soliden Ausbildung und guten Aufstiegschancen.

Mit der besten medizinischen Versorgung und regelmäßigem Kraft- und Lauftraining halten wir dich die nächsten 20 Jahre fit.

Neben einer geregelten Freizeit hast du zusätzlich einmal im Jahr Urlaubsanspruch.

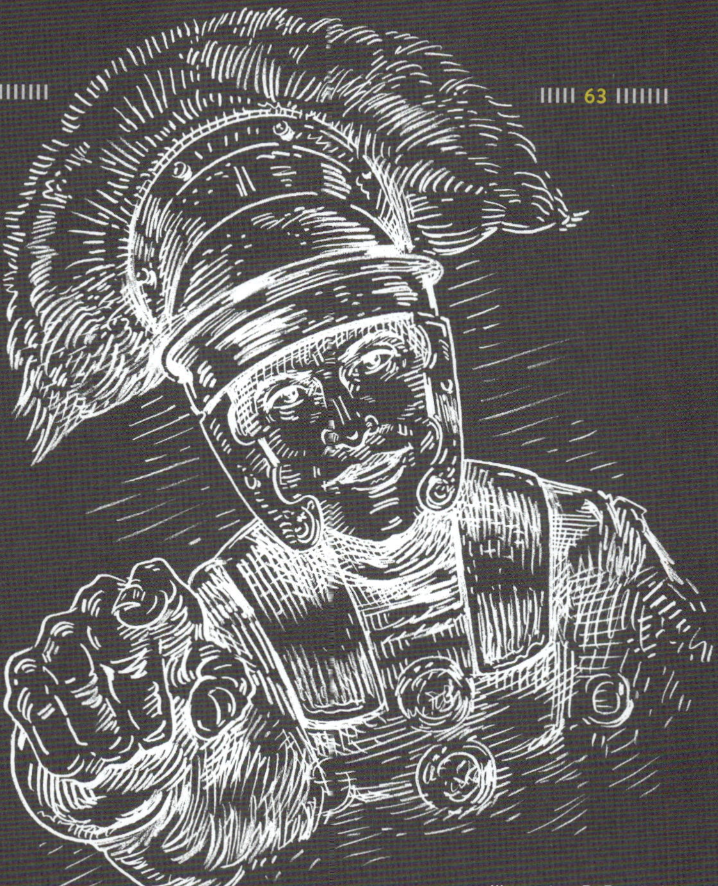

Illustration: R. Reznicek

Werde Legionär – eine große und ruhmreiche Karriere erwartet dich!

- Mann sollte über 1,65 m groß sein.
- Die Aufnahme erfolgt nach ärztlichem Tauglichkeitstest und bestandenem Bewerbungsgespräch *(probatio)*. Nach der Angelobung und vier Monaten Grundausbildung wird der Rekrut zum *miles*.
- Ohne das römische Bürgerrecht wird man den Hilfstruppen *(auxillia)* zugeteilt (Dienstzeit 25 Jahre).
- Zum Dienstende bekommt der Legionär Geld oder Land, die Auxiliare bekommen das römische Bürgerrecht.
- Der einfache Soldat muss 30 % seines Soldes für Ausrüstung, Verpflegung, Kleidung, Opfer und Steuern aufwenden.
- Der Sold ist nach Dienstgrad gestaffelt, ein Cenutrio verdient das 16fache, der Kommandant *(legatus)* das 66fache eines einfachen Soldaten.
- Der Dienst beginnt mit dem Morgenappell bei Sonnenaufgang. In Friedenszeiten ist bereits am Nachmittag frei, außer man ist zum Wachdienst eingeteilt.
- Zu den Aufgaben eines Soldaten gehören Exerzieren, Wachestehen, Patrouillendienst, Werkstattdienst, Lagerinstandhaltung, Kochen, Verwalten, Putzen und Kämpfen. Der Latrinendienst ist nicht besonders beliebt.
- Einfache Vergehen werden mit Wach- oder Arbeitsdienst, Urlaubsverbot, Soldkürzung oder Prügeln, schwere Verstöße mit Degradierung, Verstümmelung oder sogar mit dem Tod geahndet.
- Für besondere Verdienste gibt es Ehrenzeichen, die an der Rüstung angebracht werden. Wer die Mauern einer belagerten Stadt oder Festung als erster erstürmt, erhält die ruhmreiche *corona muralis*.

„(Die Soldaten) sollen ständig Manöver abhalten, keinen Leerlauf haben, sondern mit Anwesenheitsappellen und Paraden beschäftigt werden. Sie sollen häufiger den größten Teil des Tages über in Bewegung gehalten werden, bis dass ihnen der Schweiß heruntertrieft vom Werfen ihrer Geschosse, vom Exerzieren, vom Stoßen und Schlagen ihrer Übungsschwerter gegen Holzpfosten. Man soll sie im Rennen und Überspringen von Gräben trainieren, während des Sommers muss man sie alle zwingen zu schwimmen, entweder im Meer oder in jedem beliebigen Fluss in der Nähe des Lagers."

Publius Flavius Vegetius Renatus (spätes 4./frühes 5. Jahrhundert n. Chr.), De Re Militari 3,4 (übersetzt von M. Scholz)

EUGIPPIUS, VITA SANCTI SEVERINI

*„So siedelte also
nach der Zerstörung
der Städte an der oberen Donau
die gesamte Bevölkerung,
die auf die Warnungen
des heiligen Severin gehört hatte,
nach Lauriacum
über …“*

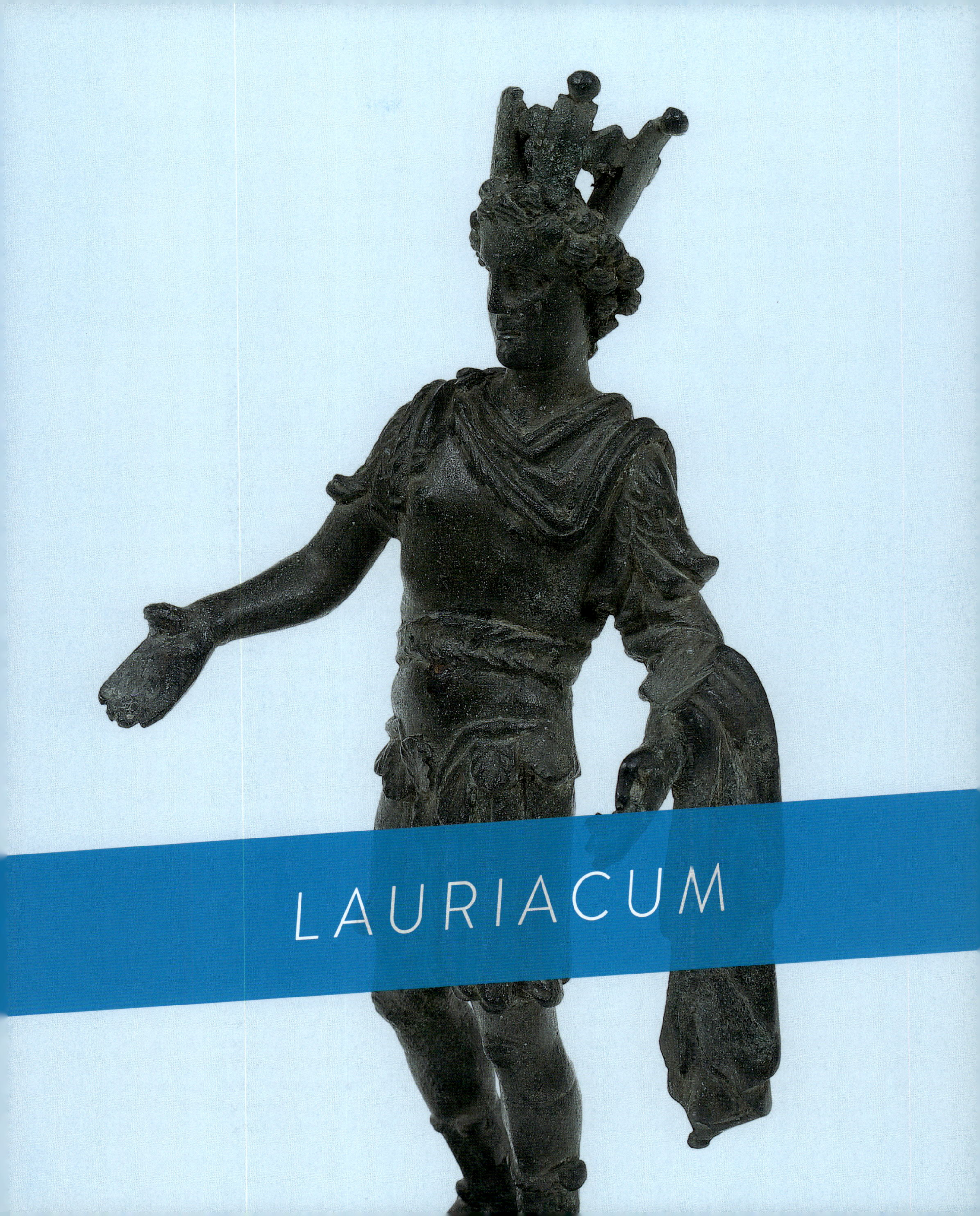
LAURIACUM

FELIX LANG – STEFAN TRAXLER – REINHARDT HARREITHER

LAURIACUM

HÄNDLERSIEDLUNG – LEGIONSSTÜTZPUNKT – RELIGIÖSES ZENTRUM

Mercurius, Götterbote sowie Gott der Händler, Kaufleute und Diebe als Gewicht einer Schnellwaage. *Museum Lauriacum – Foto: E. Grilnberger*

TOPOGRAPHIE UND FRÜHER *VICUS*

Die römische Siedlungsstelle ist im Norden von der Donau, im Osten von der Enns und im Süden von Stadt-/Georgenberg und Eichberg umgeben. Im Westen stellen die Traun und der Kristeiner Bach eine natürliche Siedlungsgrenze dar. Einzelfunde verweisen auf eine latènezeitliche Besiedlung. Auch der Name Lauriacum ist keltisch und kann mit „bei den Leuten des Laurios" übersetzt werden. Die entsprechende Niederlassung ist aber nicht lokalisiert. Sie dürfte auf dem Stadt-/Georgenberg zu suchen sein.

Die Trasse der Limesstraße verlief – der heutigen Mauthausnerstraße folgend – nördlich des Stadtberges zu einem Übergang über die Enns. In diesem Bereich lässt sich bereits für das 1. Jh. ein römischer Straßenvicus/eine Brückensiedlung sowie ein zugehöriges Gräberfeld nachweisen. Diesem kann die Grabstele des *Aulus Barbius Gratus,* seiner Frau *Cominia Pupa* und ihren Sohn *Titus Barbius Quintus* zugeordnet werden. Diese Stele zeigt, dass Mitglieder dieser aus Aquileia und Umgebung stammenden Händlerfamilie in Lauriacum anwesend waren bzw. sich hier niedergelassen haben. Die Handelstätigkeit dürfte also schon im *vicus* eine wichtige Rolle gespielt haben, was angesichts der hervorragenden Lage nicht verwundert. Lauriacum lag eben direkt an der Limesstraße bei einer Brücke über die Enns, außerdem bot das Auengebiet im Bereich des Mündungsgebietes der Enns in die Donau hervorragende Bedingungen für einen Hafen (Plan Umschlagklappe hinten). Der Waren- und Personentransport war hier sowohl auf der Donau als auch auf den großen Zubringerflüssen Traun und Enns möglich. Durch Nebenstraßen war Lauriacum mit der norischen Hauptstraße und der Pyhrn-Region verbunden. Aus dem Norden mündet die Aist in die Donau. Das Aisttal war nicht nur ein wichtiger Handelsweg, sondern auch eine potentielle Einfalls- und Ausfallschneise für militärische Operationen (Beitrag ab S.76). Die Rolle, die Lauriacum als Verkehrsknotenpunkt gespielt hat, kommt sehr deutlich im *Itinerarium provinciarum Antonini Augusti,* einem Straßen- und Stationenverzeichnis, das vermutlich auf das frühe 3. Jh. zurückgeht, zum Ausdruck. Lauriacum wird in diesem Verzeichnis mehrfach erwähnt, unter anderem auch als Ausgangs- bzw. Endpunkt von Reiserouten von/nach Taurunum (Belgrad-Zemun, Serbien), Augusta Vindelicum (Augsburg, Deutschland) und Aquileia (Italien).

STATIONIERUNG DER *LEGIO II ITALICA* UND DIE FOLGEN

Mit der Stationierung der *legio II Italica* im letzten Drittel des 2. Jhs. kam es auch zu einem deutlichen Anstieg der Zivilbevölkerung sowie einer entsprechenden Ausdehnung des zivilen Siedlungsareals. Bei der Anlage des Legionslagers in einer geschützten Zone auf einer Niederterrasse wurde auf den bestehenden *vicus* offensichtlich Rücksicht genommen. Die Orientierung an der Terrassenkante und am Bett des Bleicherbaches dürfte ausschlaggebend gewesen sein, dass das Lager die etwas ungewöhnliche Form eines Parallelogramms aufweist. Auch nach Ende der Markomannenkriege blieb die Legion, allerdings in zunehmend reduzierter Mannschaftsstärke, bis in die Spätantike vor Ort. Mehrere Umbaumaßnahmen konnten im Lager nachgewiesen werden (Beiträge ab S. 80).

Neben der bereits bestehenden Bebauung im Südosten erstreckten sich nun die zivilen Siedlungsbereiche, die *canabae legionis,* auch nördlich, westlich und südlich des Lagers, von diesem durch einen maximal 150 m breiten unbebauten Streifen getrennt. Die geschotterten Straßen und damit auch die Bebauung (Wohnhäuser, Wirtschaftsgebäude, Werkstätten, Magazine und Läden) orientierten sich am Legionslager. Viele Läden befanden sich an den Hauptverkehrsachsen der Siedlung. Die Wasserver- und -entsorgung war durch Wasserleitungen, Brunnen und Kanalsysteme gewährleistet. Bei den Einwohnern handelte es sich um Angehörige der Legionäre und deren Familien, Kaufleute, Händler und Gewerbetreibende. Im Norden konnte durch geophysikalische Prospektionen wohl der römische Hafen lokalisiert werden (Beitrag ab S. 134), an den sich offensichtlich eine Produktionszone anschloss. Im Hang zur Niederterrasse, auf der das Lager stand, wurden mindestens 12 Kalkbrennöfen errichtet (Beitrag ab S. 100). Das Areal im Nordwesten der *canabae* wird durch eher einfache Gebäude und handwerkliche Aktivitäten charakterisiert (Beitrag ab S. 137). Im Süden und Westen finden sich hingegen besser ausgestattete Wohnbauten mit repräsentativen Räumen, (Peristyl-)Höfen, Heizungssystemen und Wandmalerei. Vor allem zwei Gebäude zeichnen sich durch den außergewöhnlich guten Erhaltungszustand der Wandmalerei aus. Es handelt sich zum einen um ein Haus südlich des Lagers gegenüber der *porta principalis dextra* (rechtes Nebentor).

Grabstele der Barbii,
einer Händlerfamilie aus Aquileia, spätes 1./frühes 2. Jh.
Museum Lauriacum – Foto: O. Harl, lupa.at/470

Topographie von Enns vor den Flussregulierungen. „Mappa Geometrica" – Manuskriptkarte (Aquarell) von Johann Andreas Meyer, 1750.
OÖ. Landesmuseum

In diesem wurde das berühmte Deckenfresko gefunden, auf dem Amor und Psyche oder Zephyros und Chloris/Flora dargestellt sind. Das Fresko kann in das ausgehende 2. Jh. datiert werden, steht also in einem unmittelbaren zeitlichen Bezug zur Stationierung der Legion. Zum anderen wurde im Westen auf dem Gelände der Fa. Eisenbeiss das sog. Haus der Medusa ausgegraben (Beitrag ab S. 140). Unter der Basilika St. Laurenz wurde außerdem ein Gebäude freigelegt, das sich durch eine besonders markante Lage und einen großflächigen Grundriss auszeichnet. Ein bereits im 18. Jh. weiter westlich entdeckter Mosaikboden könnte ebenfalls zu diesem Baukomplex gehören (Abb. S. 25). Für diesen Bau wurden mehrere Interpretationen vorgeschlagen. Unter anderem wird er als *praetorium*, als „Palast" des Legionskommandanten und Statthalters, gedeutet.

Die gehobene Stellung dieses Areals wird zudem durch die etwas südlich davon liegenden öffentlichen Anlagen unterstrichen. Sowohl die Thermen als auch eine Platzanlage, ein *forum*, wurden festgestellt. Bislang fehlen jedoch Hinweise auf Tempelanlagen oder Kultstätten (Beitrag ab S. 134). Aufgrund der öffentlichen Bauten und der gehobenen Wohnarchitektur wird vorgeschlagen, dass dieser Teil der Zivilsiedlung unter Kaiser Caracalla (211–217 n. Chr.) zu einem *municipium* erhoben wurde, d.h. das Stadtrecht verliehen bekam. Der definitive Beweis steht allerdings nach wie vor aus. Fest steht, dass weder in den über 40 in Stein gemeißelten Inschriften aus Enns noch in einer anderen bekannten römischen Inschrift ein *municipium Lauriacum* erwähnt wird. Angehörige des Stadtmagistrats sind ebenso wenig bekannt. Hinsichtlich der in dieser Diskussion immer angeführten und genauso umstrittenen Stadtrechtfragmente besteht wohl ebenfalls kaum Hoffnung auf eine endgültige Lösung (Beitrag ab S. 162).

NIEDERGANG UND SPÄTANTIKE

Die Blütephase von Lauriacum endete bereits Mitte des 3. Jhs., als sich in der Zivilsiedlung Zerstörungen nachweisen lassen, die möglicherweise auf kriegerische Ereignisse zurückzuführen sind. Einige Bereiche des ursprünglichen Siedlungsareals wurden daraufhin nicht mehr verbaut. Generell sind eine fortschreitende

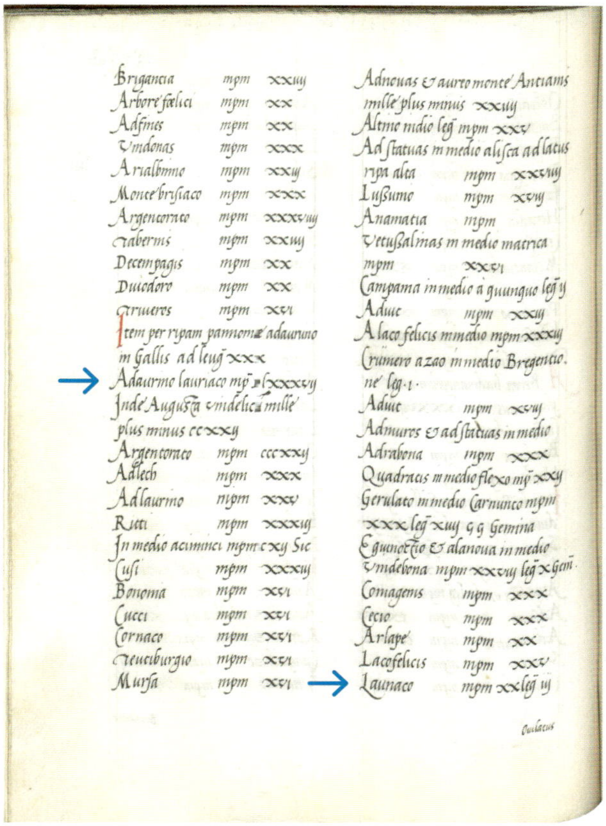
Briganacia mpm xxiiii
Arbore fęlici mpm xx
Adfines mpm xx
Vindonas mpm xxx
Arialbinno mpm xxii
Monte brisiaco mpm xxx
Argentorato mpm xxxviii
Tabernis mpm xxiiii
Decempagis mpm xx
Diuodoro mpm xx
Triueros mpm xvi
Item per ripam pannonię adaurino
in Gallis ad leug xxx
Adaurino lauriaco mp ... xxxvii
Inde Augusta vindelica mille
plus minus ccxxii
Argentorato mpm cccxxii
Adlech mpm xxx
Adlaurino mpm xxv
Rieti mpm xxxiii
In medio acinnici mpm cxii Sic
Cusi mpm xxxiii
Bonoma mpm xvi
Cucci mpm xvi
Cornaco mpm xvi
Teucibурgio mpm xvi
Mursa mpm xvi
Adnouas & aureo monte Antiams
mille plus minus xxiii
Altino medio leg mpm xxv
Ad statuas in medio alisca ad latus
ripa alta mpm xxviii
Lussumo mpm xviii
Anamatia mpm
Vetussalinas in medio matrica
mpm xxvi
Campania in medio a quunquo leg ii
Aduic mpm xxiii
A laco felicis in medio mpm xxxiii
Crumero azao in medio Bregentio.
ne leg. i.
Aduic mpm xviii
Admuros & ad statuas in medio
Adrabona mpm xxx
Quadratis in medio flexo mp xxii
Gerulato in medio Carnunto mpm
xxx leg xiiii G G Gemina
Equinoctio & alanoua in medio
Vindebona mpm xxviii leg x Gem.
Comagenis mpm xxx
Cecio mpm xxx
Arlape mpm xx
Lacofelicis mpm xxv
Lauriaco mpm xx leg ii

Itinerarium Antonini,
Blatt zur Route Lauriacum nach Augusta Vindelicum.
Bayerische Staatsbibliothek

Reduktion der Einwohnerzahl und ein Ausdünnen der Siedlungsbereiche rund um das Legionslager festzustellen. Außerdem wurden Teile der *legio II Italica* an andere Standorte versetzt. Die Zivilbevölkerung zog sich schließlich in die dadurch frei gewordenen Lagerbereiche in den Schutz der Lagermauern zurück.

Dass Lauriacum im 4. Jh. nichtsdestotrotz noch von Bedeutung war, zeigen die Aufenthalte von zwei Kaisern: Constantius II. am 24. Juni 341 n. Chr. und Gratianus 378 n. Chr.. Zudem scheint es als wichtiger Militärstandort in der Notitia dignitatum auf, einem Handbuch über die administrative Gliederung des Römischen Reiches in der Spätantike, in der auch die Heereseinheiten bzw. deren Kommandanten angeführt sind. Für Lauriacum ist sowohl ein Legionskommandant,

Funde aus bzw. mit Gold.
Museum Lauriacum – Foto: E. Grilnberger

praefectus legionis secundae Italicae, als auch ein Flottenkommandant, *praefectus classis Lauriacensis,* erwähnt. Außerdem wird unter den *fabricae* (Werkstätten) eine für die Produktion von Schilden, *Lauriacensis scutaria,* erwähnt. Schließlich wird der Ort auch noch mehrmals in der sog. *Vita Sancti Severini* des Eugippius genannt.

DAS FRÜHE CHRISTENTUM

Lauriacum stellte im frühen Christentum einen zentralen Standort nördlich der Alpen dar und war, soweit überliefert, der einzige belegte Bischofssitz in Ufernoricum. Eugippius führt in der Lebensbeschreibung des hl. Severin mit Constantius einen Bischof von Lauriacum an, der also in der zweiten Hälfte des 5. Jhs. tätig war. Dieser einzige überlieferte spätantike Bischof in diesem Raum leitete neben seinen kirchlichen Aufgaben auch die Verteidigung der im Inneren des Legionslagers befindlichen Siedlung.

Unterkirche Basilika St. Laurenz.
Foto: blickwerk/M. Zauner

Die erste Erwähnung von Christen in Enns geht auf das Jahr 304 n. Chr. zurück. Am 4. Mai wurde Florianus in Lauriacum hingerichtet. Florianus, der pensionierte Kanzleivorsteher des *praeses,* des zivilen Statthalters von Ufernoricum, wollte gefangenen Glaubensschwestern und -brüdern zu Hilfe kommen. Florian ist der erste namentlich bekannte Märtyrer auf dem Gebiet des heutigen Österreich. Zu dieser Zeit, unter Kaiser Diocletianus, waren Christen noch Verfolgungen ausgesetzt, was sich durch Kaiser Constantinus (den Großen) änderte, der in der Mailänder Vereinbarung Religionsfreiheit garantierte. Dies kann als Wendepunkt in der Entwicklung des Christentums bezeichnet werden, von dem es sich schrittweise zur bestimmenden Religion im Imperium Romanum entwickelte und die anderen Glaubensrichtungen zurückdrängte. Nur wenige Kleinfunde, wie Fingerringe und eine Öllampe sind, durch die darauf befindlichen Darstellungen des Christogramms, eindeutig christlich konnotiert.

ZWEI FRÜHCHRISTLICHE KIRCHENBAUTEN

In der Laurentiuskirche von Lorch kamen bei Grabungen des OÖ. Landesmuseums in den Jahren 1960–1966 mehrere Vorgängerbauten zu Tage. Das älteste Gebäude ist der bereits erwähnte „Palast", der bis in die erste Hälfte des 4. Jhs. mehrmals umgebaut worden ist. Wohl im 5. Jh. wurde dann an dieser Stelle eine 23,8 m lange und 12,4 m breite Kirche errichtet, die eine gestelzte Apsis und eine freistehende hufeisenförmige Klerikerbank aufwies. Ein 95 x 90 cm großer Schacht östlich des Altares könnte ursprünglich als Bodengrab den antiken Steintrog beinhaltet haben, der im Jahr 1900 im gotischen Hochaltar entdeckt worden ist. In diesem fanden sich in einen Stoff des 4.–6. Jhs. eingehüllte menschliche Gebeine. Eine anthropologische Untersuchung ergab 87 Knochenfragmente von mindestens 31 Individuen. Dabei könnte es sich um die Reliquien der 40 Gefährten des Florianus handeln, die unter Kaiser Diocletianus aufgrund ihres Glaubens hingerichtet worden sind. Nach mehreren Umgestaltungen wurde der Kirchenbau schließlich Ende des 13. Jhs. durch die noch heute bestehende gotische Kirche ersetzt.

Öllampe und zwei Fingerringe mit Christogramm.
OÖ. Landesmuseum – Foto: E. Grilnberger

Der zweite spätantike christliche Sakralbau wurde in der Südostecke des ehemaligen *valetudinarium*, dem Lazarett des Legionslagers errichtet. Er war in den bestehenden Gebäudekomplex des Lagerspitals integriert. Es handelte sich um einen annähernd rechteckigen, 18,2 x 7,3 m großen Saal ohne apsidalen Abschluss. Durch eine freistehende Klerikerbank ist die Interpretation als Kirche gesichert. Der Bau, der von Westen betreten werden konnte, wies zudem zwei Nebenräume auf, in denen sich die Sakristei befunden haben könnte. Die Anlage kann zeitlich leider nicht näher eingeordnet werden, da stratifiziertes Fundmaterial fehlt. Jedoch scheint im Vergleich mit entsprechenden Kirchenbauten eine Datierung ins späte 4. oder frühe 5. Jh. wahrscheinlich. Der gesamte Komplex könnte als *episcopium* für verwaltungstechnische und karitative Zwecke gedient haben. Der Sakralbau könnte die Bischofskirche von Lauriacum darstellen. An dieser Stelle enstand, vermutlich im 11. Jh., die Wallfahrtskirche „Unsere liebe Frau Maria auf dem Anger", die 1785 profaniert und letztendlich abgetragen wurde.

Geschützt von den Befestigungsmauern blieb die romanisch-christliche Siedlung im ehemaligen Legionslager über das Ende der römischen Herrschaft im Jahr 488 n. Chr. hinaus im Frühmittelalter als Lorahha/Loriaca bestehen. Im 12. Jh. verlagerte sich schließlich der Siedlungsschwerpunkt auf den heutigen Stadtberg.

IN HOC SIGNO VINCES

„In diesem Zeichen
wirst du siegen."

Diese bekannte Redewendung ist mit einem bedeutenden Ereignis in Rom verknüpft. Im Oktober 312 n. Chr. standen sich an der Milvischen Brücke *(pons Milvius)* die Truppen von Constantinus (dem Großen) und seinem Konkurrenten Maxentius zur Entscheidungsschlacht gegenüber. Vor der Kampfhandlung soll Konstantin im Traum ein leuchtendes Kreuz als siegbringendes Zeichen erschienen sein, worauf er die Feldzeichen mit dem zentralen Symbol des Christentums versehen ließ und tatsächlich siegte. Im Folgejahr wurde durch die Mailänder Vereinbarung die Religionsfreiheit garantiert, ein wichtiger Schritt für den weiteren Aufschwung des Christentums.

Silbergeschirr, Depotfund mit acht Gefäßen und einem Spiegel.
Museum Lauriacum – Foto: Ch. Schepe

Klapptisch: höhenverstellbares Gestell, die Aufsatzbüsten zeigen eine jugendlich-männliche Figur mit phrygischer Mütze, möglicherweise Attis(?).
Museum Lauriacum – Foto: Ch. Schepe

ABENTEUER RÖMERZEIT

SALVE LAURIACUM!

Machen Sie mit der **Landesausstellungs-App Salve Lauriacum!** noch mehr aus Ihrem Besuch! Die interaktive Multimedia-Tour führt Sie durch die Ausstellungen im Museum Lauriacum bzw. in der Basilika St. Laurenz und zu den archäologischen Hotspots im Freien. Augmented-Reality-Anwendungen lassen vor Ihren Augen die Römerzeit an Originalschauplätzen wieder auferstehen, 3D-Rekonstruktionen machen das unsichtbare römische Erbe sichtbar. Genießen Sie mit der App Highlights der Ausstellung vorab oder nach Lust und Laune immer wieder zu Hause.

VIA LAURIACUM

Die **Augmented Reality App Via Lauriacum** verbindet die Standorte der Landesausstellung in Enns mit touristischen Hotspots entlang eines Rundwegs. Der Besucher kann mit der Handy-Kamera die Infotafel „einfangen“, wodurch zusätzliche Multimedia-Inhalte zum jeweiligen Ort erscheinen. So steht auf einmal ein Römer vor der Tafel und erzählt eine Geschichte. 3D-Rekonstruktionen, interaktive Informationen und Videos zu den Stationen ergänzen das Erlebnis.

RÖMERSPUREN APP

Einst war die Donau in **Ostbayern und Oberösterreich** die Grenze des Imperium Romanum, und auch heute finden sich hier noch allerlei Spuren aus der Römerzeit, die es zu entdecken und zu erleben gilt. 15 Stätten von Bad Gögging bis Enns zeugen von der ruhmreichen römischen Vergangenheit des Donauraums und werden nun mit der Römerspuren App interaktiv erlebbar gemacht. Mit kurzweiligen Aufgaben, Foto- und Audio-Stories sammelt man Römer-Medaillons als Belohnung und lernt dabei die atemberaubende Geschichte der Römerorte am Donaulimes kennen.

RÖMERRADWEG – DONAURADWEG

Begeben Sie sich 242 familienfreundliche Kilometer mit dem Rad auf die Spuren der Römer. Der Römerradweg (R6) läuft von Passau ausgehend den Inn entlang, zuerst durch Bayern und dann quer durch die Hügel des Innviertels an den Attersee. Von hier aus geht es weiter der Traun entlang über Wels bis nach Enns. Der Donauradweg (R1) verläuft sowohl am Nord- als auch am Südufer des Stromes und folgt damit der Nordgrenze des Imperium Romanum. **www.roemerradweg.info**

Die Apps **SALVE LAURIACUM!, VIA LAURIACUM** und **RÖMERSPUREN** stehen kostenlos in den App-Stores zur Verfügung.

DIE RÜCKKEHR DER RÖMERSCHIFFE.

UNTERWEGS AUF DER DONAU VON INGOLSTADT NACH ENNS

Nahe des römischen Kastells von Oberstimm (Manching, Bayern) wurden im Jahr 1994 zwei hervorragend erhaltene antike Schiffswracks entdeckt. Nach der Ausgrabung wurden sie aufwendig konserviert. Seit 2006 kann man die Schiffe im kelten römer museum Manching bestaunen. Die beiden Wracks datieren um 100 n. Chr. und sind Militärschiffe.

Von beiden existieren mittlerweile originalgetreue Nachbauten. Im Sommer 2018 sind diese erstmals gemeinsam unterwegs und werden von Ingolstadt bis nach Enns fahren und an mehreren Stationen haltmachen.

Eine Kooperation mit den Universitäten Erlangen und Trier, dem Römermuseum Haltern und dem Römermuseum Manching.

Die Oberstimm-Schiffe im kelten römer museum Manching
Foto: W. David

„Victoria“ im Einsatz.
Foto: W. Huppertz

GERALD GRABHERR – BARBARA KAINRATH – JOSEF REISINGER – STEFAN TRAXLER

DIE KONTROLLE DES AISTTALS VOR ANKUNFT DER LEGION

EIN NEU ENTDECKTES RÖMISCHES KASTELL IN ST. PANTALEON-ERLA

Geophysik im Bereich des Kastells von Stein im Oktober 2017.
Foto: ArchaeoPublica

Sieben Kilometer östlich von Lauriacum/Enns, genau gegenüber der Mündung der Aist in die Donau, liegt Stein, ein Ortsteil von St. Pantaleon-Erla. Es liegen zahlreiche Objekte von diesem Fundort vor. Diese datieren vorwiegend ins 2. Jahrhundert. Besonders auffallend sind die vielen Militaria und speziell die sechs publizierten Militärdiplome, die den größten Bestand vom norischen Limesabschnitt überhaupt darstellen. Auch die umfangreiche Münzkurve aus Stein unterstreicht eine Siedlungsaktivität an dieser Stelle vom späten 1. Jahrhundert bis zu den Markomannenkriegen.

Trotz dieser vielversprechenden Hinweise auf eine militärische Präsenz fand der Ort in der wissenschaftlichen Forschung kaum Beachtung. So wird schon 1910 in der ersten wissenschaftlichen Erwähnung die Fundstelle folgendermaßen charakterisiert: *„Der ... Darstellung ist angesichts der Dürftigkeit der Reste weiteres nicht beizufügen und möge nur bemerkt werden, daß auf den umliegenden Feldern römische Gefäßreste nicht zu den Seltenheiten gehören“* (Groller 1910). Vermutlich hängt dies auch damit zusammen, dass sich die Fundstelle in unmittelbarer Nähe zum Legionslager in Albing (St. Pantaleon) befindet und diesem auch immer wieder zugeordnet worden ist. Jedoch deuten alle chronologischen Hinweise auf eine spätere Entstehung des Legionslagers in Albing hin.

Im Sommer 2017 wurden durch Luftbilder von einer Drohnenbefliegung Teile eines römischen Militärlagers und der zugehörigen Zivilsiedlung *(vicus)* erkannt. Als Bewuchsmerkmale zeichnen sich östlich der Steinerstraße die Mauerzüge der Südwestecke des Kastells mit einem Eck- und einem Mauerzwischenturm ab. Aufgrund der Lokalisierung der von Westen und Süden ins Lager führenden römischen Straßen kann die Ausdehnung des südwestlichen Lagerbereichs mit ca. 82 x 65 m bestimmt werden, wodurch eine Gesamtfläche von 2-3 Hektar erschlossen werden kann. Westlich der heutigen Straße nach Stein zeigen sich besonders deutlich die Spuren der römischen Straße mit einer Kreuzung. Entlang der Achsen zeigen sich die Grundrisse von langrechteckigen Gebäuden, die mit der Schmalseite zur Straße orientiert sind und dem in den Nordwestprovinzen des Imperium Romanum verbreiteten Typ des sogenannten Streifenhauses entsprechen. Diese Hausform ist typisch für römische Straßendörfer und in der Regel von Handwerkern und Händlern bewohnt, die dort sowohl ihre Geschäfte durchführen als auch wohnen. Hinter dem Haus befindet sich zumeist

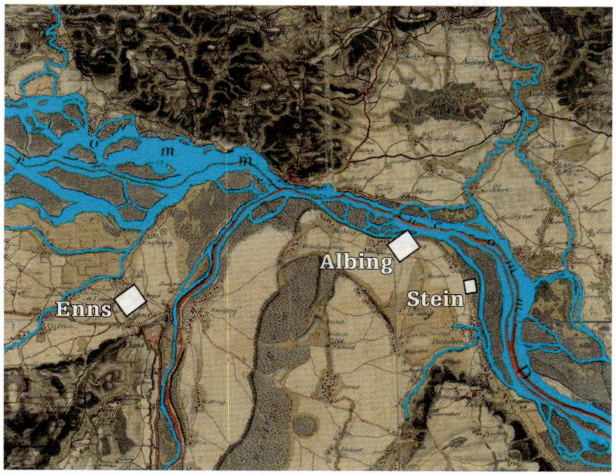

Die Lage des Kastells von Stein und der Legionslager Enns und Albing.
ArchaeoPublica (Kartengrundlage: Josephinische Landesaufnahme)

noch ein kleiner Nutzgarten. Somit ist in diesem Areal westlich des Militärlagers das zivile Lagerdorf zu lokalisieren, das der Versorgung und auch der Unterhaltung der Soldaten diente.

Damit eröffnet sich die seltene Möglichkeit, durch ein noch unbekanntes Auxiliar-/Hilfstruppenkastell am norischen Limes neue Akzente in der Forschung zu setzen. Durch die Strukturen, die sich im völlig unbebauten Areal befinden, ergab sich die Gelegenheit, erste geophysikalische Prospektionen durchzuführen. Durch den Einsatz sowohl von Geomagnetik als auch Bodenradar konnte der südwestliche Abschnitt des Kastells dokumentiert werden. Besonders deutlich zeichnen sich der Lagergraben, die Lagermauer und der Eckturm ab. Auch liegen erste Ergebnisse zur Innenbebauung des Lagers vor.

Parallel zur geophysikalischen Prospektion wurde ein Oberflächensurvey unternommen, um weitere Einblicke zur Nutzungsintensität und Chronologie des Platzes zu gewinnen. Beide Aktivitäten wurden vom Verein ArchaeoPublica in Kooperation mit dem Institut für Archäologien der Universität Innsbruck, dem OÖ. Landesmuseum sowie dem Land Niederösterreich durchgeführt. In gesellschaftspolitischer Hinsicht besonders vielversprechend stellt sich die hier erfolgreich genutzte Gelegenheit dar, die wissenschaftlich archäologische Forschung mit citizen science zu verbinden. Zwei Tage lang haben sog. LaienforscherInnen tatkräftig bei diesem Projekt mitgeholfen, eine Fortsetzung ist geplant. Damit wird der durch die Ratifizierung der Konvention von Faro geforderten Einbindung von BürgerInnen in Projekte zum kulturellen Erbe nachgegangen und diese Idee mit Leben erfüllt.

Im Rahmen eines Kooperationsprojektes der oben genannten Institutionen und Akteure soll durch zukünftige Unternehmungen der spannende Fundplatz in Stein/St. Pantaleon-Erla näher untersucht werden. Zunächst sind weitere geophysikalische Prospektionen vorgesehen, um die Dimension der archäologischen Hinterlassenschaft abzuklären und hinsichtlich ihrer Funktionen zu definieren (Militärlager, zugehörige Zivilsiedlung und Gräberfelder). Zu diesen Themen werden auch die Ergebnisse weiterer Oberflächenbegehungen (Rastersurveys) beitragen, die besonders für chronologische Fragen der unterschiedlichen Nutzungsräume vielversprechend sein werden.

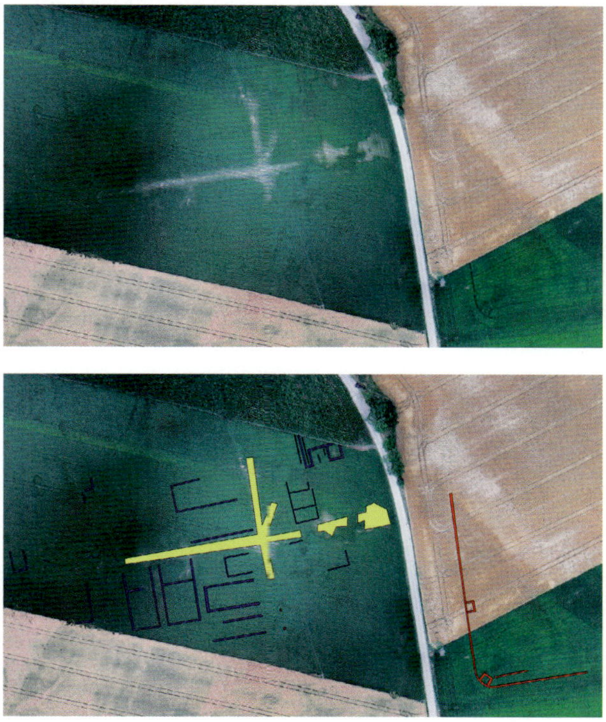

vicus und Kastell(eck) Stein,
Drohnenaufnahme Juli 2017 und Interpretation der Befunde.
ArchaeoPublica

Das große wissenschaftliche Potenzial des Fundplatzes in Stein wird besonders durch den Umstand deutlich, dass es sich dabei um das einzig bekannte Lager am norischen Donaulimes handelt, das weder durch eine spät- bzw. nachantike Weiternutzung überprägt, noch durch moderne Bebauung beeinträchtigt ist. Somit bietet sich hier die einmalige Möglichkeit, den Beginn und die Frühzeit der militärischen Präsenz an der Donaugrenze archäologisch zu untersuchen. Gerade durch die inhaltliche Vernetzung des Auxiliarkastells in Stein mit den beiden späteren Legionslagern der *legio II Italica* in Enns und Albing wird die strategische Bedeutung des Donauüberganges beim Aisttal im Grenzraum zwischen Ober- und Niederösterreich auch in der frühen römischen Kaiserzeit offensichtlich und die Präsenz der römischen Truppen an diesem Grenzabschnitt verständlich. Es zeigt sich, dass Rom schon lange vor der Stationierung der Legion in Enns dem wichtigen Donauübergang ins Aisttal eine große Bedeutung beimaß – sowohl als Einfallroute aus dem Norden wie auch als eigenes Aufmarschgebiet –, der durch die Stationierung einer Auxiliareinheit im späten 1. Jahrhundert n. Chr. gesichert wurde.

Den GrundstückseigentümerInnen und den freiwilligen HelferInnen sei herzlich gedankt – ohne sie wäre diese großartige Neuentdeckung nicht möglich gewesen! All jenen, die Interesse haben, an Kooperationsprojekten von ArchäologInnen und LaienforscherInnen mitzuarbeiten, dürfen wir unseren Verein ans Herz legen:

www.archaeopublica.eu

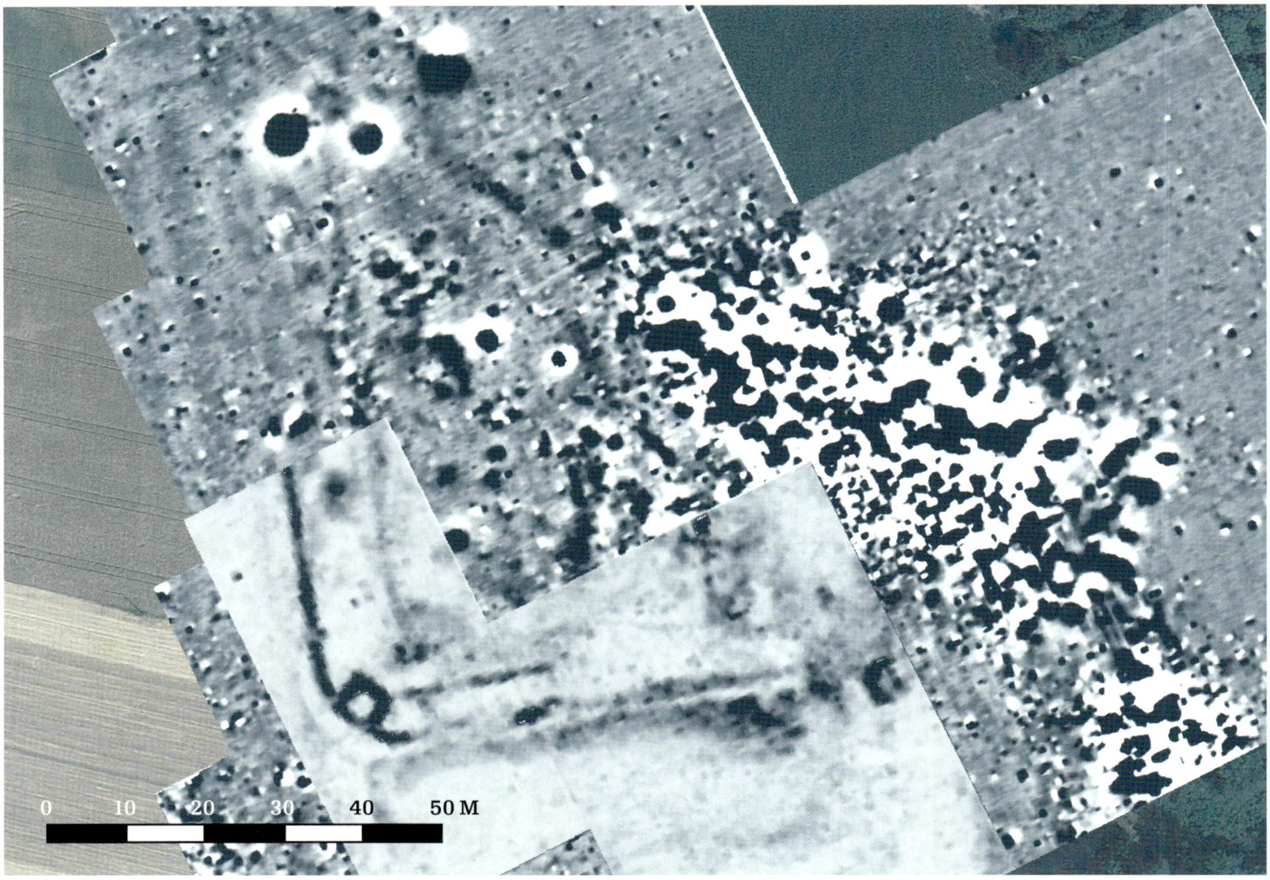

Kombination Geomagnetik und Georadar: Südwestecke des Kastells von Stein.
ArchaeoPublica

Rastersurvey und Geophysik im Bereich des Kastells im Oktober 2017.
Fotos: ArchaeoPublica

STEFAN GROH

DIE LAGER DER *LEGIO II ITALICA*

IN LOČICA, ENNS UND ALBING

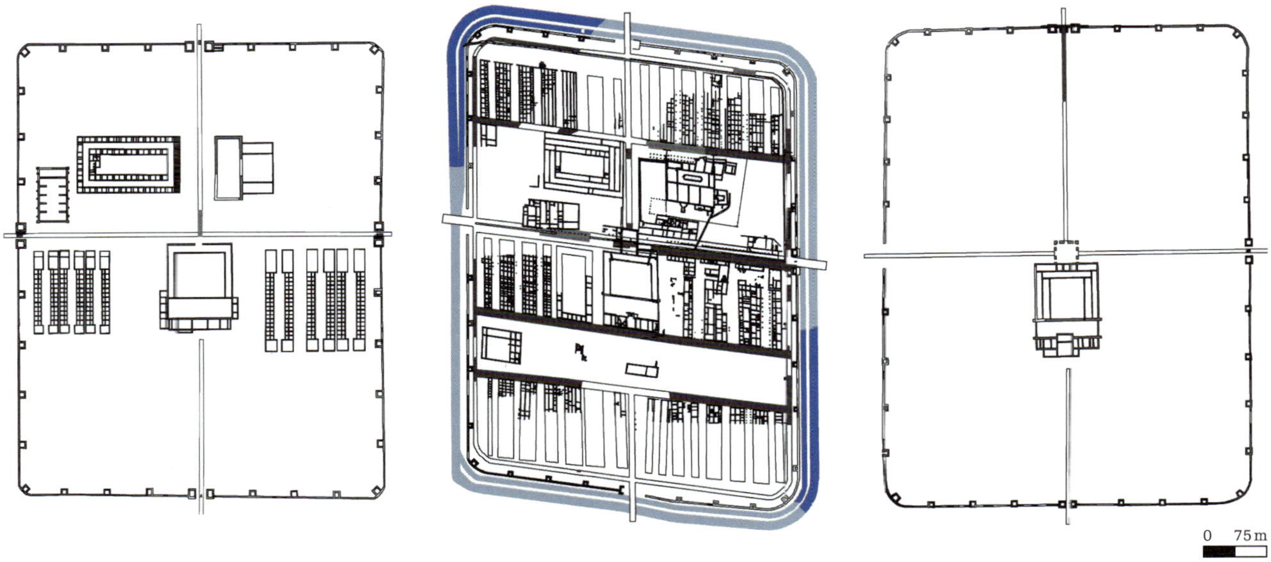

Die Lager der Legio II Italica in Ločica, Lauriacum/Enns und Albing.
ÖAW/ÖAI

Die *legio II Italica* wurde in den Jahren 165/166 n. Chr. unter den Kaisern Marcus Aurelius und Lucius Verus in Oberitalien ausgehoben. Die Rekrutierung erfolgte in Krisenzeiten, germanische Stämme drängten über die Grenzen des Römischen Reiches und unsere Region stand im Mittelpunkt des Kriegsgeschehens. Die Legion sollte, was in der römischen Geschichte außergewöhnlich ist, innerhalb von nur 50 Jahren drei Lager, und zwar in Ločica (Slowenien), Lauriacum/Enns (Oberösterreich) und Albing (Niederösterreich) bauen (Abb. 1). Diese in einem selbst für römische Maßstäbe eng bemessenen Zeitraum errichteten drei Legionslager besitzen bemerkenswerterweise alle einen anderen Grundriss bzw. Bauplan, der sich offensichtlich nach den jeweiligen Aufgaben der Soldaten richtete. Diese Aufgaben wiederum waren von politischen und militärisch-strategischen Entscheidungen des Kaisers abhängig, er bestimmte wo und wofür eine Legion eingesetzt wurde.

In Ločica plante man um 170 n. Chr. an der Grenze zwischen der Provinz Noricum und dem italischen Mutterland das erste Lager der *legio II Italica*. Dieses sollte nicht nur eine militärische Befestigungsanlage an der Bernsteinstraße, sondern auch ein besonders monumental ausgestalteter, zum Schutze Roms eingerichteter Amtssitz *(praetentura)* eines kaiserlichen Gesandten sein. Es sollte eine Elitetruppe beherbergen und die Lebensmittelverteilung sowie die Gesundheitsversorgung der Truppen und Bevölkerung zur Zeit einer grassierenden Seuche, der sog. Antoninischen Pest, sicherstellen. Das Lager wurde jedoch nie vollendet, die Legion hat es nie dauerhaft bezogen.

St. Groh, Im Spannungsfeld von Macht und Strategie. Die *legio II Italica* und ihre *castra* in Ločica (Slowenien), Lauriacum/Enns und Albing (Österreich). Forschungen in Lauriacum 16 (Linz 2018).

Bereits vor der Fertigstellung des Legionslagers von Ločica kommandierte man die *legio II Italica* um 171 n. Chr. nach Enns. Dieser zweite Legionsstützpunkt in Lauriacum/Enns wurde ursprünglich als Kommandozentrale und Ausgangspunkt für die Feldzüge gegen die Germanen geplant. Nördlich der Donau sollte eine neue Provinz Marcomannia eingerichtet werden. Der seltsam anmutende Grundriss des Legionslagers von Enns in Form eines Parallelogramms erklärt sich durch die Ausrichtung nach dem Gelände und den Flüssen, die für die Wasserversorgung der Truppe von etwa 6.000 Mann besonders wichtig waren. Mit dem Tode des Kaisers Marcus Aurelius wurden alle weiteren Planungen einer Provinz Marcomannia fallen gelassen und der Krieg gegen die Germanen 180 n. Chr. vorzeitig beendet. Auch unter diesen neuen Voraussetzungen verblieb die *legio II Italica* allerdings weiterhin in Enns und zeichnete sich in der Folge durch starke Bauaktivitäten in benachbarten Militärlagern an der Donau sowie in der römischen Stadt Ovilava/Wels aus: Zahlreiche Soldaten waren hochqualifizierte Handwerker, im Legionslager sowie in der das Lager umgebenden Siedlung produzierten unzählige Handwerksbetriebe die für die Bautätigkeiten notwendigen Materialien. Von besonderer Bedeutung dürften die Eisenvorkommen der Provinz Noricum gewesen sein, die über den Fluss Enns aus den Alpen herangeschafft wurden. Mit der Einrichtung des Legionsstandortes in Enns verlegte man auch die Provinzverwaltung von Virunum (Kärnten) dorthin und um das Lager entwickelte sich eine ausgedehnte Siedlung *(canabae, municipium)*.

Nach den Kriegen gegen die Germanen folgte unter den Kaisern Septimius Severus und Caracalla (193 – 217 n. Chr.) eine Zeit des wirtschaftlichen Aufschwungs, der sich im Legionslager von Enns durch die Errichtung von prachtvollen Säulenstraßen und eines monumentalen Torbaus (Tetrapylon) über dem Kreuzungspunkt *(groma)* der beiden wichtigsten Lagerstraßen manifestierte. Investierte Septimius Severus noch in den „alten" Legionsstandort in Enns, so hatte sein Nachfolger Caracalla andere Pläne: Sein Anliegen war es, ein größeres und repräsentativeres neues Legionslager zu errichten und dafür bestimmte er als Baugrund das Gebiet östlich des Flusses Enns, wo bereits vor 171 n. Chr. ein römisches Kastell gestanden hatte. Dieses Legionslager von Albing wurde mit moderner Befestigungsarchitektur, einem zu den Germanen ausgerichteten, die Macht des Kaisers manifestierenden Prunktor und einem riesigen zentralen Vierbogenmonument konzipiert. Vorbilder für diese Monumentalarchitektur gab es in Italien und Nordafrika. Diese geplante architektonische Machtdemonstration des Kaisers Caracalla wurde jedoch nicht vollendet und der Bau des Lagers nach der Ermordung des Kaisers 217 n. Chr. eingestellt. Die *legio II Italica* verblieb danach bis in die Spätantike am Legionsstandort in Enns.

Die Studie zu den Lagern der *legio II Italica* bezeugt die große Abhängigkeit der einfachen Soldaten vom Willen regierender Kaiser, aber auch die rasche Vergänglichkeit kaiserlicher Macht. Die einfachen Soldaten waren es, die Bauvorhaben unter großen Mühsalen umzusetzen, Kriege zu kämpfen hatten. Sie waren es aber auch, die als Kulturträger einer pluralistischen Gemeinschaft wirtschaftlich und politisch florierende Epochen ebenso überdauerten wie Krisenzeiten.

STEFAN TRAXLER

CASTRA LEGIONIS

DAS LEGIONSLAGER VON LAURIACUM

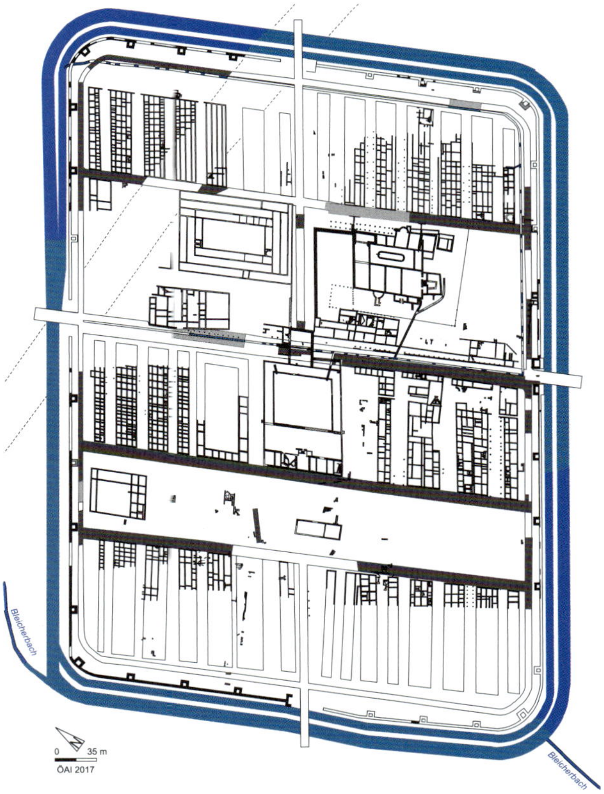

Das Lager der *legio II Italica* in Lauriacum/Enns.
ÖAW/ÖAI

Die römischen Lager haben meist einen sehr ähnlichen Grundaufbau, dennoch gibt es immer auch lokale Besonderheiten. Die Orientierung an der Terrassenkante und am Bett des Bleicherbaches dürfte ausschlaggebend gewesen sein, dass dieses Lager die etwas ungewöhnliche Form eines Parallelogramms aufweist. Die Innenbauten, die sich auf fünf durch Querstraßen gegliederte Abschnitte verteilen, weisen ebenfalls diese Abweichung von ca. 7 Grad auf.

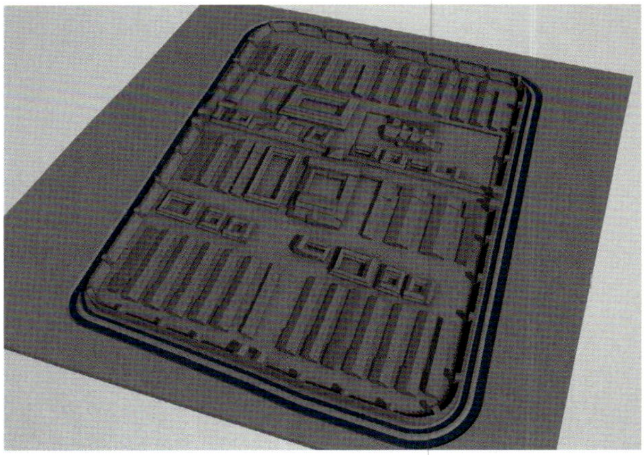

3D-Modell des Legionslagers.
7Reasons

Im dritten Drittel des 2. Jahrhunderts wird die *legio II Italica* an die Donau beordert. In Lauriacum errichtet sie ihr Lager und bleibt hier bis in die Spätantike. Durch die jüngsten Forschungen von Stefan Groh ist es möglich geworden, detailliertere Aussagen zum Lager in Enns zu treffen.

Das Legionslager von Lauriacum hat eine Größe von 20,53 ha, was der Fläche von 28 Fußballfeldern entspricht. Es ist für beinahe 6.000 Soldaten konzipiert.

Das Lager ist an drei Seiten von einem doppelten Spitzgrabensystem umgeben. Im Nordwesten verläuft partiell lediglich ein Graben. Der Bleicherbach speist die Gräben mit Wasser. Die Befestigungsmauer steht auf einem etwa 1 m starken Fundament aus Kieselsteinen, die durch Kalkmörtel gebunden sind. Darauf erhebt sich eine etwa 2 m breite und vermutlich um die 6 m hohe Mauer. Vier Toranlagen und 30 innen liegende Türme vervollständigen das Bollwerk. Das Lager kann durch vier Tore betreten und verlassen werden.

PORTAE – LAGERTORE

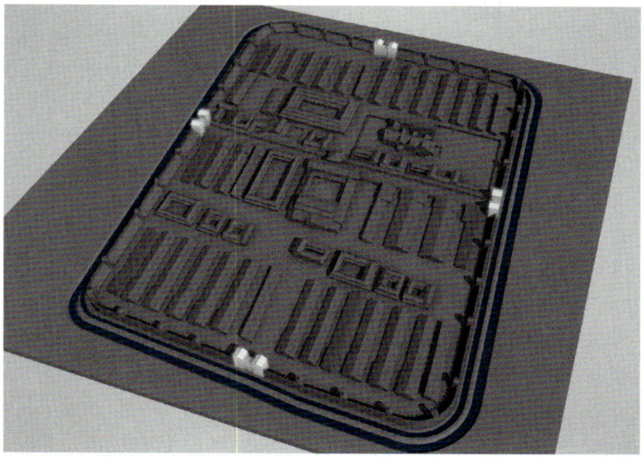

Vom Lagerhaupttor *(porta praetoria)* aus überblickt man die Mündungsgebiete der Enns und der Aist in die Donau. Das Aisttal ist nicht nur ein wichtiger Handelsweg, sondern auch eine potentielle Einfalls- und Ausfallschneise für militärische Operationen. Es wird angenommen, dass das Tor über 20 m hoch gewesen ist. Von den anderen drei Toren gelangt man in die Siedlungsbereiche rund um das Legionslager. Die Hauptstraßen orientieren sich alle am Lager und sind bei dessen Errichtung bereits mitgeplant worden.

PRINCIPIA – STABSGEBÄUDE

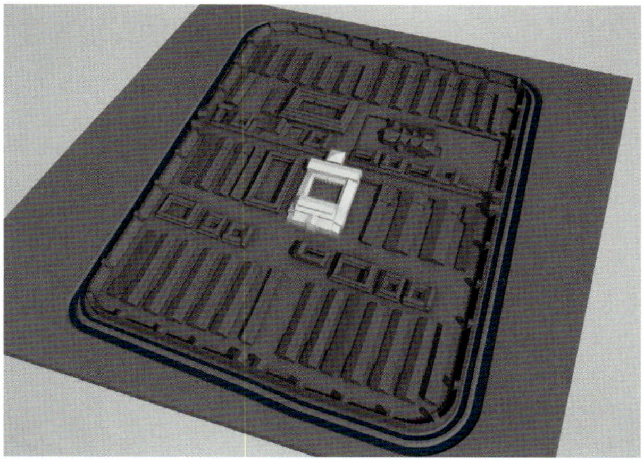

Der zentrale Vermessungspunkt *(locus gromae)* liegt im Schnittpunkt der Lagerhauptstraßen. Über diesem Kreuzungspunkt wird nachträglich über einer Fläche von 630 m² ein beeindruckendes Bogenmonument *(groma, tetrapylon)* errichtet. Von diesem gelangt man ins Herz des Lagers, in das Stabsgebäude *(principia)*, das 5.447 m² einnimmt.

Der zentrale Innenhof ist mit Säulengängen eingefasst. Es folgt eine große Halle *(basilica)* und dahinter liegen die Schreibstuben, der Raum für die Legionskassa und im Zentrum das Fahnenheiligtum *(aedes)*. Das 89 x 44 m (3.916 m²) große Gebäude neben den *principia* könnte ein Magazin mit Innenhof sein.

VALETUDINARIUM – LAGERSPITAL

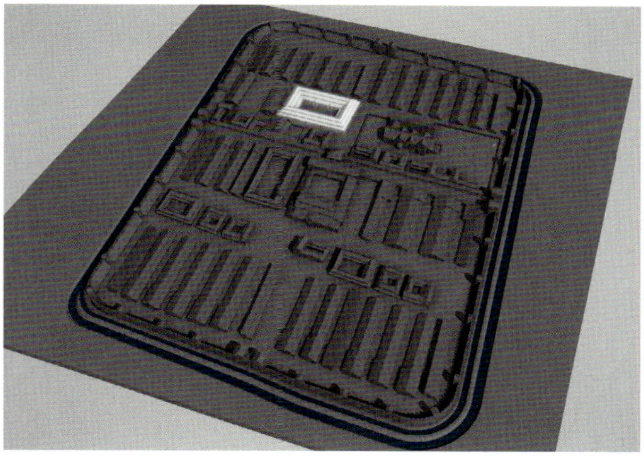

Das Lagerspital liegt im zweiten und gleichzeitig breitesten Lagerabschnitt und ist 95 m lang und 67 m breit (6.365 m²). Um einen Innenhof gruppiert sich eine erste Reihe von Kranken- und Behandlungszimmern. Danach folgt ein Umgang, an den eine äußere Zimmerflucht anschließt. Das *valetudinarium* dürfte für etwa 400 Patienten ausgelegt gewesen sein. In der Spätantike baut man in der Ostecke des Spitals eine Kirche ein. Möglicherweise handelt es sich dabei um die Bischofskirche von Lauriacum. Das ehemalige Lagerspital könnte in der Spätantike als *hospitium* (Herberge und Krankenstation) gedient haben.

Von den Gebäuden nördlich des Spitals ist wenig bekannt, da hier der Bau der Kaiserin Elisabeth-Bahn (Westbahn) im 19. Jahrhundert großflächige Zerstörungen angerichtet hat. Das Magazin und der Getreidespeicher, die in der Rekonstruktion zu sehen und vergleichbaren Bauten aus anderen Lagern nachempfunden sind, sind also hypothetisch.

THERMAE – LAGERTHERMEN

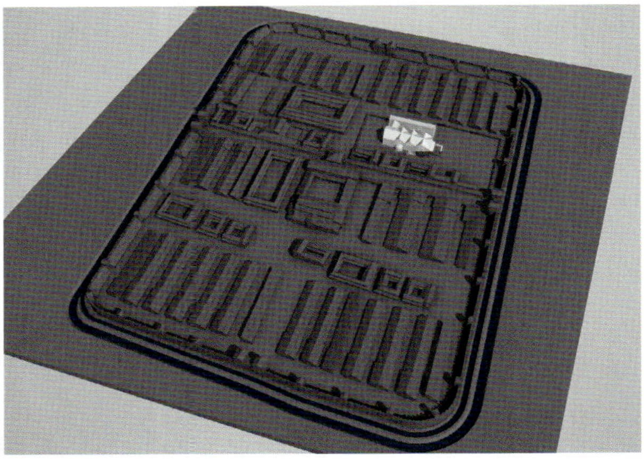

Das Lagerbad von *Lauriacum*, dessen Baderäume eine Fläche von etwa 3.000 m² einnehmen, ist die größte Badeanalage der Provinz Noricum. Neben dem mit einer Wanne ausgestatteten Kaltbad *(frigidarium)*, einem Laubaderaum *(tepidarium)* und dem Warmbad *(caldarium)* mit mehreren Wannen gibt es sogar eine *natatio*, ein 20 x 4 m großes Schwimmbecken.

Im Bereich der Nordecke der Thermenanlage liegt eine große Gemeinschaftstoilette *(latrina)*. Der beinahe 2.500 m² große, hier ohne Überdachung dargestellte Bereich wird meist als Sport- und Übungsplatz *(palaestra)* interpretiert. Vielleicht ist es aber auch eine überdachte Halle *(basilica thermarum)* mit ähnlicher Funktion gewesen.

FABRICAE – WERKSTÄTTEN

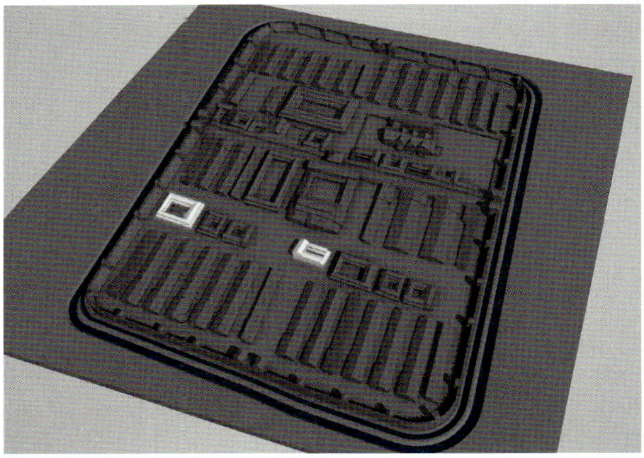

Zum vierten, dem schmalsten Lagerabschnitt ist wenig bekannt. Im Norden befindet sich ein 47 x 37 m (1.739 m²) messendes Gebäude, in dem Buntmetallverarbeitung nachgewiesen werden konnte. Direkt hinter dem Stabsgebäude liegt ein schmales Gebäude (37 x 12 m, 444 m²), das mit zahlreichen Öfen ausgestattet ist. Gusstiegel und Schlacken bestätigen ebenfalls die Funktion als Werkstätten. Die übrigen Bauten sind frei rekonstruiert, da archäologische Befunde fehlen.

Für die Spätantike ist in Lauriacum eine Schildfabrik *(fabrica scutaria)* überliefert, die sehr wahrscheinlich im Lager zu suchen ist.

Statuette des Genius (Schutzgeist) der Legion oder des Legionslagers.
Museum Lauriacum – Foto: E. Grünberger

DOMUS TRIBUNORUM – TRIBUNENHÄUSER

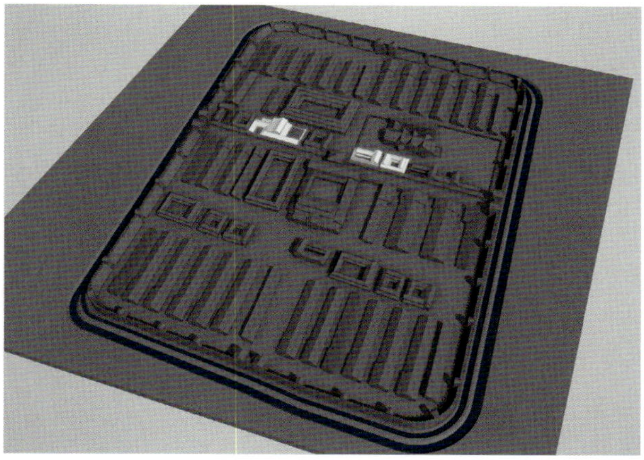

Zwischen dem zweiten und dritten Lagerabschnitt liegt die *via principialis*. Die Querstraße vor dem Stabsgebäude wird von einem Säulengang *(porticus)* begleitet. An dieser prominenten Achse liegen einige größere Bauten, die leider unzureichend erforscht sind, sodass viele Fragen offen bleiben müssen. Es könnte sich zumindest teilweise um Tribunenhäuser handeln, also um die Unterkünfte der sechs Stabsoffiziere.

Der nördliche Gebäudetrakt wird aber auch als Magazin- und/oder Werkstättengebäude interpretiert. Ein Funktionswandel im Laufe der Zeit ist ebenso vorstellbar, da in den 300 Jahren seines Bestehens vieles im Lager umgebaut worden ist.

COHORS I – 1. KOHORTE

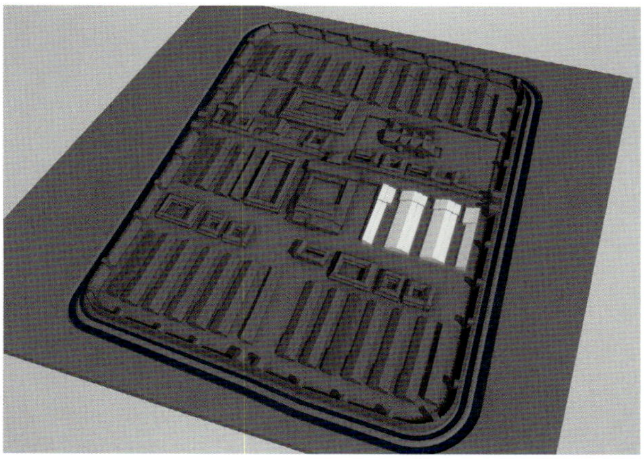

Die Kasernenbauten der ersten Kohorte stehen parallel zum Stabsgebäude *(principia)*. Die *cohors I (prima)* ist in zwei Einzel- und zwei Doppelbaracken untergebracht. Jeweils 8 Legionäre *(contubernium)* teilen sich eine ebenso bezeichnete Raumeinheit, die aus einem etwa 14 m^2 großen Vorraum (Lager- und Waffenraum) und einem etwa 18,5 m^2 großen Schlafraum besteht. Jede Baracke dürfte in 14 *contubernia* aufgeteilt sein, woraus sich für die erste Kohorte der *legio II Italica* eine Mannschaftsstärke von etwa 700 Mann ergibt. Im weitaus großzügigeren Kopfbau ist jeweils der *centurio* untergebracht. Direkt neben den *pincipia* wohnt der *primus pilus* („erster Speer"), der ranghöchste Centurio.

COHORTES – WEITERE KOHORTEN

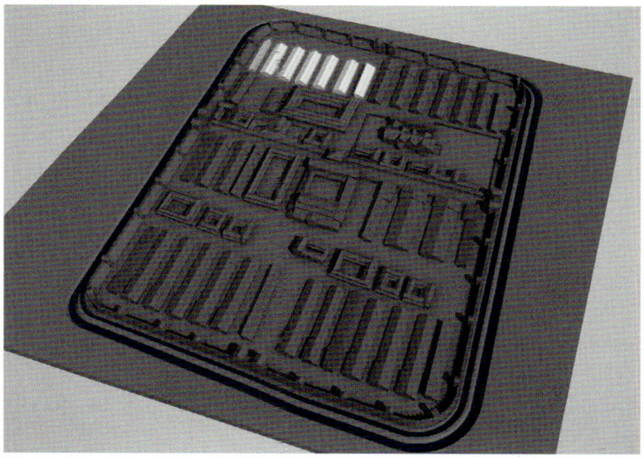

Weitere Kasernenbauten liegen in Abschnitt 3 nördlich der *principia* sowie in den Abschnitten 1 und 5. Eine Besonderheit weisen die Baracken im Nordeck des Lagers auf, das von der alten Westbahn abgeschnitten worden ist. Die durch Altgrabungen bekannten Gebäude auf dieser nach wie vor nicht verbauten Fläche haben keine Kopfbauten. Möglicherweise handelt es sich um die Kasernen der *immunes*, der Spezialisten der Legion. Die Nähe zum Hafen und zur Wirtschaftszone, der auch die Kalkbrennofenbatterie zuzurechnen ist, sprechen ebenfalls dafür.

STEFAN TRAXLER

BILDERBUCHKARRIERE

EIN BESONDERES DENKMAL UND EIN UMTRIEBIGER KOMMANDANT

Weihinschrift an den Genius der *legio II Italica*.
Original in der Lorcher Basilika, Kopie im Museum Lauriacum
Foto: SRI/Hemmers/Traxler

GENIO · LEG(IONIS) · II · ITAL(ICAE)
P(IAE) · M(ARCUS) · GAVIUS
FIRMUS · P(RIMUS) P(ILUS) · VELLIN(A TRIBU)
FIRMO PICEN(O) ·
DEDICANTE
C(AIO) · MEMMIO · FIDO ·
IUL(IO) · ALBIO CO(N)S(ULE) · DES(IGNATO) ·
LEG(ATO) · AUG(USTI) · PR(O) · PR(AETORE) ·
(ANTE DIEM) XIIII · K(ALENDAS) · OCT(OBRES) ·
APRONIANO · ET
BRADUA · CO(N)S(ULIBUS) ·

„Dem Genius der *legio II Italica pia!*
Marcus Gavius Firmus,
primus pilus, von der Tribus Vellina,
aus Firmum Picenum stammend.
Caius Memmius Fidus Iulius Albius,
designierter Konsul, *legatus Augusti pro praetore*
weihte (das Denkmal) am 18. September
unter dem Konsulat des Apronianus und des Bradua.“

Am 12. Oktober 1900 wurde beim Öffnen der Altarmensa der Kirche St. Laurentius (heute Basilika St. Laurenz) eine Steinkiste entdeckt, die mit einer gut erhaltenen Inschriftenplatte – mit der Schrift nach oben, die Rahmenleisten entfernt – abgedeckt war. Im Inneren in Stoff gewickelt fand man Gebeine von mindestens 31 Individuen. Auch Tierknochen waren darunter. Das Tuch, ein Gewebe aus Leinen und Wolle, dürfte aus dem 4.–6. Jh. stammen. Auf Entscheid von Rom wurden die Gebeine aus dem Altar entfernt und außerhalb der Kirche beigesetzt. Über den neuen Aufbewahrungsort wurde Stillschweigen vereinbart. 1944 gelang es dem Kaplan Eberhard Marckhgott und dem Reliquienforscher Pater Timotheos Alois Stumpfl, den noch lebenden Mesner Anton Peham, der bei der Beisetzung 1901 dabei gewesen war, zu überzeugen, den Ort preis zu geben. Die Gebeine wurden abermals gehoben und in der Kirche beigesetzt. 1962 wurden sie ein drittes Mal geborgen und anthropologisch untersucht, was letztendlich den Zusammenhang mit der Florianlegende untermauern sollten. Florian, ein pensionierter römischer Beamter der Provinzialverwaltung und bekennender Christ, war am 4. Mai 304 in Lauriacum hingerichtet worden. In der Passio Floriani werden 40 Christen erwähnt, denen Florian zu Hilfe kommen wollte. Sie starben dieser Quelle zufolge im Gefängnis.

Die antike Steinkiste mit den „Reliquien der Gefährten des hl. Florian“ im Altar der Basilika St. Laurenz.
Foto: blickwerk/M. Zauner

Von 1960 bis 1966 fanden unter der Leitung von Lothar Eckhart (OÖ. Landesmuseum) die Ausgrabungen in der Kirche St. Laurentius statt, die neue Aspekte für die Reliquien-Diskussion lieferten. Der Steinbehälter, ein Ossuarium oder eine Aschenkiste in Wiederverwendung, soll bereits in der ersten Kirche des 4. Jhs. als Altarfuß gedient haben. Die antike Steinkiste hat im derzeitigen Altar der Basilika St. Laurenz wieder ihren Platz gefunden. In dem Trog ist ein Plexiglasbehälter eingesetzt, in dem nun die „Reliquien der Gefährten des hl. Florian“ ruhen.

Diese an und für sich schon unglaubliche Geschichte bekommt durch die Inschrift, die als Abdeckung der Steinkiste gedient hat, noch eine weitere Dimension. Das Original befindet sich heute in der Unterkirche der Basilika St. Laurenz. Ein Abguss ist im Museum Lauriacum ausgestellt, wo auch eine multimediale Station zum Thema „Bilderbuchkarriere“ konzipiert worden ist. Die Platte ist aus Marmor, möglicherweise aus einem Vorkommen in Häusling bei Melk und trägt in 11 Zeilen eine sorgfältig eingemeißelte Inschrift.

MARCUS GAVIUS FIRMUS

Die Weihinschrift ist dem Genius, also dem Schutzgeist, der 2. italischen Legion gewidmet. Gestiftet wird sie von Marcus Gavius Firmus, dem *primus pilus*, dem ranghöchsten *centurio*, dieser Legion. Er stammt, wie die Angabe des Steuer- und Konskriptionsbezirks *Vel(l)ina* verrät, aus der Adria-Region. Eine weitere Inschrift aus *Firmum Picenum* (Fermo, Italien) zeigt, dass er seiner Mutter Varia Veritas dort ein Grabmal errichten hat lassen. Durch diese Inschrift zusammen mit seinem Cognomen (Bei-/Rufnamen) Firmus steht wohl außer Frage, dass er tatsächlich aus Firmum Picenum kommt. In der Grabinschrift für seine

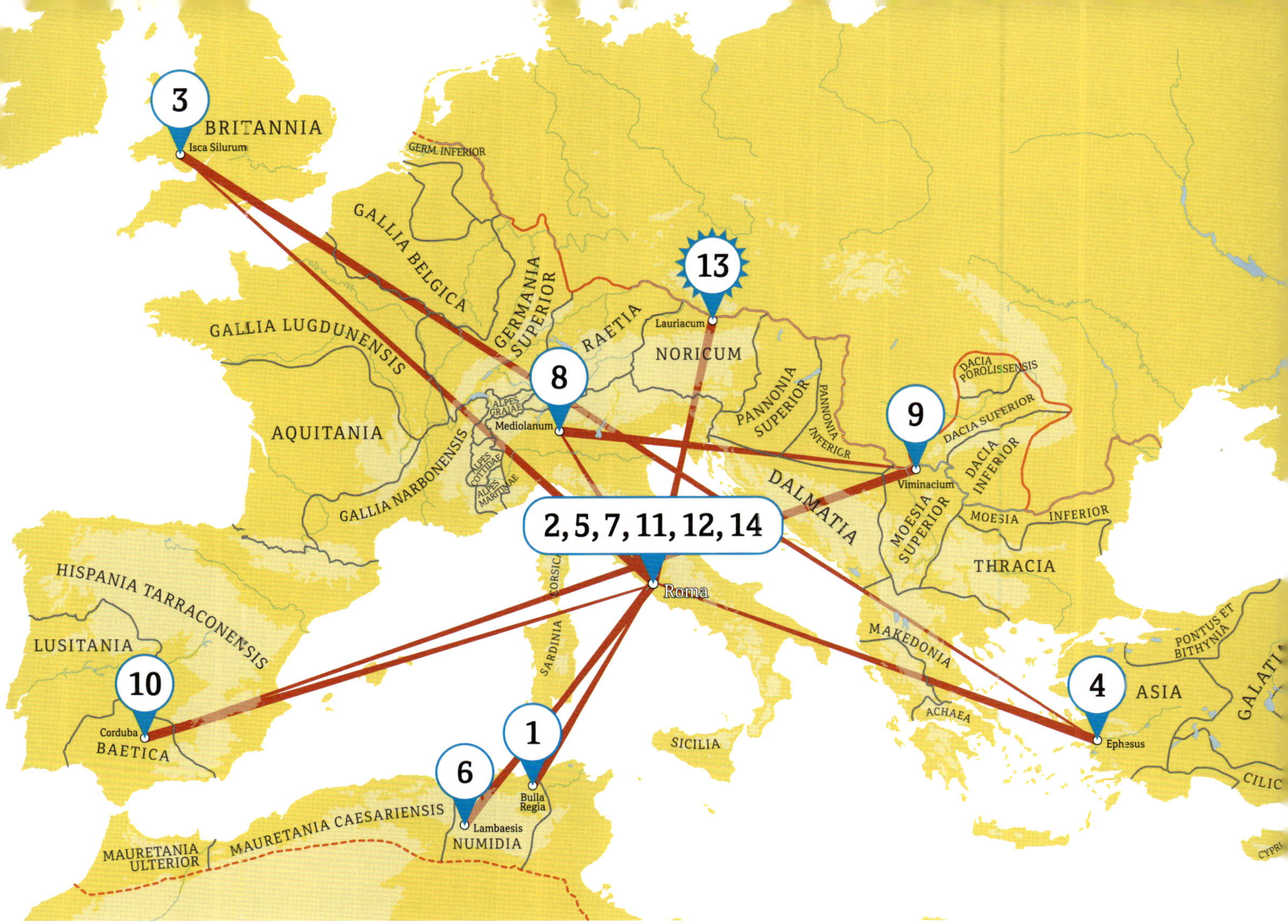

Die Karriere des Caius Memmius Fidus Iulius Albius.
Schmolmüller/Traxler, Kartengrundlage: Lohninger/Kurzwernhart

Mutter ist er noch (einfacher) *centurio* der in Novae (Swischtow, Bulgarien) stationierten *legio I Italica*. Dort dürfte er sich bewährt haben und wurde daher als *primus pilus* zur damals noch jungen *legio II Italica* versetzt.

CAIUS MEMMIUS FIDUS IULIUS ALBIUS

Die Inschrift wurde am 18. September 191 n. Chr. von Caius Memmius Fidus Iulius Albius geweiht. Dieser Akt fand sicher in den *principia*, dem Stabsgebäude des Legionslagers, statt. Durch diese Tafel aus Lauriacum/Enns und zwei weitere Inschriften aus Nordafrika – eine aus Vina, Provinz Africa proconsularis (Bou Argoub, Tunesien) und die andere aus Bulla Regia, Provinz Numidia (Hammam Daradji, Tunesien) – können wir die unglaubliche Karriere eines Kommandanten der *legio II Italica* lückenlos rekonstruieren: Caius Memmius Fidus Iulius Albius wurde in Nordafrika, wahrscheinlich in Bulla Regia geboren und hatte etliche zivile und militärische Ämter in Rom und diversen Provinzen des Imperiums inne. Aus dieser Inschrift geht hervor, dass er zu dieser Zeit Legat, also Kommandant, der Legion gewesen ist, außerdem designierter Konsul. Damit ist er an der absoluten Spitze der Karriereleiter eines römischen Beamten angekommen.

Seine Reise führt ihn auf alle drei Kontinente, an denen das Imperium Romanum Anteil hat. Er legt dabei innerhalb von etwa 20 Jahren unglaubliche Entfernungen zurück.

ÄMTERLAUFBAHN DES CAIUS MEMMIUS FIDUS IULIUS ALBIUS:

	Amt	Zeit	Ort	Kommentar
1			Bulla Regia, Numidia (Hammam Daradji, Tunesien)	Herkunftsort
2	*decemvir stlitibus iudicandis (?)*	unter Marcus Aurelius	Roma, Italia	Mitglied eines Gerichtsausschusses
3	*tribunus laticlavius legionis II Augustae*	unter Marcus Aurelius	Isca Silurum, Britannia (Caerllion-ar-Wysg, Wales)	Militärtribun, Stellvertreter des Kommandanten der *legio II Augusta*
4	*quaestor provinciae Asiae*	unter Marcus Aurelius	Ephesus, Asia (Selçuk, Türkei)	dem Statthalter der Provinz Asia zugeteilter Beamter, zuständig für militärische und finanzielle Angelegenheiten
5	*aedilis cerealis*	unter Marcus Aurelius	Roma, Italia	für die Getreideversorgung Roms zuständiger Beamter
6	*legatus Augusti pro praetore provinciae Africae*	175/176	Lambaesis, Africa proconsularis (Tazoult-Lambèse, Algerien)	Kommandant der *legio III Augusta* und Statthalter der Provinz Africa proconsularis
7	*praetor*	177 (?)	Roma, Italia	für die Spiele und Besorgung von alltäglichen Rechtsgeschäften zuständiger Beamter in Rom
8	*iuridicus per Italiam regionis Transpadanae*	179 (?)	Mediolanum, Italia, regio XI Transpadana (Mailand, Italien)	Gerichtsvorsitzender der italischen Region XI Transpadana
9	*legatus Augusti legionis VII Claudiae*	nach 180	Viminacium, Moesia (Kostolac, Serbien)	Kommandant der *legio VII Claudia*
10	*proconsul provinciae Baeticae*	um 185	Corduba, Baetica (Córdoba, Spanien)	Statthalter der Provinz Baetica
11	*praefectus Miniciae*	um 187	Roma, Italia	für die Getreideversorgung und die Verwaltung der Wasserleitungen Roms zuständiger Beamter
12	*curator viae Flaminiae*	um 189	Roma – Ariminum (Rimini), Italia	Sonderbeauftragter für die Via Flaminia, die Rom mit der Adriaküste verbindet, Hauptaufgabe ist die Vergabe von Bauarbeiten und die Regelung der Finanzierung.
13	*legatus Augusti pro praetore provinciae Norica*	191	Lauriacum, Noricum (Enns, Österreich)	Kommandant der *legio II Italica* und Statthalter der Provinz Noricum
14	*consul suffectus*	191 oder 192	Roma, Italia	Ein Suffektkonsul wird im Gegensatz zum *consul ordinarius* nicht am Beginn, sondern im Laufe eines Jahres für einen oder mehrere Monate Konsul.

FELIX LANG – BERNHARD SCHLAG – STEFAN TRAXLER

ZIEGLER, SCHREIBER, POLIZISTEN

SPEZIALISTEN IN DER LEGION

Sense, Pionieraxt, Säge und Ziehhaue.
Museum Lauriacum – Foto: E. Grilnberger

Das römische Heer verfügte über einen Stab von Fachleuten, technischen Spezialisten und ausgebildeten Handwerkern. Dies spiegelt eindrucksvoll die vielfältigen Aufgabenbereiche des Heeres wider, die weit über die eigentliche militärische Präsenz und die Sicherung der Grenzen hinausgingen. Diese Spezialisten dienten entweder als Unteroffiziere *(principales)* oder waren als einfache Soldaten zumindest von normalen Pflichten *(munera)* wie beispielsweise dem Wachdienst befreit *(immunes)*.

Die Tätigkeitsfelder waren breit gestreut. Ein wichtiger Punkt war die Leitung der heereseigenen Produktion bzw. der Produktionsanlagen. Eine römische Legion versorgte sich in erster Linie selbst. Dies betraf auch die baulichen Anlagen. Alle Rekruten erhielten daher eine Grundausbildung in der Errichtung von Lagern, Befestigungen, Straßen etc. Zusätzlich musste eine große Zahl unterschiedlicher handwerklicher Tätigkeiten ausgeübt werden. Die *legio II Italica* verfügte über eigene Steinbrüche. In großem Stil wurden

Maurerkellen.
Museum Lauriacum – Foto: E. Grilnberger

Äxte und Steinhacken.
Museum Lauriacum – Foto: E. Grilnberger

Mauthausener Granit, Sandstein und Konglomerat abgebaut. Ohne Kalkbrenner (Beitrag ab S. 100) gäbe es kein *opus caementicium,* kein Gussmörtelmauerwerk, keinen Verputz und keine Wandmalerei. Maurer und Zimmerer errichteten die Lagerbauten, Tischler sorgten für die Inneneinrichtungen. Pioniere legten Straßen und Brücken an. Schmiede sorgten für das nötige Werkzeug sowie alle nötigen eisernen Baubestandteile wie Nägel und Klammern. In ihrer zweckmäßigen Form entsprachen diese Gerätschaften größtenteils den heutigen. Viele handwerkliche Tätigkeiten konnten zwar weitgehend von einfachen Soldaten ausgeübt werden, sie mussten allerdings von Fachkräften, den *magistri,* angeleitet und beaufsichtigt werden. Wie alle Belange des Lagerlebens waren auch diese Arbeiten straff durchorganisiert.

Ziegel mit Stempel:
rückläufig LEG(IO) II IT(ALICA) LVC(ANVS) M(A)G (ISTER)
Museum Lauriacum – Foto: Ch. Schepe

Plattenziegel mit Ritzinschrift: Datumsangabe IIII NONAS AUGUST (2. August) und Name des Zieglers ISAURICUS
Museum Lauriacum – Foto: E. Grilnberger

Aurelius Ursinianus, *immunis.*
Stiftssammlungen Seitenstetten – Foto: O. Harl, lupa.at/531

Die Grabinschrift für Aelius Valens erwähnt den *immunis* Aurelius Ursinianus, der neben anderen für die Errichtung des Grabmals sorgte und der Haupterbe war. Seine spezielle Funktion wird leider nicht näher beschrieben.

AELIO VALEN[TI VE]TERAN(O) LEG(IONIS) II ITAL(ICAE | OB(ITO) AN(NORUM) LX ET AN[N]AMATI(A)E VER(A)E | CONIUGI EIIUS (SIC!) [E]T AELIO EUTICI|ANO LIBERTO EIIUS (SIC!) AURELIUS | URSINIANUS IMMUNIS LEG(IONIS) S(UPRA) S(CRIPTAE) | PRIMUS <H>ERES E[T] VERA CONIU(N)X | VALENTIS FIE[ND]UM CURA|[A]VERUNT ET LU[---]US LIB(ERTUS) EIIUS (SIC!).

„(Grabdenkmal für) Aelius Valens, Veteran der *legio II Italica,* der mit 60 Jahren gestorben ist und für Aurelius Ursinianus immunis der oben genannten Legion und Haupterbe, ebenso Vera, die Gattin des Valens, trugen Sorge für die Ausführung, auch Lu...us, sein Freigelassener.“

Die Oberaufsicht hatte der *praefectus castrorum,* der Lagerkommandant, der nach dem *legatus,* dem Kommandanten, und dem *tribunus laticlavius,* dem obersten Tribun, der höchste Offizier der Legion war.

Zusätzlich kamen Spezialisten in der Logistik, Informationsbeschaffung und bei der medizinischen Versorgung zum Einsatz. Vermesser und Architekten kümmerten sich um die technischen Grundlagen, Entwürfe und Planung der Baumaßnahmen und waren auch für die Artillerie zuständig. Sondereinheiten waren zudem für die öffentliche Sicherheit verantwortlich. Aufgrund der großen Vielfalt an Tätigkeiten lassen sich in den schriftlichen Quellen eine Fülle von Titeln und Funktionen feststellen. Dies trifft auch für die *legio II Italica* zu.

Einige Personen sind sogar namentlich bekannt. Bei vielen als *immunes* bezeichneten Legionären wird die (Haupt-)Tätigkeit nicht näher spezifiziert. Zu einzelnen

Marcus Rustius Iunianus, *beneficiarius consularis.*
Pfarrkirche Wernstein/Inn – Foto: O. Harl, lupa.at/6706

I(OVI) O(PTIMO) M(AXIMO)
M(ARCVS) RVSTIVS P(VBLII) [F(ILIVS)]
IVNIANVS B(ENE)F(ICIARIVS) CO(NSVLARIS)
LEG(IONIS) II ITAL(ICAE) P(IAE) F(IDELIS)
[SE]V[ERIANAE]
PRO SAL(VTE) SVA
SVORVMQVE
V(OTVM) S(OLVIT) L(AETVS) M(ERITO)
AGRICOLA ET CLEMENTINO CO(N)S(VLIBVS)
PR(IDIE) ID(VS) MAI(AS)

„Dem besten und größten Iupiter.
Marcus Rustius Iunianus, Sohn des Publius,
beneficiarius consularis der *legio II Italica pia fidelis Severiana*,
(weihte diesen Altar) für sein Heil und das der Seinen.
Er löste das Gelübde freudig und gern nach Verdienst ein.
Unter dem Konsulat des Agricola und des Clementinus am Vortag
der Iden des Mai (14. Mai 230).“

Der Weihealtar des Benefiziariers Marcus Rustius Iunianus an Iupiter stammt aus Wernstein am Inn (Bezirk Schärding), also an (eher von) der (Zoll-)Grenze zur Provinz Raetia. Die *beneficiarii consolares* gehörten zum Büro des Provinzstatthalters *(officium legati Augusti pro praetore)*, der zugleich Kommandant der *legio II Italica* war. Die Benefiziarier (von *beneficium* = Wohltat) hatten administrative Aufgaben im Gerichtswesen und in der Finanzverwaltung. Zudem waren sie für die Überwachung der Verkehrswege, der Zollstationen und der öffentlichen Ordnung zuständig. Sie hatten somit Bereiche inne, die heute von Polizei, Zoll- und Steuerbehörden abgedeckt werden. Außerdem sammelten sie für den Statthalter Informationen. Sie erhielten den anderthalbfachen Sold eines einfachen Legionärs. Ihr Kennzeichen war eine spezielle Lanze.

Personen wissen wir mehr. So gibt sich beispielsweise Aelius Marcellus auf einem von ihm gestifteten Altar als Spezialist im Kalkbrennen zu erkennen (Abb. S. 108). Lucanus ist der Leiter der Ziegelproduktion *(magister figulorum)* der *legio II Italica*. Sein Stempel findet sich auf einem Dachfalzziegel *(tegula)*.

Der Rechteckstempel in Form einer *tabula ansata* ist rückläufig zu lesen. Zudem sind durch Graffiti auf Ziegeln mehrere Ziegelarbeiter belegt. Zusätzlich zur Person ist dabei manchmal das Liefer- oder Produktionsdatum angeführt. Einige Arbeiter, wie etwa Isauricus, haben griechische Namen. Es könnte sich dabei um Rekruten aus Oberitalien handeln, wo Zuwanderung aus dem griechischsprachigen Osten eine lange Tradition hatte. Wir kennen aber auch Verwaltungspersonal und Soldaten der *legio II Italica,* die für die öffentliche Sicherheit abgestellt gewesen sind. Und in Virunum/Zollfeld ist der Grabstein eines jungen „Geheimpolizisten“ gefunden worden.

Aelius Quartinus, *cornicularius*.
Museum Lauriacum – Foto: O. Harl, lupa.at/482

D(IS) M(ANIBUS) | AEL(IUS) · QUARTINUS |
CORN(ICULARIUS) · LEG(IONIS) · II · ITAL(ICAE) |
P(IAE) · F(IDELIS) · VIVUS · FECIT · SIBI |
ET · AUR(ELIAE) · CRISPINAE | CONIUG(I) VIVAE ·
FECIT | ET · AEL(IAE) · QUAR(TINAE) ·
FIL(IAE) θ(BITAE) AN(NORUM) | XIIII · ET ·
FILI(I)S DUOBUS | VIVIS · FECIT

„Den göttlichen Totengeistern! Aelius Quartinus, *cornicularius* der *legio II Italica pia fidelis* hat (das Grabmal) zu Lebzeiten für sich und seine noch lebende Frau Aurelia Crispina errichtet und für seine mit 14 Jahren verstorbene Tochter Aelia Quartina und seine beiden noch lebenden Söhne."

Ein *cornicularius* war ein ranghoher Unteroffizier *(principalis)*, dem üblicherweise eine Schreibstube *(officium)* und damit die Verwaltung sowie das Archiv unterstellt waren. Dabei konnte es sich in einer Legion entweder um den Verwaltungsapparat des *legatus legionis*, des *praefectus castrorum* oder des *tribunus laticlavius* handeln. Die Bezeichnung *cornicularius* leitet sich vom Dienstabzeichen, einem kleinen Horn *(corniculum)* ab, das auf dem Helm *getragen wurde*. Eine Datierung der Grabstele in das 3. Jh. kann aufgrund der Nennung der *legio II Italica pia fidelis* als gesichert gelten.

Accius Maximus, *frumentarius*.
Prunnerkreuz, Zollfeld – Foto: O. Harl, lupa.at/2599

T(ITVS) ACCIVS MAR|CVS ET SATVRNI|NA
SATVRNINI FIL(IA) | V(IVI) F(ECERUNT)
S(IBI) ET ACCIO M[A]|XIMO FIL(IO)
PIENT(ISSIMO) MIL(ITI) | LEG(IONIS) II
ITAL(ICAE) FRVM(ENTARIO) AN(NORUM) XXII

„Titus Accius Marcus und (seine Frau) Saturnina, die Tochter des Saturninus, haben (dieses Grabmal) zu Lebzeiten für sich und für Accius Maximus, ihren liebevollen Sohn, der Soldat der legio II Italica und *frumentarius* war, errichten lassen. Er lebte 22 Jahre."

Diese Grabinschrift aus Virunum/Zollfeld (Kärnten) führt den frumentarius Accius Maximus an.
Die *frumentarii* waren ursprünglich für die Versorgung ihrer Einheiten mit Getreide zuständig, dann wurden sie für verschiedene Aufgaben eingesetzt – als Boten ebenso wie als Aufsichtsoffiziere, für den „Nachrichtendienst" und als „Geheimpolizisten".

Lucius Caelius Arrianus, *medicus*.
Verona, Museo Lapidario Maffeiano – Illustration: R. Reznicek

D(IS) M(ANIBUS) | L(UCII) CAELI(I) ARRIANI | MEDICO LEGIONIS | II ITALIC(AE) QUI VIX(IT) ANN(OS) | XXXXVIIII MENSES VII | SCRIBONIA FAUSTINA | CO(N)IUGI KARISSIMO

„Den Totengeistern des Lucius Caelius Arrianus.
Dem Arzt der *legio II Italica*, der 49 Jahre und sieben Monate lebte.
Scribonia Faustina (hat dieses Grabdenkmal) für ihren geliebten Gatten (errichten lassen)."

Ärzte sind seit der Kaiserzeit fester Bestandteil der Armee. Der *medicus* Lucius Caelius Arrianus stammte wohl aus Oberitalien und könnte bei der Aushebung der *legio II Italica* beigetreten sein. Kurz vor seinem 50. Geburtstag starb er als Veteran in seiner Heimat, wie der Fundort seines Grabsteins in Brixia/Brescia (Italien) zeigt.

BERNHARD SCHLAG

MEDICUS LEGIONIS

DIE MEDIZINISCHE VERSORGUNG IN DER LEGION

Stempel des Arztes Tiberius Claudius Saecularis für „Milde (Augensalbe)“.
Museum Lauriacum – Foto: E. Grilnberger

Der Dienst in der römischen Armee war mit körperlichen Strapazen und großer Verletzungsgefahr verbunden. Um die Soldaten schlagkräftig und einsatzbereit zu halten, war eine der vorrangigsten Aufgaben des Militärkommandos, sich um deren Gesundheit zu kümmern. Eine entsprechende Infrastruktur mit gut ausgebildeten Ärzten *(medici)*, Sanitätspersonal *(capsarii)* und einem eigenen Lagerspital *(valetudinarium)* gewährleistete eine hervorragende medizinische Versorgung.

Der *medicus* war dem *praefectus castrorum* unterstellt. Man geht davon aus, dass auf ca. 500 Mann ein Arzt plus Hilfspersonal kam, somit waren mindestens zehn Ärzte in einem Legionslager stationiert.

Namentlich ist uns ein Arzt der *legio II Italica* überliefert. Lucius Caelius Arrianus stammte aus Oberitalien und zählte wohl zur Mannschaft der ab 165 n. Chr. neu ausgehobenen Legion. In seiner Dienstzeit hatte er sich auch im Legionslager Lauriacum um das Wohl der Legionäre gekümmert und verstarb als Veteran in seiner Heimat. Einen weiteren Arzt aus Lauriacum, Tiberius Claudius Saecularis kennen wir von seinem Rezeptstempel mit der Gravur: TI(BERIUS) CL(AUDIUS) SAECULARIS und LENE – „Milde (Augensalbe)“.

Die Ärzte wurden unterstützt von *capsarii* (Sanitätern), die Salben mischten und bei der Wundversorgung halfen. Salbenreiber und Salbenplatten, diverse Sonden, Löffel und Pinzetten gehörten zum Instrumentarium der Ärzte, sind aber ebenso im Hygiene- und Kosmetikbereich zu finden. Eindeutiger steht es mit Skalpellen und Spezialgeräten wie Katheter *(fistula)* oder beschrifteten Arzneiphiolen (z.B. ΞΕΡΟΝ ΠΡΕΣΙΔΙ für keimtötendes Puder).

Untersuchungen zeigen, dass die meisten Knochenbrüche gut und in nur geringer Fehlstellung verheilt sind und somit auf eine fachkundige Behandlung hinweisen (Beitrag ab S. 178). Zusätzlich vertraute man mit Gebet und Opfer auf Asclepius, den Gott der Heilkünste und auf seine Tochter Hygieia, die Göttin der Gesundheit

Die Genesung der Soldaten erfolgte im Lagerspital *(valetudinarium)*, das vom *optio valetudinarii* verwaltet wurde. Das Lagerspital war mit einer Fläche von über 6.300 m² eines der größten Gebäude im Lager (vgl. S. 83). Es war mit fließendem Wasser, Heizung und Latrinen ausgestattet und dürfte für etwa 400 Patienten ausgelegt gewesen sein. In der Spätantike wurde in der Ostecke des Spitals eine frühchristliche Saalkirche eingebaut, die später Maria auf dem Anger heißen sollte. Es könnte sich um die in der *Vita Sancti Severini* erwähnte Bischofskirche handeln (Beitrag ab S. 72).

Konvolut medizinischer Instrumente aus Lauricum.
Museum Lauriacum – Foto: E. Grilnberger

Arztstempel (Stempelplatte siehe S. 96).
Museum Lauriacum – Foto: E. Grilnberger

INGE FRIEDL – MICHAEL GLETTHOFER

DAS LEGIONSLAGER WIRD ERRICHTET.

ALLE HELFEN MIT … DOCH WAS IST MIT LUPULUS PASSIERT?

Legionäre waren nicht nur Soldaten, sondern auch Pioniere, Bauarbeiter, Handwerker und Baumeister. Zu schweren Arbeiten, wie dem Straßenbau oder Erdarbeiten, konnte jeder einfache Legionär abkommandiert werden. Jene Männer aber, die auf ein Handwerk oder eine Tätigkeit spezialisiert waren, waren von solchen Arbeiten befreit. Man nannte sie deshalb *immunes* – von den normalen Pflichten *(munera)* befreit. Diese Spezialisten der Legion waren nicht nur beim Bau des Legionslagers tätig, sondern in Folge auch für die Instandhaltung zuständig. Im Legionslager selbst gab es mehrere verschiedene Werkstätten. Außerhalb des Lagers befanden sich Steinbrüche, die Kalkbrennerei und die Ziegelei.

Und Marius Maximus benötigt dringend deine Hilfe – was ist mit Lupulus passiert?

Lupulus, der Familienhund von Marius, ist mit einer blutenden Wunde am Kopf nach Hause gekommen (Abb. S. 118).

Marius will herausfinden, was passiert ist. Wie kam der Hund zu seiner Kopfverletzung?

Findest du alle genannten Spezialisten im Wimmelbild?

Arzt – *medicus*
Baumeister – *architectus*
Kalkbrenner – *calcarius*
Maurer – *caementarius*
Schmied – *faber ferrarius*
Schreiber – *librarius scriptor*
Steinmetz – *lapidarius*
Vermesser – *mensor*
Zimmermann – *faber tignarius*

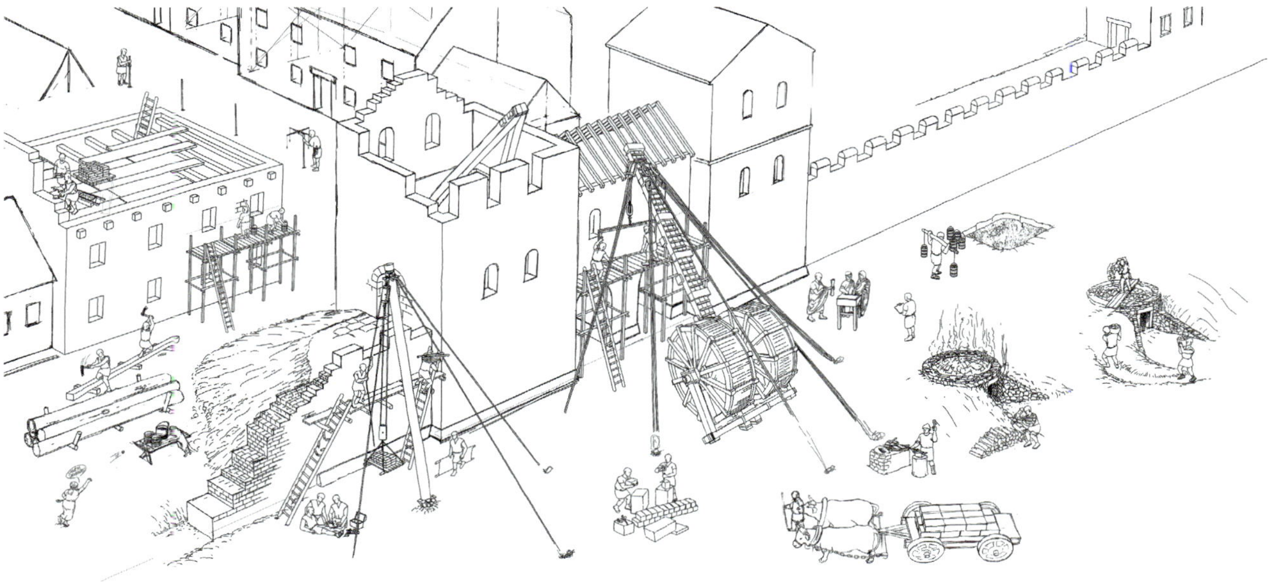

Illustrationen: M. Gletthofer

Ausgrabung Lauriacum/Enns Kalkbrennofen 9, 2017.
Foto: blickwerk/M. Zauner

STEFAN TRAXLER – FELIX LANG – MANFRED HAINZMANN

HERCULES IM KALKBRENNOFEN

EIN VORPROJEKT ZUR OÖ. LANDESAUSSTELLUNG 2018

Digitale Idealrekonstruktion eines Kalkbrennofens von Lauriacum.
7Reasons

Für 6.000 hervorragend trainierte und bestens ausgebildete Legionäre dürfte selbst die Errichtung eines über 20 ha großen Legionslagers keine allzu große Herausforderung dargestellt haben. Für den Bau eines Standlagers wurden u.a. große Mengen an Holz, Stein und Kalkmörtel benötigt. Es besteht kein Zweifel, dass eine der ersten Tätigkeiten am zeitlich noch nicht genau festzumachenden Baubeginn des weitgehend in Steinbauweise ausgeführten Lagers der *legio II Italica* in Lauriacum/Enns die Errichtung von Kalkbrennöfen gewesen ist. Schon alleine für das Kalkmörtelfundament der über 1,8 km langen und 2,1 m breiten Umfassungsmauer des Lagerareals wurden unvorstellbare Mengen an Kalk benötigt.

DIE KALKOFENBATTERIE VON LAURIACUM/ENNS

2008 wurden im Zuge der archäologischen Begleitung der Zubringerstraße zur Nordumfahrung von Enns 12 in eine Hangkante gesetzte Kalkbrennöfen (wieder-) entdeckt. Diese Ofenbatterie befindet sich nahe der Nordecke des Lagers der *legio II Italica* und dürfte im Kontext mit der Stationierung der Legion im letzten Viertel des 2. Jhs. zu sehen sein. Vier Öfen (1–4) wurden 2008 vollständig freigelegt und anschließend durch die Straße überbaut. Sie wiesen erhaltene Höhen bis zu 2,7 m auf, die oberen Durchmesser betrugen zwischen 3,6 und 3,8 m. Die übrigen acht Öfen wurden oberflächig untersucht und danach wieder überschüttet. Im Vorfeld der Landesausstellung wurde schließlich 2016 und 2017 Ofen 9 ausgegraben.

Das 2008 aufgefundene Statuettenfragment.
BDA – Foto: OÖ. Landesmuseum

Lage der Kalkbrennöfen (Ofen 9 links vorne) und des Legionslagers (Nordecke mit Lagergraben rechts hinten), 2017.
Foto: R. Koch

Bereits Anfang des 20. Jhs. wurden in der Nähe des Legionslagers zwei Kalkbrennöfen beim Schotterabbau angetroffen. Diese sind wohl ebenfalls der Batterie zuzurechnen, wobei nicht geklärt ist, ob es sich um zwei zusätzliche Öfen handelt.

Die Kalkbrennofenbatterie von Lauriacum/Enns stellt die größte bisher bekannte in den Rhein-Donau-Provinzen des Imperium Romanum dar. Vergleichbare Anlagen sind aus Iversheim (Nordrhein-Westfalen/Deutschland), Boncourt (Jura/Schweiz) und Iatrus/Krivina (Oblast Russe/Bulgarien) bekannt. Die Kalkbrennöfen von Lauriacum/Enns sind auf Grund ihrer überregionalen Bedeutung zudem ein wichtiger Bestandteil einer der Ennser Kernzonen in der im Jänner 2018 erfolgten Einreichung zum „UNESCO Welterbe Donaulimes – Abschnitt West". Ofen 9 soll durch einen Schutzbau langfristig gesichert und zugänglich gemacht werden.

KALKBRENNEN IN RÖMISCHER ZEIT

Die Kalkbrennerei wurde in der provinzialrömischen Forschung bisher eher vernachlässigt, auch weil entsprechende Befunde oft unspektakulär und häufig schwer zu interpretieren sind. Dabei stellt das Brennen von Kalk ein außerordentlich wichtiges Handwerk in der Antike dar. Ohne Kalk würde es keine Bauten in Gussmörtel-Technik, dem für die Römer so typischen

Hangkante mit den 12 Kalkbrennöfen von Norden.
Foto: BDA

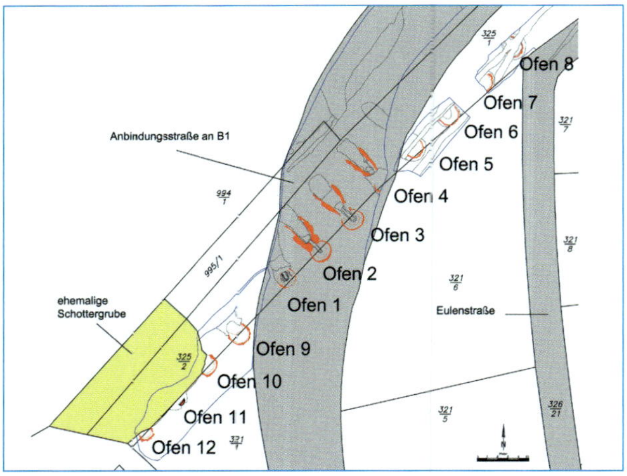

Die Kalkbrennofenbatterie von Lauriacum/Enns, Stand 2008.
BDA/B. Leingartner

opus caementicium, keine Estrichböden und keine Fresken auf Wandverputz geben. Entsprechend wurden in den Provinzen mehrere Kalkbrennöfen festgestellt. In den meisten Fällen waren sie wie in Lauriacum/Enns, in einen Hang gebaut. Die Feuerkammer konnte ebenerdig durch das Feuerloch betreten werden. In dieser Kammer wurden die Steine auf einer U-förmig umlaufenden Ofenbank in Form eines Gewölbes aufgeschichtet. Allein dafür brauchten zwei Kalkbrenner zwei bis drei Tage. Die Befeuerung sowie das Wegräumen der Asche erfolgten vom Schürraum aus, der durch die Feuermauern flankiert war. Nach oben hin war der Ofen entweder offen oder durch eine mit Luftdurchlässen versehene Lehm-/Kalkmörtelkuppel geschlossen. Zudem könnte eine Art Flugdachkonstruktion als Regenschutz bestanden haben.

Der Brennvorgang, bei dem ca. 1.000°C erreicht wurden, dauerte drei Tage und Nächte. Spezialisierte Kalkbrenner, wie sie jede römische Legion beschäftigte, überwachten anhand des Rauchs den Brennvorgang und regulierten die Belüftung. Nach dem Abkühlen, das einen Tag dauerte, konnte der Ofen von oben beginnend ausgeräumt werden. Diese Arbeit wurde wohl nicht von Legionären sondern von Sklaven oder einfachen Bediensteten durchgeführt, da es dabei zu schweren Verätzungen kommen konnte. Ein gesamter Brennvorgang – Beschickung, Brand, Abkühlen, Ausräumen – dauerte ca. eine Woche.

Der gebrannte Kalk wird als Branntkalk oder Stückkalk bezeichnet. Er hat ca. die Hälfte des Gewichts von ungebranntem Kalkstein und ist damit wesentlich

OPUS CAEMENTICIUM – RÖMISCHER „ZEMENT“

Das römische Gussmauerwerk ist eine der großen Errungenschaften der antiken Baukultur. Ohne diese Technik gäbe es kein Pantheon, keine Kaiserthermen, keine Aquaedukte und keine Hafenanlagen. Durch die Beimengung von Puzzolanen (z.B. vulkanischer Tuff oder Ziegelmehl) erhielt das Mauerwerk hydraulische Eigenschaften und konnte damit in unterschiedlicher Dichte und Qualität verarbeitet werden (Kuppelbau), war wasserfest (Aquaedukte, Becken) und härtete sogar unter Wasser aus (Hafenmolen). Im 2. Jh. setzte sich die innovative römische Gussmauertechnik auch in unseren Breiten durch.

Luftbild Ofen 9, 2017.
Foto: R. Koch

Wohnhäuser konnten bei einer Außenmauerbreite von ca. 60 cm über 10 m hoch sein. Dies ist zwar im archäologischen Befund in der Regel schwer nachzuweisen, Mehrstöckigkeit ist aber durchaus anzunehmen.

Schnitt durch den Bodenestrich einer römischen Wannenkonstruktion in Lauriacum: Über dem groben Grundmörtel ist eine Schicht mit grobem Ziegelsplittmörtel, darüber dicht gelegte Plattenziegel und zuletzt feiner, wasserdichter Ziegelsplittmörtel. *Museum Lauriacum – Foto: E. Grilnberger*

Die beiden 2016 gefundenen anpassenden Statuettenfragmente.
OÖ Landesmuseum – Foto: E. Grilnberger

Abschluss der Feuermauern in Form von Rollsteinlagen sowie Schnitt durch die im Zuge des Arbeitsprozesses entstandenen Ablagerungen.
Foto: OÖ. Landesmuseum

leichter zu transportieren. Kalkbrennöfen befanden sich daher in der Regel unmittelbar bei den Rohstoffvorkommen. Der Branntkalk wurde oft über große Entfernungen zu den Baustellen verfrachtet. Dort wurde der gebrannte Kalk zur Weiterverarbeitung mit Wasser gelöscht und mit Sand, Kies oder weiteren Zutaten vermischt. In Lauriacum/Enns ist Kalkstein zwar nicht lokal anstehend, der Rohstoff konnte jedoch aus dem Flussschotter gewonnen werden, den die Enns, aus den Kalkalpen kommend, im Bereich der Mündung in die Donau ablagerte. Somit befanden sich sowohl die Rohstoffquelle als auch der Bedarfsort in unmittelbarer Nähe der Batterie.

KONSTRUKTION VON OFEN 9

Der Ofen wurde in Form eines nach unten offenen Schlüssellochs in den Hang der anstehenden Konglomerat-Terrasse eingearbeitet. In dem so entstandenen Hohlraum wurde das vorwiegend aus Granitblöcken gefertigte Ofenrund eingesetzt. Die Konglomeratwangen im unteren Bereich des Ofens wurden mit Bruch-/Hausteinen ergänzt und bildeten die Feuermauern. Ofen 9 weist einen besonders guten Erhaltungszustand auf. Das Ofenrund hat einen maximalen Durchmesser von 3,8 m und eine erhaltene Gesamthöhe von über 4 m. Das aus 3D-Laserscans errechnete Volumen beträgt mehr als 31 m³. Damit dürfte es sich um einen der am vollständigsten erhaltenen Kalkbrennöfen im Imperium Romanum handeln.

Die Feuerkammer ist größtenteils aus „Mauthausener Granit" errichtet worden, ebenso die den 0,65–0,7 m breiten Aschenkanal umgebende U-förmige Ofenbank. Das vollständig intakte Feuerloch stellt ein typisches Torgewölbe dar. Die Höhe bis zum Gewölbebogen beträgt 2 m. In diesem exponierten Bereich besteht die Ofenwand aus insgesamt drei, durch Bindersteine verzahnten Schalen und weist eine Stärke von 1,36 m auf. Im oberen Bereich des Ofenrunds und besonders deutlich über dem Feuerloch wurde eine Ausbesserung der Wandung festgestellt, die weniger sorgfältig ausgeführt war als der ursprüngliche Baukörper.

Die beiden Feuermauern weisen Längen von rund 7 m auf. In einem Profilschnitt am Ende dieser Mauern wurde eine ca. 0,6 m starke Ablagerung aus Kalk,

Fundlage der beiden 2016 gefundenen anpassenden Statuettenfragmente im Bildvordergrund.
Foto: OÖ. Landesmuseum

Asche, Sand und Lehm dokumentiert, die auf zahlreiche Arbeitsprozesse zurückzuführen ist und somit eine lange Nutzungsdauer des Ofens nahelegt.

VERFÜLLUNGEN

Nach der Aufgabe wurde der Brennofen sukzessive verfüllt. Auffällig sind zahllose Steine, bei denen es sich nach Autopsie durch den Geologen Erich Reiter vorwiegend um Kalkgeröll handelt, das mit großer Wahrscheinlichkeit als Brenngut vorgesehen gewesen sein dürfte. Zudem konnten mehrere tausend Fundobjekte geborgen werden. Neben einer großen Anzahl an Ziegeln sind besonders die zahlreichen Tierknochen hervorzuheben, die im folgenden Beitrag von Herbert Böhm behandelt werden. Zudem fanden sich mehrere Metallobjekte, darunter etwa 20 Münzen. Fragmente mehrerer Glas- und Keramikgefäße, einschließlich Terra Sigillata und rheinischer Glanztonware sind ebenfalls vertreten. Zu den jüngsten Objekten dürften Teile von glasierten Reibschalen und Glasgefäßen mit

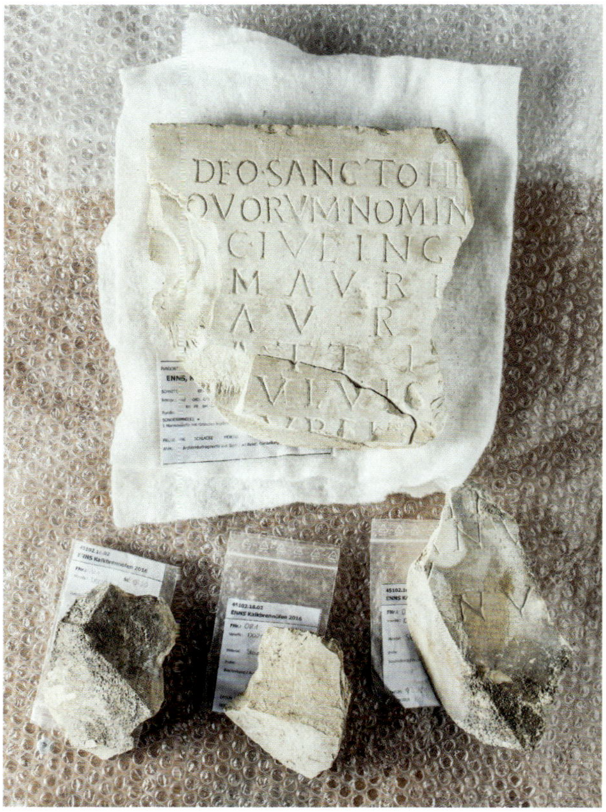

Fragmente einer Weihinschrift für Hercules (?).
Das große Fragment wurde 2008 gefunden, die kleinen 2016.
BDA & OÖ. Landesmuseum – Foto: blickwerk/M. Zauner

DEO SANCTO HE[RCULI? ---]
QUORUM NOMIN[A ---]
C(AIUS) IUL(IUS) INGE[NUUS ---?]
M(ARCUS) AUR(ELIUS) F[---]
AUR(ELI-) +[---]
ATT(I-) I[---]
[I]UL(I-) VICT[OR-]
[A]UR(ELI-) F+[---]

Für den heiligen Gott Hercules! [---], deren Namen [---].
Gaius Iulius Ingenuus, [---?], Marcus Aurelius F[---], Aureli- [---],
Atti- I[---], Iuli- Victor-, Aureli- F[---].
(M. Hainzmann)

blauen Nuppen gehören, die in das späte 3. bis ins 5. Jh. zu datieren sind. Außerdem wurde Bauschutt (*tubuli*-, Verputz- und Wandmalereifragmente) abgelagert. Die interessanteste Fundgruppe stellen die „Römersteine" dar, die mit dem Hercules-Kult in Zusammenhang stehen.

DIE „RÖMERSTEINE"

In der Verfüllung des Ofenrunds wurden 2008 und 2016 Fragmente von zwei Hercules-Statuetten aus Marmor geborgen. Das bereits 2008 angetroffene 25 cm hohe Statuettenfragment zeigt den linken Fuß des Hercules und Teile des Löwenfells. Von der 2016 im Ofenrund aufgefundenen Statuette sind die vollständige Basis, beide Füße, das Löwenfell und der untere Teil der Keule erhalten. Die erhaltene Höhe beträgt 27,5 cm. Sie stellt Hercules mit dem Löwenfell in der linken und einer am Boden abgesetzten Keule in der rechten Hand dar. In der Grabungskampagne 2017 wurden im Bereich zwischen den Feuermauern zwei anpassende Teile der Keule mit einer erhaltenen Länge von 17,5 cm einer dritten Statuette gefunden.

Die 2017 gefundenen anpassenden Fragmente
einer Hercules Keule.
OÖ. Landesmuseum – Foto: E. Grünberger

Aus der Verfüllung des Ofenrunds stammen außerdem mehrere Inschriftenfragmente. Von einer Weihinschrift aus Kalkstein, von der 2008 bereits ein größeres Fragment mit einer Höhe von 22 cm und einer Breite von 22,5 cm entdeckt worden ist, konnten bei der Grabungskampagne 2016 drei weitere, sehr kleine

Weihung für Hercules, Sol oder für einen Genius.
OÖ. Landesmuseum – Foto: blickwerk/M. Zauner

[DE]O [HER(CULI)?] |
[A]URELLIU[S] |
[T]ERTULLU[S] |
[M(ILES)] L(EGIONIS) II I(TALICAE)
P(IAE) F(IDELIS) ANT(ONINIANAE) |
[IM]MUNIS |
[PR]O SE ET S(UIS) V(OTUM) |
[S(OLVIT) L(IBENS) M(ERITO) (?)]

Für den Gott Hercules(?)! Aurelius Tertullus,
als Soldat der *legio II Italica*,
„die Fromme, Treue und nach Antoninus Benannte",
für spezielle Aufgaben abgestellt, hat nach erfüllter Wohltat
für sich und die Seinen das Gelübde gerne eingelöst.
(M. Hainzmann)

aber leider nicht anpassende Teile geborgen werden. Ein Stifterkollektiv, vermutlich ein Collegium für den Hercules-Kult, hat diese Tafel aufstellen lassen.

2016 ist zudem ein komplett erhaltener Hercules-Weihaltar aus konglomeratischem Kalksandstein entdeckt worden, der nicht zuletzt durch seine Inschrift von besonderer Bedeutung ist. Mit *Aelius Marcellus*, der sich als *immunis calcariensis* zu erkennen gibt, kennen wir nun auch einen Kalkbrennspezialisten der *legio II Italica* namentlich.

Das Fragment eines weiteren Altares aus Sandstein nennt mit *Aurellius Tertullus* einen weiteren *immunis* der Legion, sein Spezialgebiet wird nicht weiter ausgeführt, aber auch hier ist ein Zusammenhang mit der Kalkbrennofenbatterie denkbar. Die fehlenden Buchstaben der ersten Zeile sind nicht mit Sicherheit zu rekonstruieren. Es kommen zwar auch andere Lesungen in Frage, aufgrund des Fundzusammenhanges ist aber auch hier eine Hercules-Weihung durchaus wahrscheinlich.

AUSWERTUNG

Bei diesem bemerkenswerten Ensemble von Steindenkmälern aus Lauriacum/Enns kann wohl kein Zweifel bestehen, dass es sich um Teile des Inventars eines Hercules-Heiligtumes handelt. Durch die Nennung zweier *immunes* der *legio II Italica*, von denen sich einer sogar als militärischer Verwalter der Kalkbrenner zu erkennen gibt, liegt es auf der Hand, dass dieses Heiligtum im Kontext mit und damit im Nahbereich der Kalkbrennöfen gestanden haben muss. Hinweise auf die konkrete Lokalisierung liegen jedoch nicht vor. Bei diesen *immunes* handelt es sich um Soldaten mit Spezialaufgaben, die vom normalen Dienst befreit waren. Oft übten diese handwerkliche Tätigkeiten aus, da sich die Legion bis zu einem gewissen Grad selbst versorgte. Entsprechend finden sich Werk-/Produktionsstätten in einem Lager bzw. dessen Nahbereich.

Die Marmorstatuetten und die Weihinschrift aus Kalkstein scheinen für eine Verbrennung im Ofen zugerichtet worden zu sein. Die Maße dieser Fragmente entsprechen den größeren bereits für den Brand vorsortierten Kalksteinen, die im Ofen gefunden worden sind. Warum diese Bruchstücke nicht, wie vermutlich die fehlenden Fragmente oder andere Denkmäler auch, verbrannt und damit endgültig entsorgt worden, sondern als Müll im Ofen 9 gelandet sind, wird wohl ungelöst bleiben müssen. Der Weihaltar aus Konglomerat und das Altarfragment aus Sandstein sind hingegen lediglich im Kontext der Müllentsorgung zu betrachten.

Weihaltar für Hercules.
OÖ. Landesmuseum – Foto: blickwerk/M. Zauner

HERCULI AUG(USTO)
AEL(IUS) MARCEL-
LUS IMMUNI[S]
CALCARIE(N)SIS
V(OTUM) S(OLVIT) L(AETUS) L(IBENS) M(ERITO)

Für den kaiserlichen Hercules! Ael(ius) Marcellus, (militärischer) Verwalter der Kalkbrennöfen, hat nach erfüllter Wohltat sein Gelübde freudig und gerne eingelöst.
(M. Hainzmann)

Fundlage des 2016 entdeckten Weihaltars
Foto: OÖ. Landesmuseum

Die Zerstörung des Hercules-Heiligtums und das geplante zu Kalk Brennen eines Teils des Inventars, scheint vor dem 4. Jh. kaum denkbar. Die jüngsten Funde aus der Verfüllung dürften ebenfalls in diese Zeit zu datieren sein. Die Ausbesserung der Ofenwandung und die massiven Ablagerungen, die im Zuge etlicher Arbeitsprozesse entstanden sein müssen, legen eine lange Nutzungsdauer dieses Ofens nahe. Für den Kalkbrennofen 9 und die hier gefundenen Steindenkmäler ergibt sich somit folgendes chronologisches Grundgerüst, das allerdings bis zur Auswertung aller Funde und anderer verwertbarer Daten, etwa einer Serie von 14C-Daten, mit Vorbehalt zu betrachten ist:

- Errichtung mit den anderen Öfen der Batterie durch Soldaten der *legio II Italica* im letzten Drittel des 2. Jhs.
- Die Steindenkmäler stehen vermutlich alle mit einem Hercules-Heiligtum in der Nähe der Kalkbrennofenbatterie im Zusammenhang, wodurch sich gemeinsam mit anderen chronologischen Indizien eine Datierung der Denkmäler vom letzten Viertel des 2. Jhs. bis ins 3. Jh. ergibt.
- Ofen 9 dürfte über mehrere Jahrzehnte in Betrieb gewesen sein, was zahlreiche Renovierungen voraussetzt. Eine letzte weniger sorgfältige Ausbesserung ist eindeutig belegt.
- Die Demontage des Hercules-Heiligtums wird frühestens am Ende des 3. Jhs., tendenziell eher im frühen bis mittleren 4. Jh. erfolgt sein. Die Denkmäler aus Marmor und Kalkstein dürften in Vorbereitung auf eine endgültige Entsorgung durch Verbrennen im Kalkbrennofen zerschlagen worden sein.
- Kurze Zeit darauf wird Ofen 9 allerdings aufgegeben und zur Mülldeponie umfunktioniert, wobei auch die Reste des Kultinventars im Ofen landen.

Die Kalkbrennofenbatterie von Lauriacum/Enns und insbesondere Ofen 9 sind nicht nur aufgrund der Größe der Anlage und der hervorragenden Erhaltung von überregionaler Bedeutung. Das vielfältige Fundspektrum von Steindenkmälern über Tierknochen bis zu Kleinfunden birgt ein großes Potential für eine umfassende Auswertung.

Die Funde und ein Film zu den Kalkbrennöfen werden im Museum Lauriacum präsentiert. Durch Apps öffnen sich vor Ort Fenster in die Vergangenheit (vgl. S.75).
mangoArt – Fotos: R. Koch, Fotolic, 7reasons

Digitale Idealrekonstruktion der Kalkbrennofenbatterie von Lauriacum.
7Reasons

HERBERT BÖHM

DER HUND IN DER ASCHENGRUBE

DIE TIERRESTE AUS EINEM RÖMISCHEN KALKBRENNOFEN IN LAURIACUM/ENNS

Abb. 1: Enns, Kalkbrennofen 9:
Hundeskelett in der Aschengrube am Boden des Ofens.
Foto: OÖ. Landesmuseum

Über die römische Tiernutzung sind wir durch das umfangreiche archäologische Fundmaterial sowie durch antike Schrift- und Bildquellen gut informiert. Bereits in der Antike wurden Lehrschriften und Bücher über die Viehwirtschaft verfasst. Die wohl wichtigsten römischen Werke, die uns überliefert blieben, sind jene von Marcus Terentius Varro *(Res Rusticae)* aus dem 1. Jh. v. Chr. und von Lucius Iunius Moderatus Columella *(De Re Rusticae)* aus dem 1. Jh. n. Chr. In diesen landwirtschaftlichen Lehrbüchern und Ratgebern wird die Zucht, Haltung, Pflege und wirtschaftliche Relevanz der damals wichtigsten Wirtschaftstiere erläutert. Neben solchen Schriftquellen geben auch zahlreiche bildliche Darstellungen einen lebendigen Eindruck vom Aussehen und von der Nutzung diverser Tierarten. Selbst die Arbeitsweise römischer Fleischhauer ist manchmal auf ihren Grabmonumenten dargestellt. Dennoch ist unser Wissensstand in vielen Bereichen lückenhaft. Zum einen, weil diese Quellen kein umfassendes Bild aller Aspekte der Mensch-Tierbeziehung liefern. Zum anderen, weil auch sicherlich ästhetische Auffassungen Einfluss auf die jeweilige Darstellungsweise hatten. Archäologische Funde stellen somit eine wichtige und unverzichtbare Ergänzung zu diesen Quellen dar, wenn man die römische Lebens- und Wirtschaftsweise beleuchten will. Auch die Tierknochenfunde aus dem Kalkbrennofen von Lauriacum/Enns leisten dazu einen Beitrag und vervollständigen unser Bild vom alltäglichen Leben am römischen Limes.

WELCHE TIERARTEN SIND VORHANDEN?

Neben Funden aus Keramik, Stein, Glas und Metall wurden auch mehrere Tausend Tierknochen aus dem Kalkbrennofen von Lauriacum geborgen. Die meisten dieser Tierknochen stammen von Haustieren. Vor allem Pferde bzw. Maultiere, Rinder und Schweine sind zahlreich vertreten, während Schafe, Ziegen, Hunde und Geflügel nur verhältnismäßig selten archäozoologisch nachzuweisen sind.

Unter den Geflügelarten tritt einzig das Haushuhn mit einer gewissen Häufigkeit in Erscheinung. Auch wenn Hühnerfleisch somit sicherlich weitaus seltener als jenes von Rindern oder Schweinen verzehrt wurde, dürften Haushühner doch zum fixen Haustierbestand und zum gängigen Angebot auf den Märkten Lauriacums gezählt haben.

Knochen von Enten und Gänsen konnten nur vereinzelt festgestellt werden, weshalb diese Arten wohl nur von untergeordneter Relevanz für die Bewohner der antiken Ansiedlung waren. Zudem erscheint es fraglich, ob es sich bei diesen Funden bereits um domestizierte Haustiere handelte.

Abb. 2: Zerhackter Radius (Speiche) eines Hausrindes.
Foto: R. Gold/Universität Wien

Reste von Wildtieren finden sich nur in bescheidenem Umfang, sodass ihr Anteil am Gesamtmaterial nur knappe 5 % beträgt. Am häufigsten sind Knochen von Karpfen oder Karpfenfischen (Weißfischen), wodurch die Nutzung der nahe gelegenen Donau und ihr Augebiet für Nahrungszwecke angenommen werden kann. Auffallend ist, dass Rippen von Karpfenfischen meist konzentriert an einigen wenigen Stellen der Verfüllung des Kalkbrennofens zum Vorschein kamen. Es erscheint somit möglich, dass es sich hierbei um Reste von Fischhälften, deren Flossen und Kopfbereiche abgetrennt wurden, handelt. An sonstigen Wildtieren sind vereinzelte Knochen von Feldhasen, Hirschen und Wildvögeln festzustellen, wodurch auch die gelegentliche Jagd im Umfeld von Lauriacum angenommen werden kann.

WARUM BEFINDEN SICH DIE TIERKNOCHEN IN EINEM KALKBRENNOFEN UND WAS ERZÄHLEN SIE UNS?

Die hier vorgestellten Tierknochen stammen sicherlich aus ganz unterschiedlichen Ursprungskontexten und gelangten über verschiedenartige Wege in den bereits aufgelassenen Kalkbrennofen. Anhand bestimmter Merkmale an den Knochen selbst sowie an Details ihrer Lage im Verfüllsediment lassen sich diese unterschiedlichen Wege rekonstruieren. Einerseits handelt es sich offenbar um die Reste entsorgter Tierkadaver, andererseits um den Schlacht- und Nahrungsabfall, der aus dem Legionslager und der umliegenden Zivilsiedlung stammen dürfte.

So könnten etwa die oben angesprochenen Ansammlungen von Fischrippen als Reste von Fischfilets, die jedoch die Rippen noch beinhalteten, interpretiert werden. Zumindest handelt es sich um die Überreste zerteilter Fische, da diese Rippenansammlungen fast keine Schädel-, Flossen- oder Wirbelknochen enthielten. Diese Teile wurden offenbar bereits frühzeitig entfernt und an einem anderen Ort entsorgt.

Auch an anderen Tierknochen können Hinweise der kulinarischen Verwertung festgestellt werden, die einen plastischen Eindruck von der Schlachtkörperzerlegung und des Konsums geben. Vor allem Hack- und Schnittspuren stellen unmittelbare Zeugnisse dieses Geschehens dar. An Tierknochen aus römischen Fundstellen lassen sich solche Spuren meist zahlreich beobachten. Der standardisierte und geradezu „industriell" anmutende Einsatz von Hackmessern und Fleischerbeilen von professionellen Fleischhauern kann als einer der Gründe dafür angeführt werden (Abb. 2).

Abb. 3: Angebrannte Tibia (Schienbein) eines Hausrindes.
Foto: R. Gold/Universität Wien

Auch am Fundmaterial aus dem Kalkbrennofen von Lauriacum/Enns lässt sich eine hohe Frequenz an Hack- und Schnittspuren an den Überresten der Rinder, Schweine und kleinen Hauswiederkäuer Schaf und Ziege dokumentieren. Hierbei lassen sich typisch römische Zerlegungsstrategien der Schlachtkörper feststellen, die etwa das Zerteilen der Rinderrippen in mindestens drei Abschnitte und das axiale Spalten von Rinderlangknochen an deren Gelenksbereichen umfassen. Es scheint, dass das Zerhacken der Gelenksbereiche nicht nur zum Trennen der unterschiedlichen Körperpartien diente, sondern auch zum möglichst effektiven Aufschließen der markreichen Langknochen. An manchen Langknochen können auch Brandspuren festgestellt werden, die nahe legen, dass das Fleisch am Knochen gebraten oder gegrillt wurde (Abb. 3).

Die viel kleineren Hühner bedurften hingegen keiner umfangreichen Zerlegungsprozesse, um in die Küchen der Konsumenten zu gelangen, daher finden sich an Geflügelknochen auch nur vereinzelte Schnittspuren, die etwa das Abtrennen der Füße oder den direkten Verzehr bezeugen.

Die Analyse solcher Spuren ermöglicht aber nicht nur, die Zerteilung der Schlachtkörper und deren

Was ist Archäozoologie?

Die Archäozoologie (Zooarchäologie) untersucht Mensch-Tierbeziehungen vergangener Kulturen. Als Quellenmaterial dienen vor allem tierische Überreste aus archäologischen Grabungen. Zumeist handelt es sich dabei um Knochen- und Zahnreste, die, zusammen mit Keramikscherben, zu den häufigsten Funden auf archäologischen Ausgrabungen zählen. Anhand dieser Überreste versuchen Archäozoologen die Wirtschafts- und Lebensweise ehemaliger Gesellschaften zu rekonstruieren. Dafür müssen die Funde zunächst „bestimmt" werden, d.h. auch kleine Knochenfragmente werden nach Möglichkeit einer Tierart und einem Skelettelement (also etwa Oberarmknochen oder Oberschenkelknochen) zugeordnet. Weiters werden Daten zu Sterbealter, Geschlecht und krankhaften Veränderungen erhoben und die Knochen in standardisierter Weise vermessen. Zusätzlich können Beobachtungen zum Erhaltungszustand der Funde gemacht sowie menschliche und tierische Veränderungen (etwa Hack- und Schnittspuren, Brandspuren, Verbiss durch Nagetiere oder Hunde, etc.) an den Knochen dokumentiert werden. Solche Daten stellen die Basis für alle weiteren Auswertungsschritte dar, die in einer kulturhistorischen Interpretation der Ergebnisse münden. Somit umfasst dieses Fachgebiet natur- und geisteswissenschaftliche Zugänge und Methoden.

Abb. 4: Scapula (Schulterblatt) eines Hausrindes mit typischen Spurenkombinationen.
Foto: R. Gold/Universität Wien

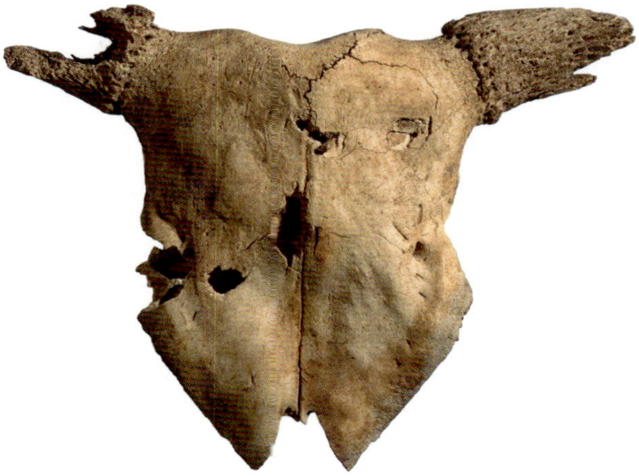

Abb. 5: Rinderschädel mit Hiebmarke am Stirnbein.
Foto: R. Gold/Universität Wien

Zubereitung zu rekonstruieren, sondern kann auch Hinweise auf die Konsistenz und Art des Fleischproduktes liefern.

So stammt aus dem Kalkbrennofen von Lauriacum/Enns ein beinahe vollständig erhaltenes Rinderschulterblatt, an dem „typisch römische" Kombinationen von Spuren beobachtet werden können. Im zentralen Bereich des Schulterblattes befindet sich ein annähernd rundes Loch (von bzw. für einen Haken), während vor allem an den flachen Innen- und Außenflächen oberflächenparallele Hack- bzw. Abscherungsspuren festzustellen sind (Abb. 4).

Schulterblätter von Rindern, die über solche Spurenkombinationen verfügen, sind aus vielen provinzialrömischen Fundstellen bekannt und stammen aus ganz unterschiedlichen Siedlungstypen. Detailanalysen zu den Spuren lassen darauf schließen, dass es sich hierbei um die Reste geräucherter oder sonst wie haltbar gemachter Rinderteile handelt. Demnach dürfte das Loch in der Mitte des Schulterblattes zum Aufhängen in der Räucherkammer gedient haben, während die Hackspuren vom Zurichten des Schulterstückes oder vom Ablösen des nach den Konservierungsmaßnahmen verhärteten Muskelgewebes herrühren könnten. In Augst/Augusta Raurica (Schweiz) wurde eine

Da Tiere, oder tierische Ressourcen, unverzichtbare Bestandteile fast aller Lebensbereiche des Menschen darstellten, sind die Aussagemöglichkeiten der Archäozoologie sehr vielseitig. Soziokulturelle Aspekte umfassen etwa Themen wie Wirtschaftsweise und Ressourcennutzung, Handel, sozialer Status, Ernährung, Tier- und Schlachtkörpernutzung, religiöse Handlungen, aber auch Abfallverhalten und Raumorganisation. Daneben spielen auch domestikationsgeschichtliche, biologische und ökologische Fragen eine Rolle. So können archäozoologische Daten auch Aufschlüsse über das Auftreten von Kulturfolgern oder das Vorhandensein bzw. die Ausrottung von Wildtieren liefern. In bedingter Form kann das Vorkommen bestimmter Tierarten auch Rückschlüsse auf ökologische und naturräumliche Begebenheiten bestimmter Fundstellen in historischen Zeiten erlauben. Hierbei ist allerdings zu bedenken, dass sich in archäologischen Funden niemals die gesamte Wildtierfauna aus der Umgebung eines Fundortes widerspiegelt, da schlussendlich menschliche (kulturelle) Faktoren das Fundspektrum beeinflussten und somit als „Filter" für die Überlieferung wirkten.

Enns, Kalkbrennofen 9: Rinderschädel zwischen Dachziegelfragmenten
Foto: OÖ. Landesmuseum

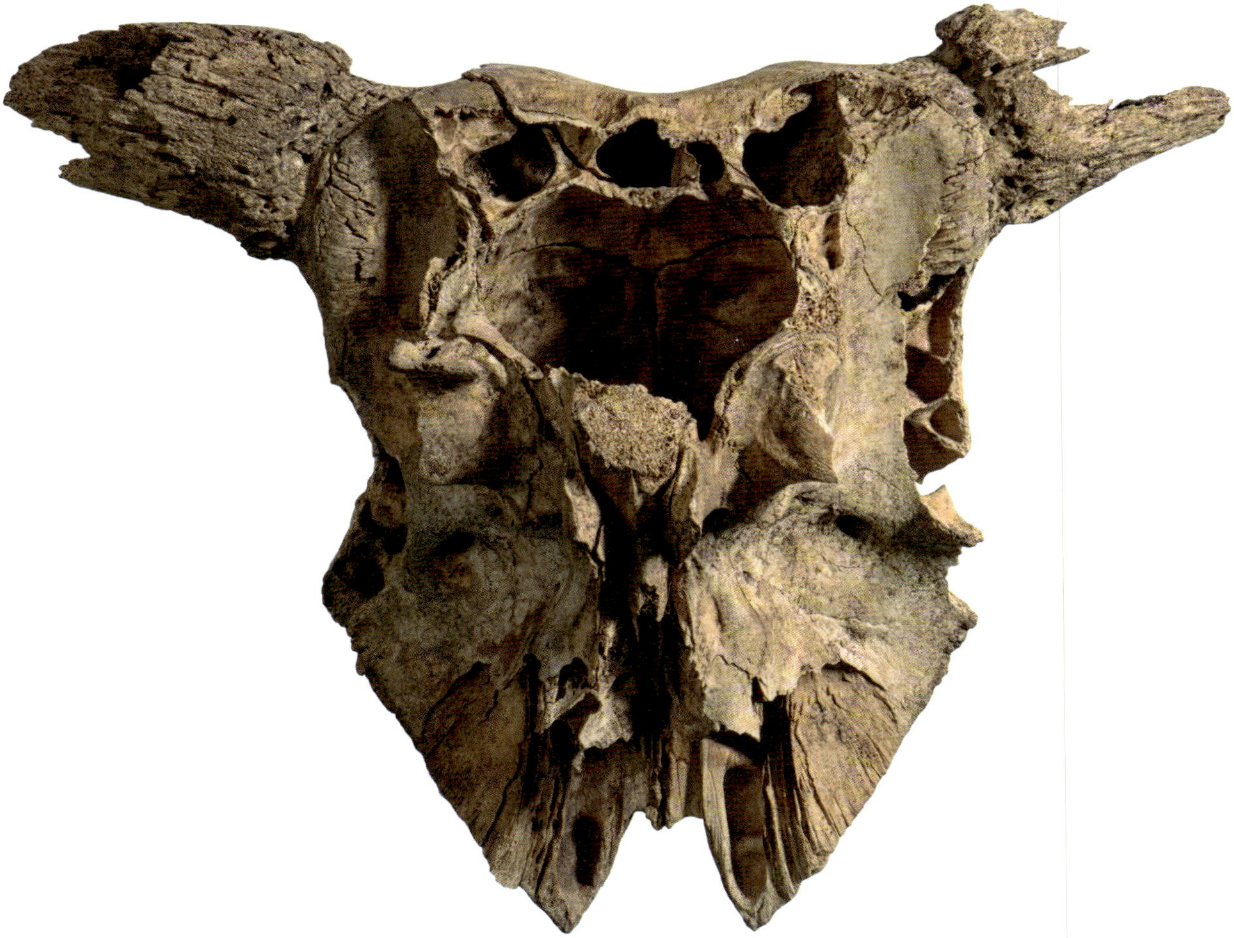

Abb. 6: Transversal zerhackter Rinderschädel.
Foto: R. Gold/Universität Wien

größere Anzahl solcher Rinderschulterblätter in der Nähe von Räucherkammern gefunden, was als zusätzliches Indiz für eine solche Interpretation gewertet werden kann.

Da es sich bei diesen Schulterblättern um einen häufigen und weit verbreiteten Fundtyp handelt, dürfte es sich um ein gängiges Nahrungsmittel gehandelt haben, das womöglich auch über große Distanzen verhandelt worden sein könnte. Gut vergleichbare Oberflächenspuren an Rinderlangknochen, wie sie etwa auch in Favianis/Mautern a.d. Donau häufig gefunden wurden, legen den Schluss nahe, dass auch andere Körperpartien auf ähnliche Weise konserviert wurden.

Relativ seltene Funde stellen gut erhaltene Rinderschädel dar, da diese voluminösen Skelettelemente in großen Bereichen aus relativ dünnen und fragilen Knochenplatten bestehen. Da sie nicht nur von den antiken Fleischhauern meist zerhackt wurden, etwa um die Unterkiefer abzutrennen oder das Gehirn zu entnehmen, sondern die fragilen Knochen infolge des Erddrucks auch meist in unzählige Kleinfragmente zerbrechen, ist es oft unmöglich, komplette Schädel zu rekonstruieren. Aus den Verfüllschichten des Kalkbrennofens liegen jedoch drei gut erhaltene Oberschädel vor, die eine genauere Begutachtung ihrer Merkmale erlauben. Die Schädel stammen von durchaus stattlichen Tieren mit weitbogig gekrümmten, aber unterschiedlich

Abb. 7: Komplett erhaltene Unterarmknochen (Radius und Ulna) von einem Pferd/Maultier.
Foto: R. Gold/Universität Wien

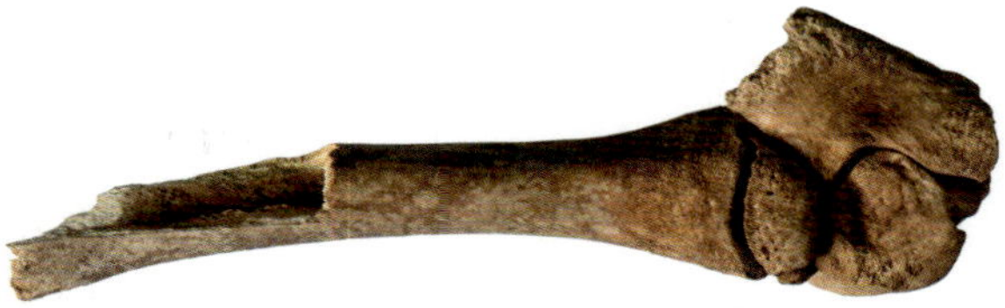

Abb. 8: Verband von Tibia (Schienbein) und Fußwurzelknochen eines Pferdes/Maultieres – das Fersenbein ist verbissen.
Foto: R. Gold/Universität Wien

ausgeprägten Hörnern. Eine Besonderheit stellen Frakturen an den Stirnbeinen dar, die zumindest in zwei Fällen direkt mit dem Schlachten der Tiere in Zusammenhang zu bringen sind. An einem Schädel dürfte sich zudem die Spur einer Klinge im Schädelbruch abbilden, wodurch belegt wird, dass dieses Tier im Zuge des Schlachtvorgangs durch einen Beilhieb auf die Mitte der Stirn betäubt wurde (Abb. 5). An diesem Stück ist auch gut zu erkennen, wie der Schädel an der Unterseite durch transversale Beilhiebe gespalten wurde, um das Gehirn entnehmen zu können. Somit lassen sich an diesem Schädel unterschiedliche Arbeitsschritte der römischen Fleischhauer nachvollziehen (Abb. 6).

Während es sich bei zerteilten Rippen oder Langknochenstücken um die Reste von Fleischportionen handelte, die direkt in den Küchen der Konsumenten landeten, dürfte es sich bei diesen großteils erhaltenen Rinderschädeln um Schlachtabfall im engeren Sinn gehandelt haben. Dieser fiel bereits in einer frühen Phase der Schlachtkörperzerlegung an und wurde wohl direkt von den römischen Fleischhauern entsorgt. Somit lassen sich im Kalkbrennofen von Lauriacum/Enns die Überreste von unterschiedlichen Abschnitten des Schlacht- und Konsumprozesses finden.

Während an den auch heute noch kulinarisch relevanten Wirtschaftstierarten eine Vielzahl unterschiedlicher Schlacht- und Konsumspuren festzustellen sind, lassen sich an den Knochen der Pferde und Hunde keinerlei vergleichbaren Merkmale finden. Für die Ernährung der antiken Bevölkerung spielten sie somit offenkundig keine direkte Rolle. Für das römische Transport- und Militärwesen waren Pferde und Maultiere jedoch essentiell und wurden in großer Zahl eingesetzt. Auch unter den Tierknochenfunden aus Lauriacum finden sich zahlreiche Reste von Pferden und Maultieren. Da sie nicht kulinarisch verwertet wurden, blieben ihre Knochen öfter vollständig oder zumindest als große Fragmente erhalten. Dadurch erleichtert sich gegenüber den Wirtschaftstieren das Abschätzen der Körperhöhe und Wuchsform. Demnach erreichten die Pferde und Maultiere durchschnittliche Schulterhöhen von 1,3 bis 1,4 m, wodurch sie sich im Größenbereich heutiger Kleinpferde bewegt haben dürften (Abb. 7).

Für römische Verhältnisse handelte es sich somit um durchschnittlich große Tiere. Eine bewusste Auswahl von kräftigen und großen Kavalleriepferden lässt sich anhand der Funde aus dem Kalkbrennofen nicht ableiten. Krankhafte Veränderungen, die sich vor allem an den Wirbeln finden lassen, zeugen jedoch von der intensiven und sicherlich nicht immer behutsamen Nutzung dieser Tiere.

In den Verfüllschichten des Kalkbrennofens befanden sich nur selten Pferdeknochen, die sich in korrekter anatomischer Lage zueinander befanden. Zwar konnten immer wieder Skelettelemente aus einer bestimmten Körperregion relativ nahe zu einander liegend dokumentiert werden, also etwa mehrere Brustwirbel und Rippen, jedoch waren diese meist isoliert und verstreut. Dies legt den Schluss nahe, dass die Pferde und Maultiere nicht als vollständige Kadaver in den Kalkbrennofen gelangten, sondern zuvor an einem anderen Ort verwesten und sich so ihre Gelenksverbindungen lösten. Da sich keine Hack- oder Schnittspuren an den Knochen zeigen, kann auch nicht auf ein intentionelles Zerteilen der Kadaver geschlossen werden. Stattdessen finden sich manchmal Verbissspuren an den Pferde- und Maultierknochen, die bezeugen, dass Hunde Zugang zu den Kadavern hatten, bevor diese in den Bereich des Kalkbrennofens verbracht wurden (Abb. 8).

Dies stellt ein weiteres Indiz dafür dar, dass die Pferde- und Maultierkadaver ursprünglich an einem anderen Ort entsorgt wurden und erst in einem weiteren Schritt, zusammen mit Schlacht- und Nahrungsabfall, in den aufgelassenen Ofen gelangten.

Einen Hinweis auf den nicht immer konfliktfreien Umgang des Menschen mit Tieren findet sich an dem Schädel eines mittelgroßen Hundes. Wie die stark abgenutzten Zähne beweisen, handelte es sich um ein älteres Individuum, das offenbar über eine bewegte Lebensgeschichte verfügte. Davon zeugt eine gut verheilte Fraktur des Stirnbeines, die sich als auffällige Delle über der rechten Augenhöhle abzeichnet (Abb. 9). Solche Verletzungen können relativ häufig an Hunden aus römischen Siedlungen beobachtet werden und stellen neben Brüchen an Rippen und Extremitäten die häufigsten Verletzungsmuster dar. Ein guter Vergleich zum Hund aus Lauriacum/Enns findet sich in einem Wehrgraben eines römischen Truppenlagers in Augsburg/Augusta Vindelicum, wo acht Hundeskelette gefunden wurden, die offenbar zeitgleich verscharrt worden waren. Die Hälfte dieser Hunde weisen verheilte Frakturen, vor allem im Bereich der Augenhöhlen und Stirnbeine auf. Auch wenn unterschiedliche Ursachen für solche Verletzungen in Frage kommen, weisen die Indizien auf die Folgen von Steinwürfen oder Schlägen gegen den Kopf der Tiere hin. Aufgrund der Fundumstände und der großen Anzahl an Individuen, die gleichzeitig verscharrt wurden, nahmen die Ausgräber an, dass es sich um die Reste von streunenden Hunden handelte, die einer Dezimierungsmaßnahme zum Opfer fielen. Wie auch bei dem Befund aus Augsburg/Augusta Vindelicum führte die Verletzung des Hundes aus Lauriacum nicht zu dessen Tod, da der Schädelbruch vollständig verheilte. Die eigentliche Todesursache verrät uns der Hundeschädel also nicht. Er könnte jedoch Zeugnis vom Verhältnis der Menschen zu streunenden, herrenlosen Hunden ablegen, das offenbar nicht immer gewaltfrei blieb.

Anhand der Tierknochenfunde aus dem Kalkbrennofen von Lauriacum/Enns lassen sich sehr unterschiedliche Aspekte des alltäglichen Lebens beleuchten – seien es die Ernährung der Bevölkerung, der Arbeitsablauf des Fleischhauers, die Nutzung und Entsorgung von Pferden und Maultieren oder die Lebensumstände von Hunden. Sie geben somit einen plastischen Eindruck von den Lebensrealitäten am römischen Donaulimes.

Abb. 9: Hundeschädel mit verheilter Fraktur.
Foto: R. Gold/Universität Wien

Ausgrabung Enns Kalkbrennofen 9, Freilegung eines Rinderschädels.
Foto: OÖ. Landesmuseum

HERBERT BÖHM

RÖMISCHE HAUSTIERE

UND IHRE NUTZUNG

Pferdefigürchen aus Pfeifenton, Spielzeug oder Votivgabe.
Museum Lauriacum – Foto: Museum Lauriacum

Reiterfibel aus Lauriacum/Enns.
OÖ. Landesmuseum – Foto: St. Traxler

In römischer Zeit waren den Menschen bereits die meisten der uns gebräuchlichen Wirtschaftstiere bekannt. Zudem waren schon damals lokale Haustiertypen etabliert, die, je nach Anforderungsprofil und geografisch-naturräumlichen Bedingungen, unterschiedliche Merkmale aufwiesen. Von einer „Rassezucht" in unserem heutigen Verständnis kann jedoch noch keine Rede gewesen sein, auch wenn durch gezielte Zuchtauswahl versucht wurde, bestimmte Eigenschaften der Tiere zu erhalten oder zu verbessern.

RIND

Rinder waren für die römische Gesellschaft von großer Bedeutung. Zum einen lieferten sie große Mengen Fleisch, das vor allem in größeren Ansiedlungen und städtischen Strukturen eine wichtige Nahrungsquelle darstellte. Des Weiteren war ihre Arbeitsleistung für die Landwirtschaft und den Transport von Gütern essentiell.

Als Opfertiere für bestimmte Gottheiten spielten sie auch im religiösen Leben eine nicht zu unterschätzende Rolle. Der Dung von Rindern wurde als Düngemittel geschätzt und Horn, Knochen, Haut und Sehnen waren wichtige Rohmaterialien für eine breite Palette an unterschiedlichen Produkten des täglichen Gebrauchs. In manchen Provinzen des Römischen Reichs war auch die Milch der Rinder ernährungstechnisch relevant, während sie im römischen Kernland Italien höchstens als Abführmittel geschätzt wurde.

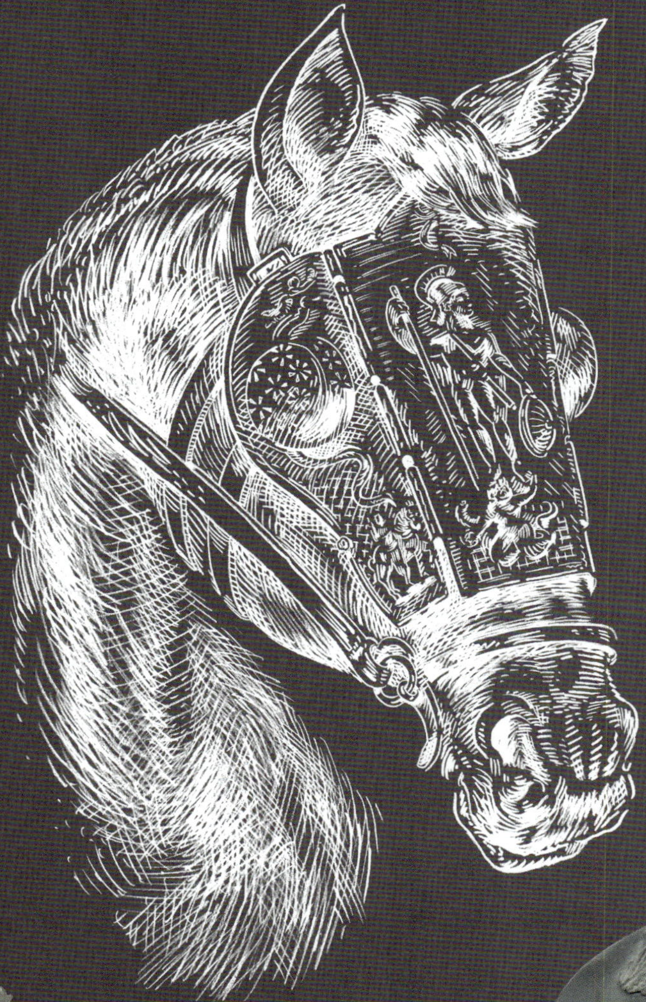

Die Rossstirn ist Teil der Pferdeprunkgarnitur, die bei Paradevorführungen dem Pferd angelegt wird. Die Fragmente des Augenschutzkorbes zeigen einen jugendlichen Kopf, der von Adlerflügeln erfasst wird. Es handelt sich wahrscheinlich um Ganymed, der von Iupiter als Adler entführt wird. Auf der ebenfalls unvollständigen Mittelstückplatte war die Büste der Minerva dargestellt. Beide Fragmente wurden im Legionslager gefunden.
Museum Lauriacum – Illustration: R. Reznicek, Fotos: E. Grilnberger

In vielen römischen Fundstellen Österreichs lassen sich zwei sehr unterschiedliche Rindertypen nachweisen. Kleine Rinder, mit Schulterhöhen von knapp über einem Meter, waren wohl lokalen Ursprungs und entsprachen dem Rindertyp, der auch aus der älteren Epoche der Eisenzeit bekannt ist.

Deutlich größere Tiere mit Schulterhöhen von etwa 1,3 – 1,4 m stellen den zweiten Rindertyp dar, der wohl aus ihrem italischen Ursprungsgebiet in die Provinzen verbracht wurde. Es liegt die Vermutung nahe, dass diese vor allem wegen ihrer überlegenen Arbeitsleistung und als Fleischtiere eingeführt wurden und als eigenständige Haustierpopulation neben den kleinen Rindern existierten.

PFERD

Pferde und Maultiere (ein Kreuzungsprodukt von Pferdestute und Eselhengst) waren wichtige Zug-, Reit- und Packtiere. Die morphologische Unterscheidung ihrer Knochen und Zähne ist schwierig und nicht immer möglich. Maultiere waren hoch geschätzt und wertvoll, verbanden sie doch die „besten" Eigenschaften beider Elterntierarten. So galten sie als kräftig und ausdauernd, jedoch auch als genügsam und trittsicher. Maulesel (Eselsstute und Pferdehengst) galten hingegen nicht nur als weniger ansehnlich, sondern auch als ökonomisch weniger nützlich, wodurch sie in unserem Raum wohl keine große Bedeutung hatten.

Die römischen Pferde waren in der Regel deutlich größer als jene der Eisenzeit Mitteleuropas. Während keltische und germanische Pferde im Durchschnitt eine Schulterhöhe von etwa 1,2 m erreichten, lag jene der römischen Artgenossen zwischen 1,3 und 1,4 m. Vereinzelt konnten auch römische Pferde mit Widerristhöhen von über 1,6 m festgestellt werden.

Das römische Militär hatte für seine Reitereinheiten und den Nachschub für die Truppen einen enormen Bedarf an diesen Tieren. Zudem wurden für sportliche Wettkämpfe hoch angesehene Rennpferde gezüchtet. Wirkliche Pferderassen, wie sie heutzutage gebräuchlich sind, gab es bei den Römern jedoch noch nicht, und auch die Unterscheidung in Warm- und Kaltblutpferde war zu dieser Zeit noch unbekannt.

SCHAFE UND ZIEGEN

Schafe und Ziegen waren aus der antiken Viehwirtschaft nicht wegzudenken. Ihre Unterscheidung anhand morphologischer Kriterien der Knochen ist vor allem an kleinen Fragmenten oftmals unmöglich. Dadurch erschwert sich die Rekonstruktion des Anteilsverhältnisses dieser Tierarten zueinander. Dies hat Auswirkungen auf die Aussagemöglichkeiten bezüglich der Herdenstrukturen und Tiernutzung, da das Anforderungs- und Leistungsprofil dieser Arten nicht völlig deckungsgleich ist. In Mitteleuropa dürfte aber zumeist der Anteil der Schafe deutlich über jenem der Ziegen gelegen haben. Je nach lokalen Präferenzen und vermutlich auch basierend auf den jeweiligen klimatischen und naturräumlichen Bedingungen, kann aber der Anteil dieser Tierarten zueinander, als auch deren Bedeutung in der jeweiligen Viehwirtschaft, erheblich schwanken.

Die Milch von Schafen und Ziegen galt als geschätztes und bekömmliches Nahrungsmittel und wurde zu einer Vielzahl von Käseprodukten verarbeitet. Vor allem Ziegenkäse erfreute sich bei den Römern hoher Beliebtheit. Neben der Milch wurde auch das Fleisch beider Tierarten genutzt. Schafe waren zudem für die Wollproduktion von entscheidender Bedeutung. Bereits in der Antike gab es Wollschafe mit einem feineren Vlies, die auch einer entsprechend intensiveren Betreuung bedurften. Neben diesen Primärprodukten wurden Häute und Leder, Knochen, Horn, Dung, etc. wirtschaftlich genutzt. Bei den Schafen aus den römischen Provinzen dürfte sich ein Trend bezüglich der Körpergrößen abzeichnen. Demnach stammten besonders stattliche Tiere mit etwa 70 cm Schulterhöhe aus Pannonien, während nach Westen die Körpergröße zunehmend abgenommen haben dürfte. Die Gründe dafür sind komplex und dürften in unterschiedlichen lokalen Bedingungen sowie in der Einfuhr von deutlich größeren Schafstypen zu suchen sein.

SCHWEIN

Schweine dienten primär der Fleisch- und Fettproduktion und stellen in vielen römischen Fundstellen neben den Rindern die häufigsten Wirtschaftstiere dar. Je nach Siedlungstyp können jedoch tendenzielle

Unterschiede in den Schweineanteilen festgestellt werden. Vor allem in (sub-)urbanen Siedlungsstrukturen und militärisch geprägten Ansiedelungen ist vielfach ein höherer Schweineanteil festzustellen als in ländlichen Guts- und Bauernhöfen. Zusammen mit anderen Indizien, wie etwa Schlachtalter und Geschlechterverhältnis, kann daraus geschlossen werden, dass importierte Schweine für die Versorgung größerer Siedlungen von hoher Bedeutung waren. Schweinefleisch dürfte nicht nur sehr begehrt gewesen sein, sondern auch verhältnismäßig teuer. Nach dem Preisedikt des Kaisers Diokletian aus dem Jahr 301 konnten die Fleischhauer für Schweinefleisch deutlich höhere Preise verlangen als für jenes der Rinder oder Schafe.

Lokales römisches Schwein.
Illustration: Salzburg Museum

Das Aussehen der antiken Schweine unterschied sich deutlich von dem ihrer modernen Artgenossen. Die Tiere der römischen Zeit waren deutlich schlanker und relativ hochbeinig gebaut, mit durchschnittlichen Schulterhöhen von 70-75 cm, hatten ein deutlich ausgeprägtes Borstenkleid und einen relativ schlanken, keilförmigen Schädel.

HUNDE

Hunde gelten als die ältesten domestizierten Tiere des Menschen und wurden auf vielfältige Weise genutzt. In der Antike waren sie vor allem in der Funktion als Wach-, Jagd-, und Hirtenhund geschätzt. Die Eigenschaften über die sie dazu verfügen sollten, unterschieden sich dabei kaum von jenen heutiger Hunde, die für solche Aufgaben gehalten werden. Bereits lange bevor die Römer die Gebiete Mitteleuropas in ihren Herrschaftsbereich eingliederten, etablierten sich in unterschiedlichen Gebieten Europas lokale Hundetypen, die für die eine oder andere Aufgabe als besonders geeignet galten. Aus Schriftquellen ist überliefert, dass die Römer die Eigenschaften dieser unterschiedlichen Hundetypen gezielt einzusetzen wussten. Neben solchen, meist kräftigen und mittelgroßen Hunden, gab es aber auch Gesellschafts- und Schoßhunde, die aus Liebhaberei und zur Belustigung im Haushalt gehalten wurden. Diese Hunde lassen sich vornehmlich in städtischen Ansiedlungen finden. Manche können mit Schulterhöhen von unter 25 cm zu den Kleinsthunden gezählt werden. Auch die Verkürzung der Gliedmaßen und des Gesichtsschädels, wie wir es von manchen modernen Hunderassen kennen, kann an römischen Schoßhunden beobachtet werden. Aussehen und Habitus der römischen Hunde waren somit ausgesprochen vielfältig.

Weiters ist mit streunenden Hunden zu rechnen, die sich in Rudeln in den Siedlungen und deren Umgebung aufhielten und keiner direkten menschlichen Kontrolle unterlagen.

Pfotenabdruck eines Hundes auf einem Ziegel.
OÖ. Landesmuseum – Foto: E. Grilnberger

FELIX LANG

BLÖDE KUH!

IMPRESSIONEN AUF RÖMISCHEN ZIEGELN

Kaminaufsatz
Foto: Museum Lauriacum

Die Verwendung von Baukeramik wurde im Alpenraum in römischer Zeit eingeführt. Im Gegensatz zum Mittelmeerraum verwendete man Ziegel nicht für Mauern, sondern in erster Linie für die Dachdeckung. Dabei kamen flache aneinandergelegte Leistenziegel *(tegulae)* und deren Fugen überdeckende Wölbziegel *(imbrices)* zum Einsatz. Die Stirnseiten der Dächer konnten verzierte Ziegelplatten *(antefixi)* aufweisen. Zusätzlich gab es Kaminaufsätze, die wahrscheinlich über offenen Feuerstellen angebracht waren. Der zweite wichtige Bereich, in dem Ziegel zum Einsatz kamen, war das Hypokaustheizungssystem. Kleinere quadratische Ziegelplatten wurden für die Stützpfeiler verwendet. Große Platten schlossen den Heizbereich nach oben ab und stellten die Unterlage für den eigentlichen Fußboden dar. Gelegentlich wurden stattdessen die Stützpfeiler mit Gewölben aus keilförmigen Ziegeln verbunden. Die warme Luft wurde über an den Mauern angebrachte rechteckige Holzziegel *(tubuli)* vom Unterboden nach oben geleitet.

HERSTELLUNG VON ZIEGELN

Für die Herstellung von Ziegeln sind mehrere Arbeitsschritte nötig. Als Erstes wird im Herbst der Ton gestochen und dann im Winter auf Halden gelagert. Durch das ständige Gefrieren und Auftauen wird der Ton feinkrümelig. Anschließend muss er in Wasser eingesumpft, getreten, geknetet und gereinigt werden. Häufig werden auch andere Stoffe wie Sand oder kleine Steinchen als Magerung beigegeben. Hat der Rohstoff schließlich die nötige Konsistenz, können die Ziegel geformt werden. Dafür wurden Holzrahmen verwendet, was eine schnelle serielle Herstellung ermöglichte. Schriftliche Quellen zeigen, dass geübte

Dachziegel aus Lauriacum:
tegula und *imbrex* – „Mönch und Nonne".
OÖ. Landesmuseum – *Foto: E. Grilnberger*

Ziegel mit verschiedenen Stempeln der *legio II Italica*.
Museum Lauriacum – Foto: E. Grilnberger

Handwerker/-innen ca. 220 Ziegel an einem Tag herstellen konnten, bei größeren und/oder komplizierteren Ziegelprodukten natürlich entsprechend weniger. Im Anschluss mussten die geformten Ziegel getrocknet werden. Bei zu viel Feuchtigkeit rissen die Ziegel beim Brennen. Der Trocknungsprozess konnte je nach Größe und Form des Produktes mehrere Wochen bis Monate dauern. In dieser Zeit mussten die Ziegel vor Witterung geschützt gelagert werden. Deshalb waren Lagerhallen oder Überdachungen aus Holz nötig. Da frisch geformte Ziegel sehr frostempfindlich sind, konnten sie in unseren Breiten erst im späteren Frühjahr hergestellt werden.

Den letzten Schritt der Herstellung stellte das Brennen dar, was in den Sommermonaten und im Frühherbst ausgeführt wurde. Bei kleineren Ziegelbrennöfen dauerte ein Brand ungefähr 1½ bis 2 Tage. Dabei wurden Temperaturen von 950–1.000 °C erreicht. Im Anschluss wurde der Ofen ausgeräumt und musste mindestens zwei Tage abkühlen, bis der nächste Brennvorgang gestartet werden konnte. In römischer Zeit kamen sog. stehende Öfen zum Einsatz, bei denen die Brennkammer mit dem Brenngut direkt über der Feuerstelle lag. Das Feuer befand sich in einem Schürkanal und wurde von außen in einer Arbeitsgrube bedient. Die heiße Luft strömte vom Kanal in den dahinterliegenden Heizraum und gelangte von dort nach oben in den Brennraum. Zwischen diesem und dem Heizraum befand sich eine Lochtenne, eine massive Platte aus Lehm oder Ziegeln in Lehmbindung mit Löchern, durch die die Luft strömen konnte. Auf dieser wurden die zu brennenden Ziegel gestapelt. Aufgrund des hohen Gewichts waren in der Regel im Heizraum Stützmauern für die Tenne nötig. Die Brennkammer dürfte als nach oben offener Schacht gestaltet gewesen sein – im Gegensatz zu den kleineren Töpferöfen, die überkuppelt waren. Die Öffnung konnte nach Bedarf mit Brettern oder Ziegeln abgedeckt werden In den meisten Fällen dürften zudem einfache Flugdächer Ofen und Brand vor der Witterung geschützt haben.

Plattenziegel mit Sohlenstempel sowie Datumsangabe III NON IVNIAS – (geschlagen am) 5. Juni.
Museum Lauriacum – Foto: E. Grilnberger

gute Anbindung zu einem ausreichend großen Absatzmarkt. Man geht davon aus, dass die Produkte dieser Betriebe in einem Umkreis von 10 bis 15 km vertrieben wurden, bei schiffbaren Flüssen konnten die Produkte auch über größere Distanzen verhandelt werden, vor allem flussabwärts. Häufig dürften diese Ziegeleien verpachtet gewesen sein. Dabei wurden sog. *locatio-conductio*-Verträge wischen dem Grundbesitzer und dem Unternehmer/Ziegler abgeschlossen. Der Gutsherr verpflichtete sich, Produktionsmittel, Baustoffe, Ton, Wasser, Brennholz und Verpflegung zur Verfügung zu stellen, der Pächter hatte eine festgelegte Produktionsmenge zu liefern und die nötigen Arbeitskräfte zu stellen. Auch Subunternehmer konnte er engagieren. Dafür erhielt er einen festgesetzten Lohn. Den Produktionsüberschuss konnte der Ziegler selbst verkaufen.

Plattenziegel mit Namensangabe SECCIONIVS.
Museum Lauriacum – Foto: E. Grilnberger

BETRIEBSFORMEN VON ZIEGELEIEN

Im Wesentlichen kann in römischer Zeit zwischen zivilen und militärischen Ziegeleien unterschieden werden. Zivile Anlagen finden sich auch auf den Gutshöfen, wenn geeignete Tonlager vor Ort vorhanden waren. Dort wurden in erster Linie Ziegel für den Eigenbedarf hergestellt. Überschüsse konnten an benachbarte Höfe verkauft werden. Die Brennöfen sind dabei durchwegs relativ klein und weisen in der Regel Brennkammern mit Innenflächen unter 10 m² auf. Daneben gab es zivile Großbetriebe, für die neben der Rohstoffquelle ein zweiter Faktor wesentlich war: die Nähe und/oder

Auch das römische Heer benötigte große Mengen an Ziegeln. Entsprechend wurden große militärische Ziegeleien im Nahbereich der Lager oder topographisch günstigen Punkten errichtet. Die Öfen waren dabei üblicherweise deutlich größer als bei zivilen Anlagen und wiesen Brennraumflächen von über 20 m² auf. Als Arbeitskräfte kamen abkommandierte Einheiten, *vexillationes,* zum Einsatz. Man geht davon aus, dass immer ein gesamtes *contubernium,* eine Schlaf- und Wohngemeinschaft in den Kasernen bestehend aus acht Mann, dafür eingeteilt wurde. Die Aufsicht über die Arbeiten in den Ziegeleien hatten wohl *magistri (figulinae)* oder *in figlinis magistri* über (Abb. S. 91). Zusätzlich oder stattdessen konnten zivile Fachkräfte, *salarii,* und einfache Hilfskräfte beschäftigt werden. Doppelzeilige Namensstempel, die in der oberen Zeile die Legion und in der unteren einen Personennamen anführen, stellen möglicherweise einen Hinweis auf derartige Privatpersonen in Militärziegeleien dar.

ZIEGEL-IMPRESSIONEN

Ziegel wurden vor dem Brand oft mit Stempeln versehen. Die eigentlichen Stempel sind kaum erhalten. Sie dürften in der Regel aus Holz hergestellt worden sein. Bei einigen Abdrucken ist noch die Holzmaserung zu sehen. Am häufigsten finden sich langrechteckige Stempel, daneben sind Rundstempel, Abdrücke in Form einer *tabula ansata* sowie Stempel in figürlicher oder Fußsohlenform *(planta pedis)* bekannt.

Bei zivilen Ziegeleien wurden Stempel eher selten verwendet. Bei Produktion für den Eigenbedarf, wie dies auf Gutshöfen die Regel war, kommen sie praktisch nie vor. Lediglich bei großen Betrieben fanden sie Verwendung. Dabei ist der Produzent mit abgekürztem Vornamen und/oder Familiennamen sowie gelegentlichem Beinamen oder einer Ortsangabe angeführt. Dies liefert wichtige Informationen über die Absatzgebiete der Betriebe. Ziegelstempel im militärischen Kontext finden sich hingegen häufiger. Angeführt wurde die militärische Einheit. Dabei wurde *legio* mit L, LE oder (wie in Lauriacum meist) mit LEG abgekürzt, gefolgt vom Zahlzeichen der Truppe, also II für die „Zweite", VIII für die „Achte" und dem Legionsnamen, z.B. IT, ITA oder ITAL für *Italica* oder AUG für *Augusta*. Beinamen wie *pia, fidelis, Antoniniana* oder *Severiana* (die Fromme, Treue, Antoninianische, Severische) konnten ebenfalls in abgekürzter Form angegeben sein. Diese Ziegelstempel stellen auch eine wichtige Informationsquelle über Stationierungen und Truppenverlegungen von militärischen Einheiten dar.

Weitere Informationen geben Ritzinschriften, die gelegentlich auf Ziegeln festzustellen sind. Diese Graffiti können Notizen im Zuge der Produktion darstellen. Es finden sich Angaben über die Art der Ziegel, die Produktionsmenge, Tagesleistung eines Ziegelstreichers, Quittungen sowie Abrechnungen, aber auch Drohungen an einen Arbeiter, das Soll gefälligst einzuhalten. Andere Ritzungen haben nichts mit der Ziegelproduktion zu tun. So dienten die Ziegel als Schreib- oder Zeichenunterlagen für Alphabet-Übungen, Literaturzitate oder bildliche Darstellungen. Auch als Spielbretter fanden sie Verwendung.

Gewölbeziegel mit Abdruck einer dicht benagelten Schuhsohle und einer Hundepfote.
Museum Lauriacum – Foto: B. Schlag

Ritzinschriften auf Ziegeln aus Lauriacum/Enns geben meist Zahlen und/oder Herstellernamen an. Oft sind diese mit Datumsangaben verbunden, die ausschließlich auf den Zeitraum von Juni bis August entfallen. Ein Beispiel dafür ist auf einem Fragment eines

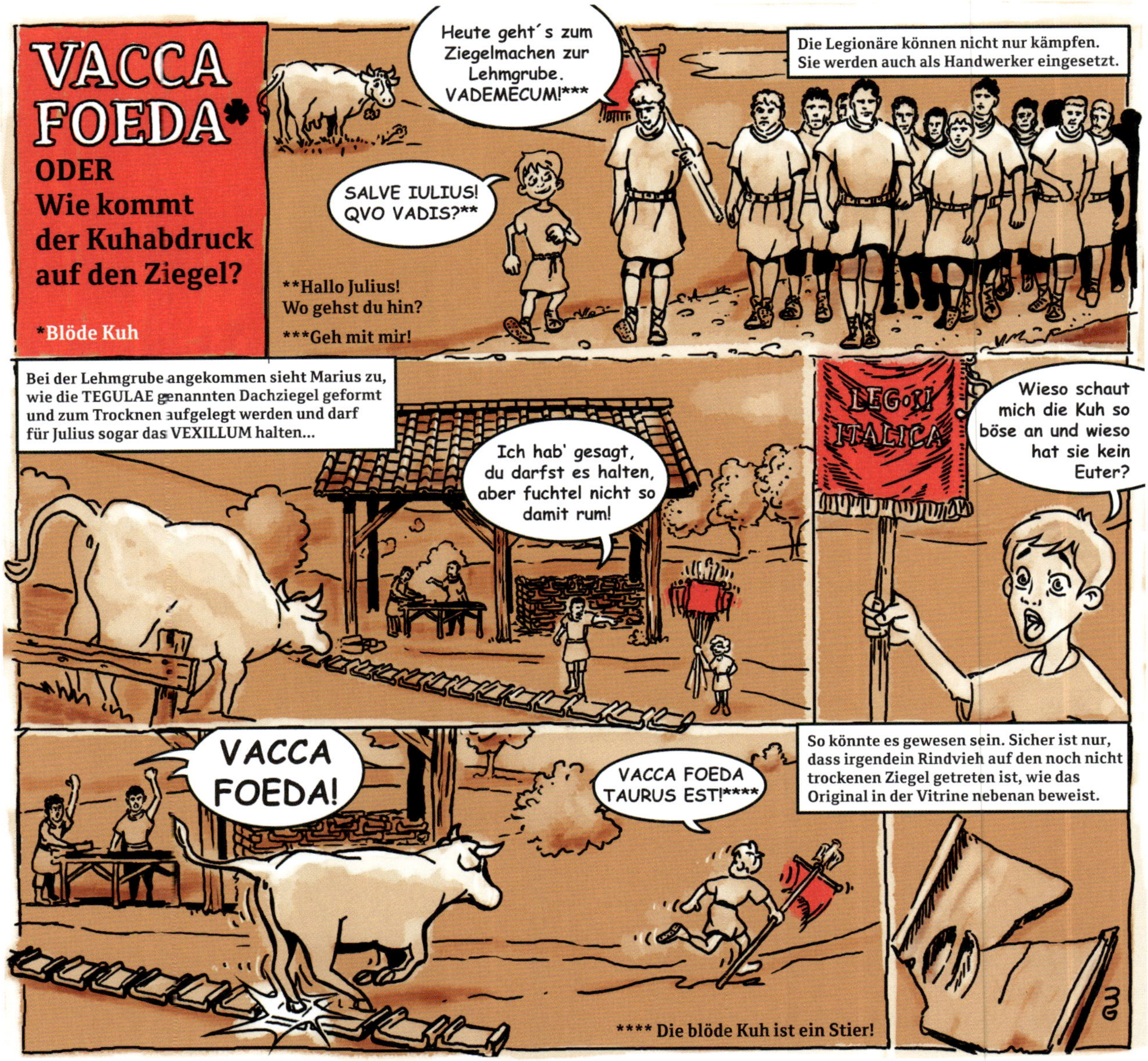

Wie kommt der Kuhabdruck auf den Ziegel?
Illustration: M. Gletthofer

einfachen Plattenziegels *(later)* zu sehen. Neben zwei Sohlenstempeln der *legio II Italica* ist der handschriftliche Vermerk *IIII Nonas Augusta[s] / Isauricus* eingeritzt. Die *Nonae* (der neunte Tag vor den Iden) fallen im August auf den 5. Die Zahlenangabe *IIII* gibt an, dass noch vier Tage bis dahin vergehen müssen. Die *Nonae* werden dabei mitgezählt. Somit handelt es sich um den 2. August. Bei Isauricus dürfte es sich um den Leiter des Ziegeleitrupps handeln. Interessant ist auch ein Plattenziegel *(later)* mit der Ritzinschrift *teg(ulae) a(-) p(-) p(-)?* Die Deutung ist zwar unsicher, das Graffito könnte aber mit *teg(ulae) a p(rimo) p(ilo)* aufzulösen sein. Damit könnte dieser Dachziegel von einem Arbeitstrupp unter dem Kommando des *primus pilus,*

Hufabdruck eines Rindes
auf einem Dachfalzziegel (*tegula*).
Museum Lauriacum – Foto: B. Schlag

dem ranghöchsten *centurio* der Legion, hergestellt worden sein. Auf den Arbeitsprozess dürften die Ritzungen auf einem weiteren Ziegel verweisen. Auf dem Gewölbeziegel sind vier Reihen mit verschiedenen Zahlengruppen eingeritzt (siehe unten). Diese Impressionen stammen nicht nur von einer, sondern von mindestens drei verschiedenen Personen. Vielleicht sind dabei die Arbeitsleistungen der Ziegeleiarbeiter bzw. des Ziegeleitrupps aufgelistet.

Auf vielen Ziegeln sind sog. Wischzeichen zu sehen. Diese weisen unterschiedlichste Formen auf, von einfachen Halb- oder Viertelkreisen bis zu komplexeren Mustern wie Schlaufen, die mit einem oder mehreren Fingern auf noch nicht gebrannten Ziegeln eingedrückt wurden. Die Funktion dieser Wischmarken ist nicht geklärt. Es könnte sich um Kennzeichnungen im Produktionsprozess gehandelt haben. Andererseits wurde vorgeschlagen, dass sie dazu dienten, das Regenwasser schneller vom Dach abzuleiten, da sie häufig an der Unterkante von tegulae auftauchen.

Eine weitere große Gruppe von „Impressionen" stellen Abdrucke von Menschen und Tieren dar. Während des mehrwöchigen Trocknungsprozesses vor dem Brand, kam es nicht selten vor, dass sich Mensch und/ oder Tier unbeabsichtigt mit Trittspuren auf einem noch weichen Ziegel verewigten. Dies zeigt auch, welche Tiere sich während des Herstellungsprozesses im Umfeld einer Ziegelei aufhielten. Häufig finden sich Hundepfoten oder Hufe von Schafen oder Ziegen. Seltener sind Katzen- oder Marderpfoten zu erkennen.

Ein außergewöhnliches Beispiel stellt eine im Legionslager von *Lauriacum*/Enns gefundene *tegula* dar. Auf ihr ist überdeutlich der Abdruck eines Rinderhufes zu sehen. Wie der verantwortliche Legionär auf diesen massiven Impakt reagiert hat, wissen wir natürlich nicht. Es ist aber durchaus möglich, dass ihm die Titelworte dieses Beitrags auf den Lippen lagen. Das Rind-vieh dürfte sich allerdings nicht mit dem ganzen Gewicht auf den Ziegel gestellt haben, sonst wäre die *tegula* wohl vollkommen unbrauchbar geworden. Oder hat sich da vielleicht jemand einen Scherz erlaubt?

ZAHLENGRUPPEN

Gewölbeziegel mit vier Reihen von Zahlengruppen: XLII, XXXII, XLII, XX, XXXX / XXX, XXX, XXX, LXXX / XXX, XL, XXX, LXXXX / XXX, XXX, XXXX – 42, 32, 42, 20, 40 / 30, 30, 30, 80 / 30, 40, 30, 90 / 30, 30, 40. Die Gesamtsumme beträgt 636 (Ziegel?). Die Ziffern sind nicht von derselben Hand, sondern von (drei?) verschiedenen Personen geschrieben worden. Vielleicht handelt es sich bei den waagrechten Zeilen – 176, 170, 190 und 100 – um die Tagesleistungen einzelner Ziegeleiarbeiter oder von Arbeiterpartien.

Museum Lauriacum
Foto: E. Grilnberger

ZIEGELEIEN IN NORDWEST-NORICUM

Im näheren Umfeld von Lauriacum/Enns sind einige Ziegeleien bekannt. Eine davon wurde in Fraham auf dem Areal eines römischen Gutshofes angetroffen, stellte also einen zivilen Betrieb dar. Der aus Ziegeln errichtete Brennofen wies eine Brennkammer mit einer Innenfläche von mindestens 9 m² auf und war damit für eine Gutshofsziegelei relativ groß. Vergleichbare Anlagen in Gutshöfen im Hinterland wie Oberschauersberg bei Wels, Hausham Pfaffing oder Neumarkt Pfongau waren mit Flächen zwischen 3,4 m² und 5,8 m² deutlich kleiner. Dies könnte ein Hinweis darauf sein, dass in Fraham nicht nur in erster Linie für den Eigenbedarf, sondern auch für den Verkauf produziert wurde. Mit den Siedlungen an der Donau waren jedenfalls potentielle Kunden vorhanden, die zudem auf dem Flussweg leicht beliefert werden konnten.

Römische Ziegelöfen in Wilhering, 1936.
Foto: G. Rath

Eine weitere Anlage zur Ziegelproduktion in St. Pantaleon-Erla weist ebenfalls eine zivile Komponente auf. Anhand der vor Ort gefundenen Stempel geht man davon aus, dass es sich ursprünglich um eine Privatziegelei (FIG SAB = Sabinianische Ziegelei oder Ziegelei des Sabinianus) handelte, die vielleicht nach der Stationierung der *legio II Italica* im dritten Drittel des 2. Jhs. in militärische Kontrolle überging. Möglicherweise handelte es sich dabei um ein Arrangement mit dem privaten Unternehmen, da in einigen Fällen der „alte" Name mitgeführt wurde (FIG LEG II ITAL SAB, gelegentlich mit Zusatzstempel VEN). Möglich wäre, dass der Ziegler als *salarius*, als Privatmann im Dienst des Heeres angestellt wurde. VEN könnte in diesem Zusammenhang für *vendere* (verkaufen) stehen und darauf hinweisen, dass ein Teil der Produktion (der über die vereinbarte Menge hinausging) privat verkauft werden durfte. Die Produktion lässt sich aufgrund des Stempels FIG LEG II ITAL SAB TEMP URSICINO V.P. DUC (Abb. S.45) bis in die Spätantike nachweisen. Ursicinus war, wohl unter Kaiser Valentinian I. (364–375 n. Chr.), *dux Pannoniae primae et Norici ripensis*. Bislang wurde ein Brennofen ausgegraben, der aus Bruchsteinen, Lehm und Ziegeln errichtet wurde und zwei Heizkanäle aufwies. Die Brennraumfläche betrug 14,5 m², was für einen militärischen Ziegelbrennofen relativ klein ist.

In Wilhering-Schönering, südlich der Donau am Fuße des Kürnberges, wurden zwei 4 m voneinander entfernt liegende Brennöfen untersucht, die Brennraumflächen von 21 m² und 38,5 m² aufwiesen. Sie wurden aus Granitsteinen in Mörtelbindung sowie aus Ziegeln gebaut. Die Ziegelei scheint den Stempeln nach ab dem Ende des 3. Jhs. und in der Spätantike in Betrieb gewesen zu sein. Sie steht, St. Pantaleon-Erla vergleichbar, mit der *legio II Italica* und dem *dux* Ursicinus in Verbindung, wie Stempel mit FIG LEG II ITAL AL TEMP URS(I) C(INO) V.P. DUC(E) zeigen. Als Auflösung für die Abkürzungen AL bzw. ALAR, die wohl für dasselbe stehen, wird *a(uxiliares) L(auriacenses)* bzw. *La(u)r(iacenses)* vorgeschlagen.

Eine weitere Militärziegelei liegt in St. Marienkirchen auf einer Hochterrasse am rechten Innufer. Es wurden zwei Öfen festgestellt, die aus luftgetrockneten Lehmziegeln errichtet wurden. Beide wiesen Brennraumflächen von mindestens 25 m² auf. Die Anlage dürfte im 2. und in der ersten Hälfte des 3. Jhs. in Betrieb gewesen sein. Auf vielen Ziegeln finden sich die Stempelabdrücke NVMER bzw. NVMB, was vielleicht mit NUM(ERUS) B(OIODURENSIS) oder B(OIODURENSIUM) aufgelöst werden kann. Es liegt zumindest nahe, dass eine kleine Einheit der flussaufwärts im nahen Kastell *Boiodurum* (Passau-Rosenau) stationierten Hilfstruppeneinheit hier Baumaterial herstellte. Außerdem wurden auch dort Ziegel mit diesen Stempeln gefunden.

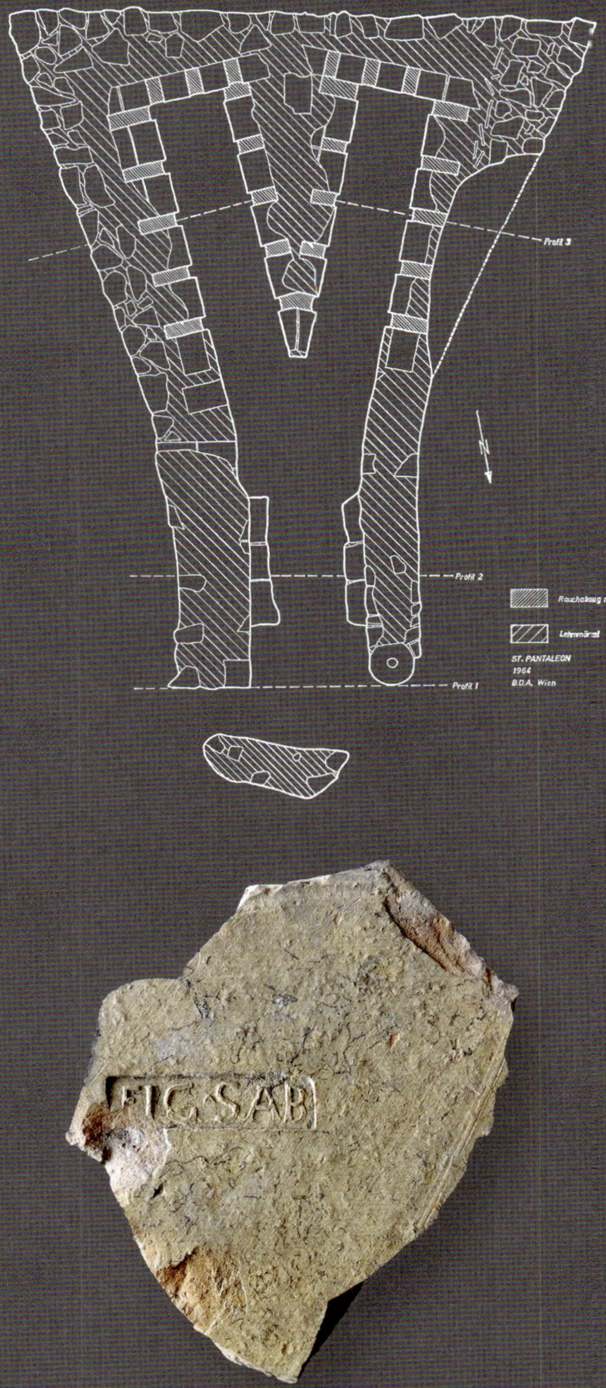

Grundriss eines Ziegelbrennofens in St. Pantaleon-Erla (Niederösterreich) und dort procuzierter Ziegel mit dem Stempel FIG(LINA) SAB(INIANA), (private) Ziegelei des Sabinianus.
Museum Lauriacum – Plan: BDA/H. Stiglitz, Foto: B. Schlag

MARCUS TULLIUS CICERO, ORATOR

„Wer nicht weiß,
was vor seiner Geburt geschehen ist,
wird auf immer ein
Kind bleiben.

Was ist das menschliche Leben wert,
wenn es nicht durch die Zeugnisse
der Geschichte mit dem unserer
Ahnen verwoben wird?“

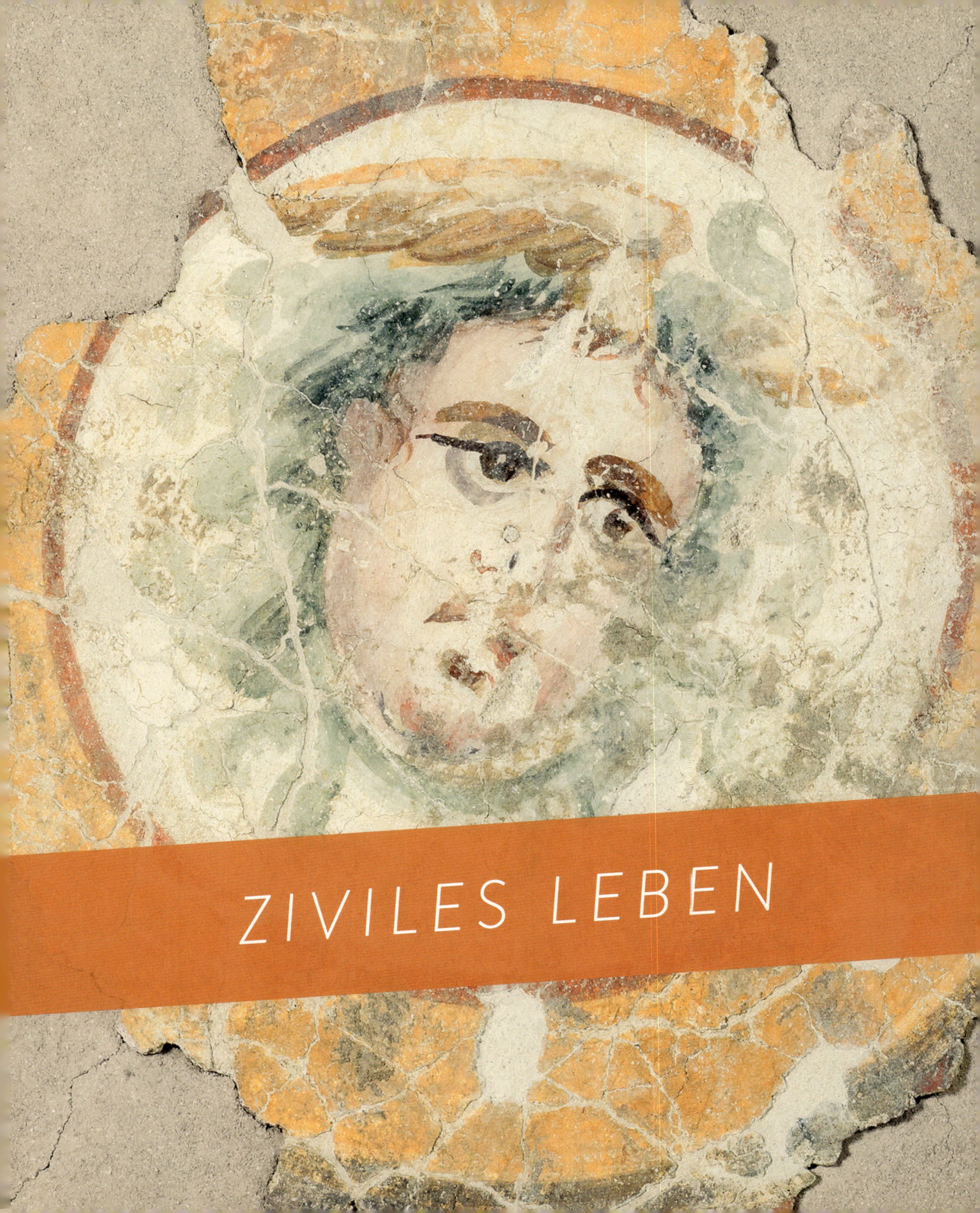

ZIVILES LEBEN

KLAUS FREITAG

DIE RÖMISCHEN SIEDLUNGSRÄUME

UM DAS LEGIONSLAGER VON LAURIACUM/ENNS

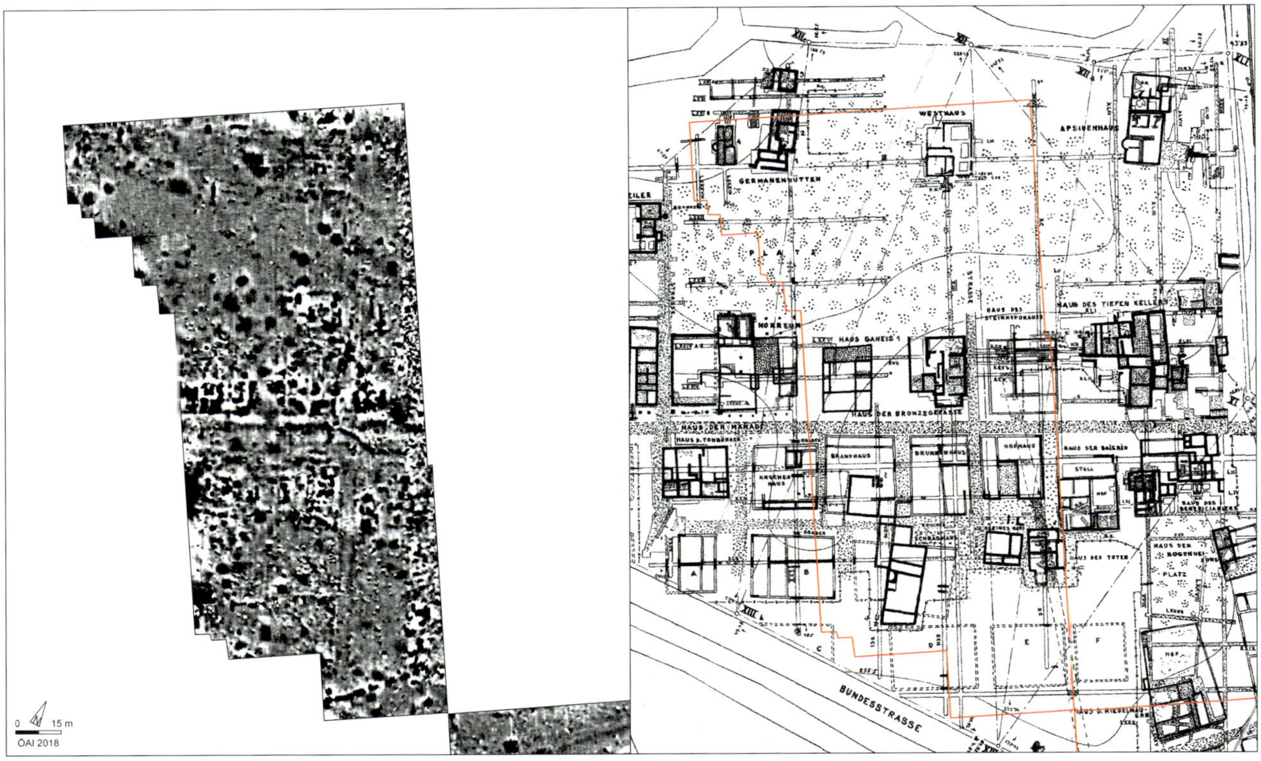

Abb. 1: Lauriacum/Enns, Laurenzifeld. Gegenüberstellung von Geophysik- und Grabungsdaten.
ÖAW/ÖAI

Die Stationierung der *legio II Italica* in Lauriacum/Enns brachte neben der Errichtung des Legionslagers eine weiträumige Erschließung des Umlandes mit sich. Archäologische Grabungen, die vor Bauvorhaben im expandierenden Siedlungsgebiet der heutigen Gemeinde Enns nötig und seit dem frühen 20. Jh. bis heute in hoher Intensität durchgeführt werden, ermöglichten bereits vielfältige Einblicke in die Struktur der Siedlung vor den Lagertoren sowie in die Lebenswelt ihrer Bewohner. Anders als beim Legionslager, das durch seinen Mauerring klar begrenzt ist, konnten die Grabungen allerdings keine ausreichenden Informationen zur Frage beitragen, wie weit sich die Siedlung erstreckte. Vor allem im Norden – im Bereich des sog. Lorcher Feldes – und gegen Westen Richtung Kristein befinden sich große Areale, die heute landwirtschaftlich genutzt werden und daher von archäologischen Bodeneingriffen noch nicht betroffen waren.

Genau diese Flächen wurden in den Jahren 2014 und 2015 von einem Team des Österreichischen Archäologischen Instituts (ÖAW/ÖAI) mittels moderner

Abb. 2: Lauriacum/Enns. Messungen mit Geomagnetik.
Foto: ÖAW/ÖAI

geophysikalischer Prospektionsmethoden untersucht. Dabei können archäologische Befunde ohne den viel zitierten Spaten – also ohne Grabung – aufgezeichnet und in einer Karte (Abb. 1) dargestellt werden. Insgesamt wurden 67,3 ha mit einem Magnetometer, welches sich besonders zur Dokumentation von Gruben und Gräben aber auch Mauern eignet, vermessen (Abb. 2). 3,2 ha wurden schließlich noch mit einem Georadar, das speziell der Erfassung von Steinstrukturen dient, untersucht.

Die Ergebnisse der geophysikalischen Prospektionen wurden mit den Plänen bis dahin erfolgter Ausgrabungen kombiniert, woraus ein neuer Gesamtplan von Lauriacum/Enns generiert werden konnte. Dieser ist hinsichtlich seiner Aussagekraft als einzigartig unter den bekannten Siedlungen um Legionslager einzustufen und ermöglichte neben der Bestimmung der Ausdehnung eine Behandlung weiterer archäologischer Fragen: Ähneln sich die Hausgrundrisse innerhalb der gesamten Siedlung oder sind differenzierte Zonen auszumachen? Sind alle Gebäude mit reinen Wohnzwecken zu verbinden oder wurden manche öffentlich, wirtschaftlich oder militärisch genutzt? Wie entwickelte sich die Siedlung?

Zur Zeit ihrer größten Ausdehnung in der ersten Hälfte des 3. Jhs. umfasste die Siedlung von Lauriacum/Enns etwa 85 ha (Plan Umschlagklappe hinten). Die Dimensionen werden durch Vergleiche deutlich: Während sich ein Fußballfeld auf 0,7 ha erstreckt, waren die Städte im römischen Britannien durchschnittlich 40 ha groß. Für die Siedlung um das Legionslager von Carnuntum – der pannonischen Provinzhauptstadt 40 km östlich von Wien – wird von 100 ha Fläche ausgegangen.

Innerhalb der maximal ausgedehnten Siedlung von Lauriacum/Enns sind insgesamt sechs Zonen mit unterschiedlicher Bebauung auszumachen (Abb. 3): Die westlich und südlich des Legionslagers auf einer erhöhten Schotterterrasse gelegenen Zonen 1 und 2 zeichnen sich durch größere Gebäude aus, die über

Abb. 3: Lauriacum/Enns. Forschungsraum im Überblick.
ÖAW/ÖAI

Wandmalereien und ausgedehnte Heizanlagen verfügten. Zone 1 beinhaltete ferner öffentliche Gebäude wie das Forum und die Thermen und stellt vermutlich jenen Bereich dar, der unter Kaiser Caracalla (211–217 n. Chr.) in den Rang einer Stadt *(municipium)* erhoben wurde, während die restlichen Areale weiterhin unter Militärverwaltung blieben *(canabae)*. Die an der westlichen Peripherie und im Norden gelegene Zone 3 ist durch eine Vielzahl an kleinflächigeren Gebäuden geprägt, die häufig neben den Wohnbereichen auch wirtschaftlich genutzte Strukturen umfassten. Während Zone 4 durch Grubenhütten und Erdkeller in Holz-Erde-Bauweise gekennzeichnet ist, beinhaltet Zone 5 zahlreiche Öfen. Zone 6 definiert schließlich den Bereich eines historisch überlieferten und durch die geophysikalischen Prospektionen endlich entdeckten römischen Hafens.

Gewaltsame Zerstörungen um die Mitte des 3. Jhs. markieren den Beginn einer rückläufigen Entwicklung, die schließlich zu einer vollständigen Aufgabe der Siedlung außerhalb der Lagermauern im späten 4. Jh. und der darauf folgenden Nutzung des sichereren Legionslagers als Siedlungsareal führte.

HELGA SEDLMAYER

EXTRA MUROS.

ZUM LEBEN UND ARBEITEN AUSSERHALB DER MAUERN DES LEGIONSLAGERS LAURIACUM

Abb. 1: Funde aus den nordwestlichen Canabae von Lauriacum/Enns: Panzerbüste, Gladiatorenminiatur, Reliefsigillataimport aus Rheinzabern.
Fotos: ÖAW/ÖAI

Eine umfassende Materialstudie widmet sich der antiken Alltagskultur und Ereignisgeschichte der *consistentes ad legionem*, also der bei der *legio II Italica* in Lauriacum/Enns ansässigen und bedarfsorientiert für die Versorgung der Truppe arbeitenden Bevölkerung. Die archäologisch-historische Analyse stützt sich auf die Bearbeitung von 15.295 signifikanten Fundobjekten aus Denkmalschutzgrabungen des Archäologie Services und von Archeonova der Jahre 2007 bis 2011 in Enns/Lorch auf dem Firmengelände Pfanner. Das ausschnitthaft untersuchte antike Siedlungsareal erstreckte sich auf 7.600 m² rund 430 m nordwestlich des Legionslagers Lauriacum. Mit Ankunft der zweiten italischen Legion erfolgte auf freiem Feld die streifenförmige Parzellierung des Baulands, das Teil der durch das Militär verwalteten Lagersiedlung, der sog. *canabae*, war. Innerhalb klar definierter Parzellengrenzen wurden während der älteren Periode Gebäude in Holzbautechnik errichtet. Nach einer Unterbrechung der Siedlungstätigkeit im zweiten Jahrzehnt des 3. Jhs. erfolgte eine Erschließung durch kleinräumige Gebäude auf Steinfundamenten. Wechselvoll war die

Geschichte dieses Platzes mit Höhepunkten einerseits in der spätantoninisch-frühseverischen Epoche (Periode 1, 170/180-210/220 n. Chr.) und andererseits von der spätseverischen Zeit bis zur Mitte des 3. Jhs. (Periode 2, 210/220-250/260 n. Chr.). Wahrscheinlich resultierte das abrupte Ende der Siedlungstätigkeit circa 250/260 aus einem gewaltsamen Übergriff, worauf für diesen Teil der *canabae* ein völliger Niedergang zu verzeichnen ist.

Abb. 2: Nordwestliche Canabae von Lauriacum/Enns: Produktpalette einer Töpferei.
ÖAW/ÖAI

In der rund 100jährigen Historie des Platzes spiegeln die materiellen Hinterlassenschaften auf vielfältige Weise die Blütezeit während der Regierungszeit der severischen Dynastie wider. Nuancenreich sind zahlreiche den Alltag bestimmende Faktoren zu dokumentieren, die Alphabetisierung und Schriftlichkeit, die Verehrung von *Roma aeterna*, die Loyalität der *consistentes ad legionem* zum Herrscherhaus, die allgemeine Militarisierung der Gesellschaft und die Rechtssicherheit sowie die Konsumation von Massengütern (Abb. 1).

Die Bewohner der *canabae* waren in unterschiedlichen Wirtschaftszweigen tätig, von der Töpferei über die Herstellung von Buntmetallobjekten bis hin zur Knochenschnitzerei und der Gerberei sowie der Weiterverarbeitung von Leder. In den ersten Jahrzehnten florierte in diesem Teil der Lagersiedlung eine *figlina*, also eine Keramikproduktion, die sowohl auf unterschiedliche Gattungen von Alltagsgeschirr spezialisiert war als auch auf die Herstellung von Spezialprodukten wie dekorative Kaminaufsätze, Lampen und auch kleine Terrakottafiguren von Vögeln (Abb. 2). In der Produktpalette lässt so manches Objekt darauf schließen, dass die Töpfer auch aus entfernten Regionen stammten. So sind unter den hergestellten Gefäßen solche zu finden, die verraten, dass sie wahrscheinlich durch einen Keramiker oder eine Keramikerin aus Mittelitalien geformt wurden. Zudem zeigt sich, dass die Kunst der Lampenproduktion durch zugewanderte Handwerker aus Aquileia vermittelt wurde. Für eine multikulturelle Mischung verschiedenster Einflüsse spricht, dass neben diesen aus Italien importierten Kenntnissen auch norische ostalpine Traditionen wirksam waren. So wurden qualitativ hochwertige

Abb. 3: Nordwestliche Canabae von Lauriacum/Enns: Ritzinschrift mit zweifacher Nennung von *Roma*.
ÖAW/ÖAI

feintonige Gefäße mit rotem Überzug und weißen Malmustern in keltischer Tradition ebenfalls in dieser Töpferei der Lagersiedlung gefertigt. Dass sich unter die Noriker und Italiker auch griechischstämmige Arbeiter mischten, zeigen die im Bereich der Werkstatt angetroffenen Ritzinschriften mit entsprechenden Namen. Solche zumeist auf Gefäßkeramik erhaltenen Kritzeleien sind eine äußerst interessante Informationsquelle für die Alltagskultur der *consistentes ad legionem*. Sie geben primär Einblick in die gebräuchlichen Namen der Bewohner, deren Alphabetisierung und deren Ausdrucksmöglichkeiten. Am meisten beeindruckt hier ein Graffito, das eine Anrufung von *Roma* festhält, und dies in zweifacher Ausführung. Einerseits ist ein Schriftzug eingeritzt, der hochqualitativ als Vorlage

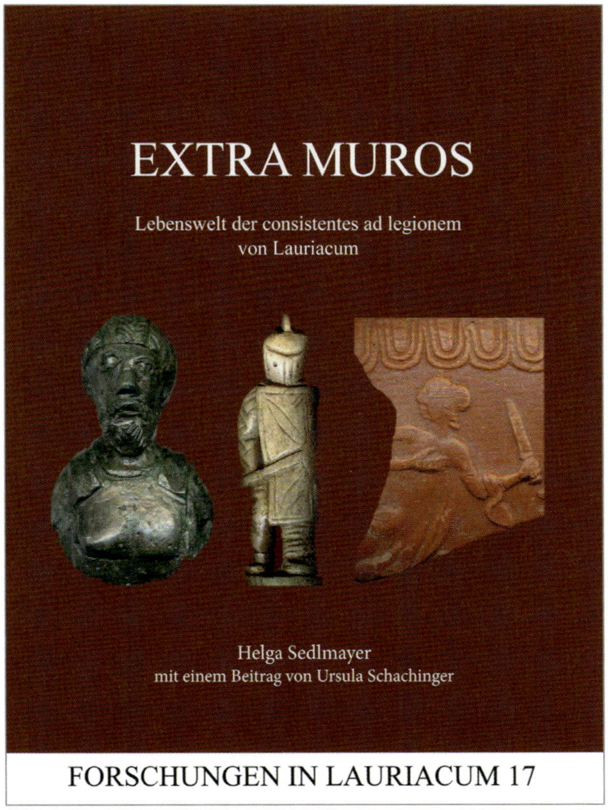

H. Sedlmayer, Extra muros.
Lebenswelt der consistentes ad legionem von Lauriacum.
Forschungen in Lauriacum 17 (Linz 2018).

für die darauffolgende Schreibübung diente (Abb. 3). Die Kopie der Vorgabe ist wenig gekonnt mit unsicherer Hand ausgeführt und zeigt die ersten fahrigen Versuche auf dem Weg zur Schriftlichkeit. *Roma aeterna* als Ziel der Wünsche war also bereits in den ersten Schritten zur Alphabetisierung der Bewohner der *canabae* ein primär bedeutsamer und prägender Begriff und dürfte gleich nach dem ABC einstudiert worden sein.

Dies und vieles andere mehr ist Teil der Projekt-Ergebnisse zur antiken Lebenswelt *extra muros* von Lauriacum/Enns mit tiefen Einblicken in die römische Sach- bzw. Alltagskultur am westnorischen Limes während des späteren 2. und der ersten Hälfte des 3. Jhs.

Abb. 4: Nordwestliche Canabae von Lauriacum/Enns: gekritzelte Namen.
ÖAW/ÖAI

STEFAN TRAXLER

IN BESTER LAGE, BUNT BEMALT

RÖMISCHE WOHNKULTUR

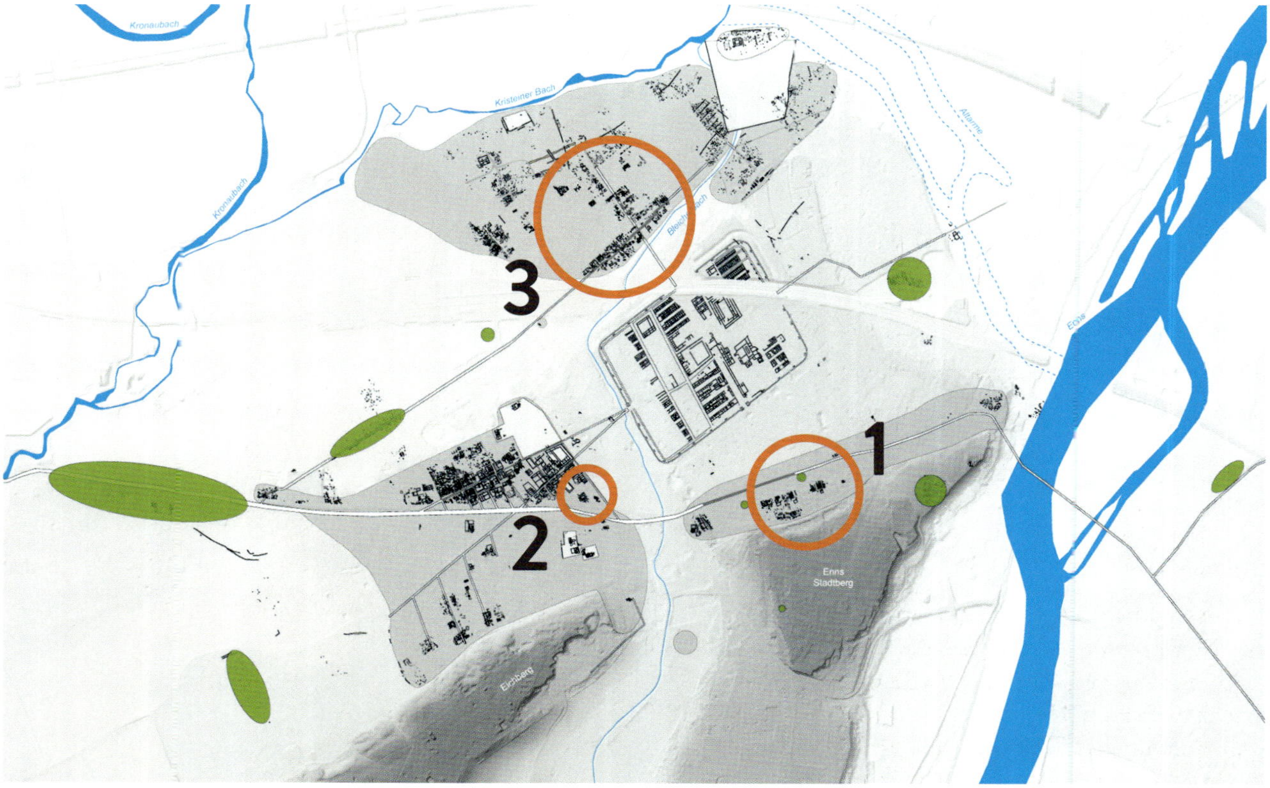

Lauriacum im 3. Jh.; drei Grabungsareale in den zivilen Siedlungsbereichen sind markiert:
1. An der Limesstraße, 2. Haus der Medusa, 3. An der Nordumfahrung
ÖAW/ÖAI

Die Projekte des Österreichischen Archäologischen Institutes (ÖAI) zu den Siedlungsräumen um das Legionslager von Lauriacum haben viele neue Erkenntnisse gebracht. Mit der Vorlage der Befunde und Funde auf den Pfanner-Gründen ist erstmals in der über 160jährigen Forschungsgeschichte von Enns ein Großgrabungsprojekt in seiner Gesamtheit publiziert worden. Die Funde gewähren tiefe Einblicke in das Alltagsleben einer Siedlung bei einem römischen Legionslager. In den Depots schlummern noch etliche weitere Fundensembles mit ähnlichem Potential. Alleine die Bearbeitung der Bestände aus den sog. Zivilstadtgrabungen des OÖ. Landesmuseums und des ÖAI in den 1950er- und 1960er-Jahren würde etliche Bücher füllen und uns neue Erkenntnisse zum Leben am Donaulimes liefern. In den vergangenen zwei Jahrzehnten haben neben den Pfanner-Grabungen drei Grabungsprojekte besondere Aufmerksamkeit erregt.

Sie werden hier summarisch vorgestellt.

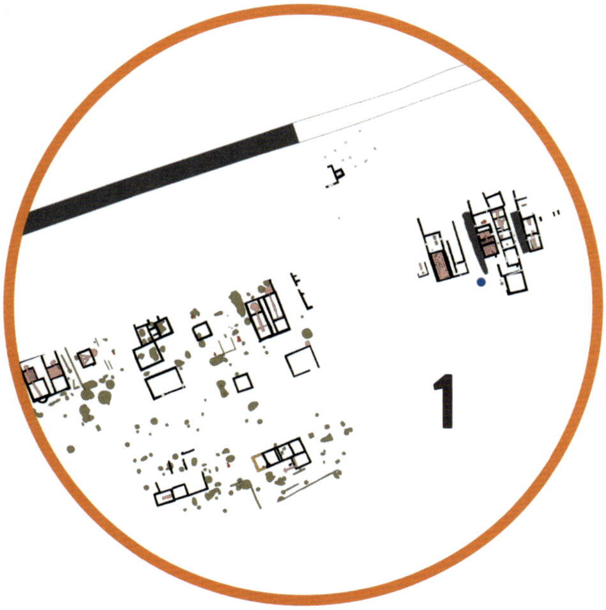

An der Limesstraße, Ausschnitt aus dem Grabungsplan.
ÖAW/ÖAI

AN DER LIMESSTRASSE

Zwischen dem auslaufenden Nordhang des Ennser Stadtberges und der Stadlgasse erstrecken sich die „Plochbergergründe“. Die Stadlgasse deckt sich in diesem Bereich mit der sog. Limesstraße. Durch eine ca. 220 m lange Stichstraße, die von dieser Hauptverkehrsachse zum rechten Lagertor *(porta principalis dextra)* führt, ist eine direkte Anbindung zum Legionslager gegeben. Durch Wohnungsbauten bedingt, werden hier in den 1970er-Jahren und 2013/14 großflächige Ausgrabungen durchgeführt, die weitreichende Erkenntnisse über dieses besondere Areal liefern und außerdem eine große Menge und auch wertvolle Funde zu Tage fördern. In der zweiten Hälfte des 1. Jhs. entsteht entlang der Straße ein Gräberfeld, das der frühen Brückenkopfsiedlung (Straßenstation?) zuzurechnen ist. Siedlungsaktivitäten sind ab der zweiten Hälfte des 2. Jhs. bis ins 4. Jh. festzustellen. Auf die alten Gräber wird bei der Siedlungserweiterung offensichtlich Rücksicht genommen. Ab der zweiten Hälfte des 4. Jhs. entsteht zwischen der Limesstraße und dem Legionslager das bedeutende Gräberfeld „Ziegelfeld“. Die Siedlungstätigkeit auf den Pochbergergründen findet vermutlich schon davor ihr Ende, wie auch einige spätantike Bestattungen andeuten.

In den 1970er-Jahren wird in mehreren Grabungskampagnen der östliche Bereich der Plochbergergründe untersucht. Das Deckenfresko von „Haus B“ und viele herausragende Fundobjekte, wie etwa der tanzende Lar, zeigen, dass es sich hierbei um Gebäude handelt, die einer wohlhabenden Bevölkerungsschicht zuzurechnen sind.

2013/14 wird – wiederum im Vorfeld eines Wohnbauprojektes – der westliche Bereich der Plochbergergründe ausgegraben. Die dabei untersuchten zwölf Gebäude orientieren sich zum Großteil an der Limesstraße. Die Bausubstanz ist durch die lange landwirtschaftliche

Tanzender Lar:
Dieser Schutzgeist der Familie/des Hauses wurde auf den Plochbergergründen gefunden.
Museum Lauriacum – Foto: E. Grilnberger

Deckenfresko von „Haus B“ auf den Plochbergergründen mit mythologischer Darstellung im zentralen Medaillon.
Museum Lauriacum – Foto: Ch. Goldmann

An der Limesstraße – Ausgrabung Plochbergergründe 2014.
Fotos: Archeonova

Nutzung des Areals und durch nachantiken Steinraub stark dezimiert. Dennoch werden große Massen an Funden geborgen, die Einblicke in den römischen Alltag gewähren. Das Fundmaterial wird zumindest teilweise im Rahmen von Diplomarbeiten an den Universitäten Salzburg und Wien bearbeitet.

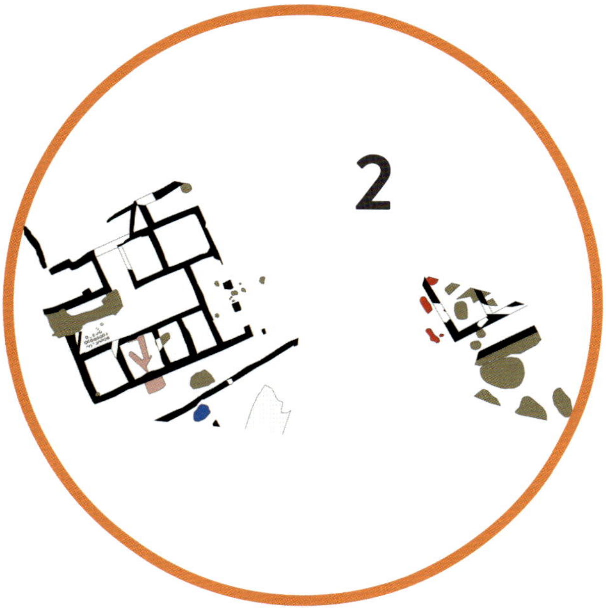

Haus der Medusa, Ausschnitt aus dem Grabungsplan.
ÖAW/ÖAI

DAS HAUS DER MEDUSA

Das sog. Haus der Medusa befindet sich in prominenter Lage südwestlich des Legionslagers und nördlich der sog. Limesstraße. In den Jahren 2000 und 2001 werden hier Ausgrabungen auf dem Gelände der Firma Eisenbeiss durchgeführt. Dabei wird ein unglaubliches Ensemble aus Wand- und Deckenmalereien entdeckt. In einer ersten Phase steht hier ein einfacher Holzfachwerkbau, der durch ein Steingebäude ersetzt wird. Das Herausragende an diesem Gebäude ist die Innenausstattung von zwei benachbarten, repräsentativen Räumen. Die während der Ausgrabung en bloc geborgenen Fresken sind seit 2012 in mühsamer Kleinarbeit im Bundesdenkmalamt restauriert worden. Als echte Sensation sind die bis zu vier übereinander liegenden Malschichten zu bezeichnen, die quasi einen römischen „Tapetenwechsel" dokumentieren. Dadurch lässt sich der Wandel von Stilrichtungen und Modetrends in der Malerei des späten 2. und 3. Jhs. nachvollziehen. Benannt ist das „Haus der Medusa" nach der dort mehrfach dargestellten Gorgo Medusa, die dem Mythos nach durch ihren Blick Menschen in Stein verwandeln kann und schließlich vom Helden Perseus getötet wird. Der Kopf der Medusa kommt in der Antike häufig als Unheil abwehrendes Motiv zum Einsatz.

Eine Multimediastation, ein Modell sowie ein Film zur Entdeckung, zur Restaurierung und mit einer anschließenden 3D-Rekonstruktion helfen dabei, diesen herausragenden Komplex im Museum zu vermitteln. Die Familie Burgholzer von der Firma Eisenbeiss hat ihren Hälfteanteil an dem Fundensemble dem Museumsverein Lauriacum übertragen, wofür ihr besonderer Dank gebührt.

M. Santner (Hrsg.), Das Haus der Medusa. Römische Wandmalerei in Enns. Fokus Denkmal 8 (Horn-Wien 2017).

Zwei Darstellungen der Gorgo Medusa.
BDA & Museum Lauriacum – Fotos: BDA

Restaurierung der Fresken aus dem „Haus der Medusa“ in den Werkstätten des Bundesdenkmalam-tes im Arsenal in Wien.
Fotos: BDA

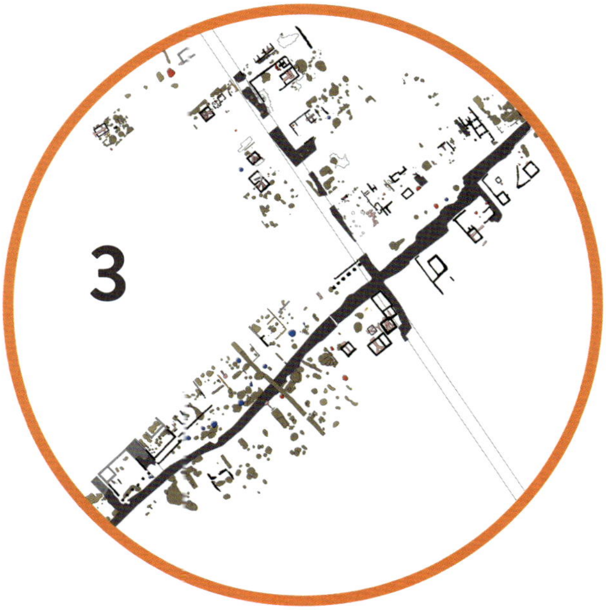

An der Nordumfahrung, Ausschnitt aus dem Grabungsplan.
ÖAW/ÖAI

AN DER NORDUMFAHRUNG

In den Jahren 2003–2006 und 2015 hat die Firma Büsscher & Hoffmann großflächige Ausgrabungen auf ihrem Firmenareal beauftragt, um die geplante Standortentwicklung vorantreiben zu können. Entlang einer von Nordosten nach Südwesten verlaufenden Straße erstrecken sich zahlreiche Gebäude. Der weitere Straßenverlauf konnte im Rahmen des Geophysikprojekts des ÖAI sowie durch Luftbilder vervollständigt werden. Sie verläuft parallel zum Legionslager, erschließt die Siedlungsbereiche und die stark wirtschaftlich geprägte Zone im Norden und mündet im Südwesten, begleitet von einem Gräberfeld, in die sog. Limesstraße. Zudem hat diese Straße durch eine Stichstraße aus dem linken Lagertor *(porta principalis sinistra)* eine direkte Anbindung zum Legionslager. Die Bedeutung als eine der Hauptverkehrsachsen von Lauriacum liegt auf der Hand. Im Zuge des „Tags der offenen Ausgrabung" 2015 wird sie erstmals als „römische Nordumfahrung von Enns" bezeichnet. Die Straße aus dem Lager und zusätzliche Stichstraßen führen von ihr weiter in die nördliche Siedlungszone. Die Gebäude direkt an der Straße, denen vermutlich sowohl Wohn- als auch Wirtschaftsfunktion zukam, hatten teilweise überdachte Portiken. Die Kunden mussten an dieser Geschäfts- und Lokalzeile also auch bei Schlechtwetter nicht im Regen stehen.

Ein Gebäude („Haus 3") ist 2015 nur oberflächlich freigelegt worden. Bei der im September und Oktober 2018 stattfindenden Schaugrabung auf dem Gelände der Firma Büsscher & Hoffmann wird diese *taberna* (Haus mit Ladenfront) vollständig ausgegraben. Die Gäste können hier den ArchäologInnen bei der Arbeit über die Schulter schauen und live dabei sein, wenn neue Erkenntnisse zum Leben in Lauriacum gewonnen werden.

Die Ladenstraße an der römischen Nordumfahrung hat das Kuratorenteam inspiriert, dieses Thema im größten Ausstellungsraum des Museums (im 2. OG) aufzugreifen. Hier wird das römische Alltagsleben in einem Legionsstützpunkt an der Donaugrenze des Imperium Romanum vorgestellt. Und der Film zur Landesausstellung „Korn und Wein für die Legion. Auf der Donau nach Lauriacum." beginnt und endet hier, wo wir auch die Taberna der Iulia Severio und des Seccius Secundinus angesiedelt haben (Beitrag ab S. 32 u. 154).

An der Nordumfahrung. „Haus 3" wird im Herbst 2018 im Rahmen einer Schaugrabung vollständig freigelegt.
Foto: ARDIG

An der Nordumfahrung – Ausgrabung Büsscher & Hoffmann 2015.
Foto: ARDIG

BERNHARD SCHLAG

GETREIDE, AUSTERN UND WEIN

DE GUSTIBUS NON EST DISPUTANDUM

Zerhackte Speiche eines Hausrindes aus Lauriacum (Kalkbrennofen 9).
OÖ. Landesmuseum – Foto: R. Gold/Universität Wien

Fleischermesser mit massiven Schlagspuren am Klingenrücken aus Lauriacum.
OÖ. Landesmuseum – Foto: E. Grilnberger

ÜBER GESCHMÄCKER LÄSST SICH NICHT STREITEN

Über die frühe römische Küche ist schnell berichtet, da sie sehr kärglich war. Hauptnahrungsmittel war die *puls,* eine Getreidespeise in Form von Brei, Polenta oder Fladen mit saisonalem Gemüse. Diese auf Getreide basierende Ernährung der römischen Zivilbevölkerung und des Militärs blieb über die Jahrhunderte bestehen und landwirtschaftliche Betriebe garantierten die Versorgung von Truppe und Zivilbevölkerung. Der römische Dichter Plautus bezeichnete seine Landsleute in seinen Komödien (Mostellaria, 828 und Poenulus, 54) gar als Breifresser *(pultiphagi).*

Neben saisonal und regional bedingtem Gemüse hatte Fleisch seinen festen Platz auf den Tischen der Römer. Für die Verwertung von Rindfleisch gibt es nur wenige Rezepte in den antiken Quellen. Ein ganz anderes Bild zeigt jedoch die große Menge an Rinderknochen mit eindeutigen Bearbeitungsspuren von Messern oder Beilen. (Beitrag ab S. 112) Neben dem Rind stand das Schwein an erster Stelle der Fleischnahrung, gefolgt von Geflügel aller Art und zuletzt dem Wildbret. Trotz einer vermeintlichen Vorliebe für Meeresfische sorgten sicher die fischreichen Seen und Flüsse in der Region für Abwechslung auf der Speisekarte. Die Netzfischerei ist ebenso belegt wie das Angelfischen mit Haken oder die Jagd mit Fischgabeln. Das wenige

Fleischhaken.
Museum Lauriacum –Foto: E. Grilnberger

Fundmaterial an Fischresten liegt nicht nur an der geringen Größe, sondern auch an der Weiterverwertung als Futter für Katze und Hund.

Unerlässlich für die Zubereitung der Speisen war, neben einer großen Zahl von Kräutern und Gewürzen, die Fischsauce *(garum/liquamen)*, das „Ketchup der Antike". Zur Herstellung wurden Fische einschließlich ihrer Innereien mit Salzlake vermischt und längere Zeit in offenen Becken der Sonne ausgesetzt. Nach dem Gärungsprozess wurde das ausgepresste Gemisch mehrfach gefiltert, in Amphoren abgefüllt und in das gesamte Imperium verhandelt.

Mit der ständigen Expansion Roms vom Dorf zum Imperium gelangten immer mehr exotische und neue Einflüsse in die Küchen der wohlhabenden Römer. Weder gesellschaftskritische Autoren, noch kurzfristige staatliche Eindämmungsversuche konnten den aufkeimenden Küchenluxus der Oberschicht bremsen. Die Maxime der Reichen, je exotischer und teurer, desto beliebter, förderte die entsprechende Nachfrage und brachte einen Wirtschaftsaufschwung. Der Handel mit den entferntesten Ländern blühte und Mastbetriebe, Plantagen, Austernparks, Fischzuchten usw. wurden eingerichtet. Auch in den Provinzen wollte man auf diesen kulinarischen Luxus nicht verzichten. Erhalten gebliebener Küchenabfall, wie Austern- und Muschelschalen, Weinbergschneckenhäuser und Dattelkerne belegen auch für die Bewohner Noricums einen „exquisiten Gaumen", obwohl derartige Genüsse ihren Preis hatten.

CULINA – DIE KÜCHE

Die Küche galt in der gehobenen Gesellschaft als Arbeitsplatz, in der die Speisen zubereitet wurden. Gekocht und gebraten wurde auf dem Rost, in Kesseln und mit Backplatten auf eisernen Dreibeinen über dem

SCHÖN GESTEMPELT

Kleines, lebkuchenartiges Gebäck aus Brot- und Kuchenformen mit figürlichen Darstellungen wurde meist als Festgeschenk oder Votivgabe verwendet. Neben mythologischen und erotischen Motiven waren Szenen aus Theater und Zirkus sowie der Kaisersymbolik beliebt.

Kuchenmodel – frei geformte Tonscheibe mit flachem Relief: Ansprache eines Kaisers an seine Soldaten *(adlocutio)*.
Museum Lauriacum
Foto: E. Grilnberger

offenen Feuer. Die Gefäßformen für Kochgeschirr und Vorratsgefäße umfassten ein breites Spektrum an Tellern, Platten, Schüsseln, Töpfen, Deckeln, Vorratsgefäßen und Sieben. Für die vielfältigen Bedürfnisse in der Küche kamen neben Ton- auch Bronzegefäße zum Einsatz. Wer es sich leisten konnte, besaß ein eigenes Speisezimmer *(triclinium)*, dessen Tisch(e) nicht nur mit erlesenen Gerichten, sondern auch mit teurem Ess- und Serviergeschirr glänzte(n). Neben den Fingern verwendete man auch Löffel und Messer zum Essen.

Backplatte auf Dreifuß.
Museum Lauriacum – Foto: E. Grilnberger

Die einfache Bevölkerung nahm ihre Mahlzeiten in der Regel außerhalb ihrer Wohnungen zu sich. Kleinere und größere Garküchen und Gasthäuser finden sich in jedem römischen Ballungszentrum. So darf man davon ausgehen, dass in den mehrfach nachgewiesenen *tabernae* (Häuser mit Ladenfronten) in Lauriacum/Enns unter anderem auch gekocht, getrunken und gegessen wurde.

VINUM – WEIN

Wo und ab wann im heutigen Österreich Wein angebaut wurde, ist trotz einiger Anmerkungen in der antiken Literatur nicht gesichert. Billige Landweine wurden für den schnellen Verbrauch gekeltert, da sie nur sehr begrenzt haltbar waren. Fragmente von Wein-

Kanne und (Dellen-)Becher.
Museum Lauriacum – Foto: E. Grilnberger

amphoren belegen aber, dass man auch in der Provinz nicht auf einen guten Tropfen aus Italien, Spanien oder Südfrankreich verzichten musste. Echte römische Qualitätsweine erlangten erst nach Jahren ihre Reife.

SCHNELL GERIEBEN

Neben Steinmörsern dienten Reibschüsseln mit rauem Steinchenbelag auf der Innenseite zum Zerreiben von Gewürzen und Kräutern sowie zum Anrühren von Pasten und Soßen mittels eines Stein- oder Holzstößels.

Reibschüssel.
Museum Lauriacum
Foto: E. Grilnberger

Terra Sigillata – Tafelgeschirr.
Museum Lauriacum – Foto: E. Grilnberger

Bekannt ist vor allem der Falerner, der im Norden Kampaniens angebaut wurde und seine optimale Reife mit 15 Jahren erreichte. Um die Lagerfähigkeit zu verbessern, versetzte man den Wein mit Harz. In der Regel wurde Wein mit Wasser gemischt getrunken. Üblich war ein Teil Wein auf zwei oder drei Teile Wasser. Entsprechend benötigte der Weingenießer nicht nur Kanne und Becher, sondern auch spezielle Siebgefäße, um die Zusätze herauszufiltern.

Dessert- und Gewürzweine waren ebenfalls beliebt, da dadurch der ursprünglich herbe Geschmack und die Stärke des Weines gemildert wurden. Besonders ungesund war der Einsatz von Bleizucker, um den Geschmack von minderwertigen Weinen angenehmer zu machen: Gesüßt wurde mit *sapa,* einem sirupartigen Konzentrat von Traubenmost, das in Bleigefäßen gekocht und dadurch hochgradig kontaminiert Verwendung fand.

Bierkonsum wurde im mediterranen Raum nicht besonders geschätzt. Dementsprechend wird Bier in der römischen Literatur kaum erwähnt. In den nordwestlichen Provinzen erfreute sich hingegen Bier großer Beliebtheit. Nachgewiesen ist das Vermälzen von Weizen, Gerste und Dinkel. Vielleicht wurde bei der Fermentierung Hefe eingesetzt. Hopfen als Zusatz ist nicht belegt, wohl aber Honig, Salz, Eichenrinde, Kräuter und Gewürze, um den Geschmack bzw. die Haltbarkeit zu verbessern. Zur Verstärkung der Wirkung wurden bewusstseinsverändernde Pflanzen wie Bilsenkraut oder Stechapfel zugesetzt. Das Endprodukt war nicht lange haltbar, wurde daher nur in kleinen Mengen hergestellt und direkt vor Ort konsumiert.

Bierschaum wurde von Frauen als Gesichtspflegemittel verwendet. Außerdem nutzte man den Schaum, der beim Brauen entstand, als Treibmittel beim Brotbacken.

Siebgefäß zum Mischen von Wein.
Museum Lauriacum – Foto: E. Grilnberger

Bronzesieb
Museum Lauriacum – Foto: E. Grilnberger

Römische Speisen für die Dreharbeiten zum Landesausstellungs-Film „Korn und Wein für die Legion. Auf der Donau nach Lauriacum“ zubereitet von Eva Weinlinger und Bernhard Schlag.
Fotos: St. Traxler

BERNARDUS PLAGA

LUCULLISCHE GENÜSSE

IN SECCIS VETERANENSTUBE

Der *Mercurius Lauriacensis* war live dabei: Fulminante Eröffnung der Taberna von Iulia Severio und Seccius Secundinus an der Nordumfahrung in Lauriacum

Einen Steinwurf vom linken Lagertor entfernt hat Seccis Veteranentreff eröffnet. Das ambitionierte Familienunternehmen ließ sich bei der Eröffnung nicht lumpen – Lucullus und Apicius wären wohl vor Neid in den *Danuvius* gesprungen!

Zu Beginn gleich ein erster Höhepunkt: Als Vorspeise gab es *in ovis hapalis,* Eier mit Pinienkernen sowie *cammari,* die besten Krebse aus unseren Flüssen.

Salve, Campania! Es folgte *epityrum,* ein gemischter Salat mit herrlichen Oliven aus der geliebten Heimat, dazu die süßesten *uvae,* Trauben, die man sich erträumen kann. Das Spannferkel *porcellum laureatum* war zarter als ein Musenkuss und bei der Soße wurde nicht an *piper* und *mel,* Pfeffer und Honig, gespart.

In der *puls fabata* musste man vor lauter Speck das Getreide und die Bohnen suchen. Auf Fische von nah und fern folgte exquisites Pilzgemüse mit gefüllten Kürbissen – *fungi farnei et cucurbitas farsiles.*

Eine kurze aber heftige Duftwolke, die selbst dem Blick der Medusa standgehalten hätte, kündigte das *moretum* an, die allseits beliebte Knoblauchpaste. Dazu wurde frisch von der Backplatte Mostbrot mit echtem Traubenmost, *mustaceus,* und Militärbrot, *panis militaris* kredenzt.

Eine gemeinsame Spende an die Götter mit dem obligaten Opferbrot, dem *libum,* und ein letzter Schluck des vollmundigen Trentiners von *Essimnus* beendeten ein wahres *culinarium.*

Bernardus Plaga vom Ennser Merkur verleiht der *taberna* von Iulia Severio und Seccius Secundinus drei *coronae laureae.*

BERNHARD SCHLAG

VENUS ODER HUND

DIE WÜRFEL SIND GEFALLEN

Spielstein mit Hörneraltären.
Museum Lauriacum – Foto: E. Grilnberger

Zu allen Zeiten und in allen Kulturkreisen spielen und spielten Kinder – und nicht nur Kinder. Auch im Leben der Erwachsenen stellt das Spielen einen festen Bestandteil dar. Es gehört zum Alltag, genauso wie die Arbeit. So verbringen die Römer ihre arbeitsfreie Zeit *(otium)* gerne beim gemeinsamen Spiel. Gerade den Legionären bringt das Spiel, bevorzugt das Würfelspiel, Abwechslung in den oft eintönigen Alltag. Glücksspiele um Geld sind eigentlich verboten, aber ein optimaler Wurf, dreimal Sechs *(venus)*, entgegen dreimal Eins einem *canis*, einem Hundswurf, füllt so manch einem Legionär den Geldbeutel.

Das archäologische Fundmaterial belegt nur einen geringen Teil des römischen Spielspektrums, da Fang- und Laufspiele oder zum Spielen umfunktionierte Gebrauchsgegenstände überhaupt nicht fassbar sind. Das meiste Spielzeug für Kinder besteht zudem aus leicht zu besorgendem organischen und damit vergänglichen Material. So erhalten sich Nüsse für Wurf- und Treffspiele, Stoff und Holz für Puppen oder Schweins- und Rinderblasen für Bälle nur selten. Nüsse lassen sich dabei generell wie *astragali* (Knöchelchen aus den Sprunggelenken von Schaf oder Ziege) im Fundmaterial nicht/kaum als Spielzeug erkennen. Für beide sind aber diverse Spielvarianten überliefert. Besser steht es um Murmeln *(murmures)*, Würfel *(alea)*, Spielsteine *(latrunculi)* und Spielbretter, die häufig im Fundmaterial auftauchen. Würfel und Spielsteine werden aus Bein, Blei, Bronze, Stein, Glas und Ton hergestellt. Bekannt sind auch exklusive Varianten aus Elfenbein, Bergkristall, Bernstein und Gold.

Sowohl aus dem Lagerbereich, als auch aus der Zivilsiedlung von Lauriacum sind Spielsteine und Würfel aus buntem Glas oder Bein bekannt. Besonders erwähnenswert ist ein Spielstein, der auf der Vorderseite drei Hörneraltäre, auf der Rückseite die lateinische und griechische Ziffer 5 und das griechische Wort ΒΩΜΟΙ –

Tierminiaturen: Hund, Hahn, Huhn und Eber.
Museum Lauriacum – Foto: E. Grilnberger

Fragment eines Spielbretts aus Kalkstein und diverse Spielsteine aus Bein und Glas.
Museum Lauriacum – Foto: E. Grilnberger

„Altäre" zeigt. Die vermutlich alexandrinische Arbeit könnte zu einem in der römischen Kaiserzeit beliebten Brettspiel gehören, dem Zwölflinienspiel *(ludus duodecim scriptorum)*. Zu diesem gehören drei Würfel und pro Spieler 15 Steine, die von I bis XV durchnummeriert sind und auf der Rückseite unterschiedliche Bilder zeigen. Für ein nicht näher zu benennendes Spiel dient das Kalksteinfragment eines Spielbrettes mit zwei Feldern aus konzentrischen Kreisen, das im Legionslager gefunden worden ist.

Hauptsächlich als Grabbeigaben in Kindergräbern kennt man Miniaturen von Tieren, Soldaten, Gladiatoren und Alltagsgegenständen aus Keramik oder Metall. Es ist davon auszugehen, dass diese zu Lebzeiten als Spielzeug verwendet wurden. Das Alltagsleben der Erwachsenen nachzuahmen, gehört damals wie heute zu den beliebtesten Beschäftigungen von Kindern, sei es um der stärkste Gladiator, der ruhmreichste Legionär oder die beste Gastgeberin/der beste Gastgeber zu sein. Mit entsprechendem Spielzeug lassen sich diese Phantasien im Kleinen ausleben und sind eine Vorbereitung für das Erwachsensein.

Würfel aus Bein.
Museum Lauriacum – Foto: E. Grilnberger

BERNHARD SCHLAG

IUPITER, IUNO, MINERVA

UND DIE ÜBRIGEN GÖTTER UND GÖTTINNEN

Weihealtar für die capitolinische Trias und
alle übrigen Götter und Göttinnen.
Basilika St. Laurenz – Foto: blickwerk/M. Zauner

I(OVI) O(PTIMO) M(AXIMO)
IUNONI | REG(INAE)
MINERVAE | AUG(USTAE)
CETERISQUE |
D(IS) D(EABUSQUE)
Q(UINTUS) AEL(IUS) RESTU|TUS
V(IR) P(ERFECTISSMUS)
A(GENS) V(ICES) P(RAESIDIS)
V(OTUM) S(OLVIT) |
L(IBENS) L(AETUS) M(ERITO)

„Dem besten und größten Iupiter,
der Königin Iuno,
der erhabenen Minerva,
den übrigen Göttern und Göttinnen
hat Quintus Aelius Restutus,
der vortrefflichste Herr,
tätig in Vertretung des Statthalters,
sein Gelübde gerne, freudig und
nach Verdienst eingelöst“.

Die Römer glauben an das Lenken der Geschicke des Einzelnen und des Staates durch die Götter. Mit Opfern und Festen bittet man um Schutz für Heim und Familie, Reichtum und Siege der römischen Heere. Oberster Priester ist der regierende Kaiser als *pontifex maximus*. Über die römischen Tempel und heiligen Bezirke von Lauriacum ist nur wenig bekannt. Zumindest das Kultzentrum des Lagers, das Fahnenheiligtum *(principia)*, ist lokalisiert und bei den Kalkbrennöfen hat es ein Hercules-Heiligtum gegeben. Im privaten Bereich finden sich kleine „Herrgottswinkel“ oder Kultschreine *(lararia)*, in denen die Hausgötter und andere Schutzgeister der Familie verehrt werden. Man bringt Trank- und Speiseopfer mit speziellem Kultbesteck dar und verbrennt Weihrauch in Räucherschalen. Zum Schutz trägt man Amulette oder weiht Ton- und Bleifigürchen verschiedenster Götter. In der Götterwelt Lauriacums mischen sich die wichtigsten römischen Götter, Iupiter, Iuno und Minerva, Mars und Venus, der Sonnengott Sol, Hercules und Mercurius mit den Göttern aus fernen römischen Provinzen, wie dem orientalischen Mithras oder dem ägyptischen Osiris. Zusätzlich gibt es eine große Zahl von Schutzgeistern, etwa für einzelne Personen, Orte oder die Legion.

Iupiter

Minerva

Minerva

OÖ. Landesmuseum
Fotos: E. Grilnberger (1), Ch. Schepe (2)

Hercules

Mercurius

Mercurius

OÖ. Landesmuseum & Museum Lauriacum
Fotos: E. Grilnberger (1), Ch. Schepe (2)

Osiris

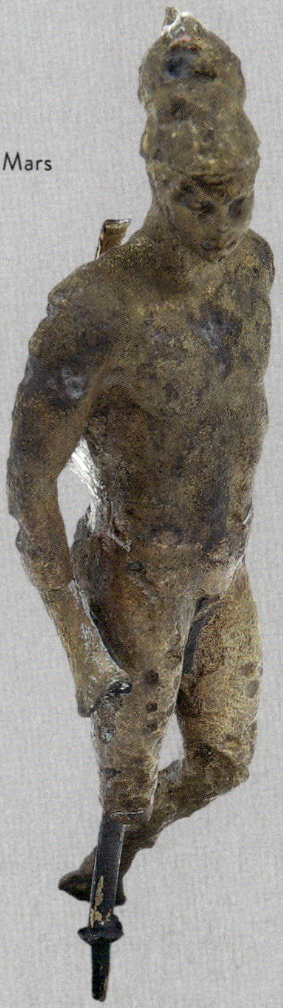
Mars

Fortuna

Amor

OÖ. Landesmuseum & Museum Lauriacum
Fotos: E. Grilnberger

HERMANN MIESBAUER – STEFAN TRAXLER – JOSEF PROST – PETER WOBRAUSCHEK – CHRISTINA STRELI

HIGHTECH-ARCHÄOLOGIE

METALLURGISCHE UNTERSUCHUNGEN VON „BRONZEN“ AUS LAURIACUM

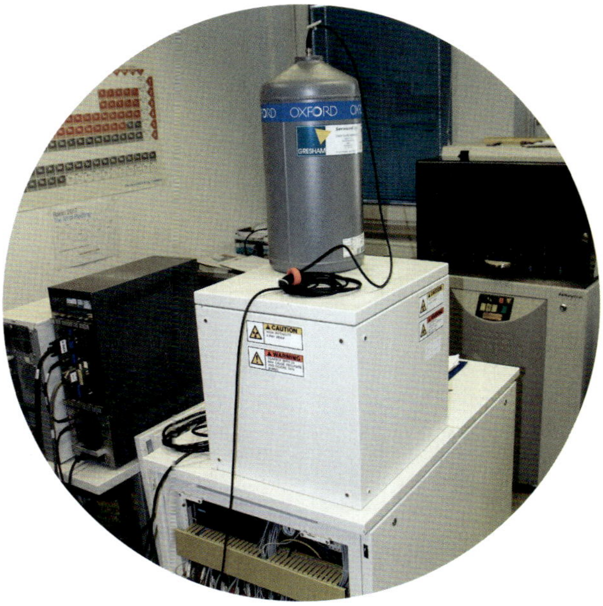

TRFA-Spektrometer im Atominstitut.
Foto: M. Müller

Im Rahmen einer Kooperation des Atominstitutes der Technischen Universität Wien (Röntgenphysik) und des OÖ. Landesmuseums (Sammlung Römerzeit) konnten im Juni 2017 mehrere für die Geschichte von Lauriacum/Enns bedeutende „Bronzeobjekte“ untersucht werden. Weitere Analysen sind noch geplant. Das Projekt zielt auf die allgemeine Frage ab, mit welcher Homogenität oder eher Inhomogenität man bei den Zusammensetzungen der Buntmetalllegierungen zu rechnen hat. Metallobjekte, die eine grüne Patina aufweisen, werden in den Altertumswissenschaften in der Regel unter dem Begriff Bronze subsummiert, was impliziert, dass es sich um Legierungen aus mindestens 60 % Kupfer handelt. Durch die Bestimmung des Hauptlegierungszusatzes ist eine Präzisierung möglich.

Ist dies – wie im Fall von römischen Objekten durchaus nicht unüblich – Blei, spricht man von Bleibronzen. Kupferlegierungen mit bis zu 40 % Zink wären als Messing zu bezeichnen. Genau genommen müsste man also den Überbegriff „Buntmetalllegierungen“ verwenden, als Terminus technicus wird „Bronze“ allerdings sicher auch in Zukunft Bestand haben.

Die Auswahl der zu beprobenden Stücke für die ersten beiden Serien war schnell getroffen. 1952 wurden in den zivilen Siedlungsbereichen von Lauriacum die linke Hand und der Teil einer Schädelkalotte eines überlebensgroßen Reiterstandbildes, wahrscheinlich eines Kaisers (vgl. Abb. 167), gefunden. Die Objekte aus den Sammlungen des OÖ. Landesmuseums werden im Museum Lauriacum mit vergleichbaren Stücken von anderen Statuen, darunter sogar eine Hand, bei der sich ein Teil der Vergoldung erhalten hat, gezeigt. Die gemeinsame Auffindung legte nahe, dass sie zu ein und derselben Statue gehörten. Die Frage war, ob sie im Zuge von ein und demselben Gussverfahren hergestellt worden waren oder in mehreren.

Die zweite größere Serie betrifft die sog. Stadtrechtsfragmente und Teile anderer Rechtsurkunden, die im Hinblick auf die Diskussion um den Rechtsstatus von Lauriacum eine besondere Rolle spielen. Die Befürworter der Theorie, dass zumindest ein Teil der zivilen Siedlung 212 n. Chr. zum *municipium Lauriacum* erhoben worden ist, führen insbesondere diese Urkunden ins Treffen. Es sind auch tatsächlich Stadtrechtsfragmente darunter, allerdings ist der Name der Stadt, auf die sich die Tafeln beziehen, nicht erhalten. Die Gegner der Theorie führen ins Treffen, dass es sich ganz offensichtlich (vorwiegend) um Altmetall handelt, das zum Wiedereinschmelzen zerteilt worden ist, und das auch von anderen Städten (etwa Ovilava/Wels oder Cetium/St. Pölten) hierher gebracht worden sein könnte.

Auffallend ist außerdem, dass weder in den über 40 in Stein gemeißelten Inschriften aus Enns noch in einer anderen bekannten römischen Inschrift ein *municipium Lauriacum* erwähnt wird. Außerdem sind keine Angehörigen des Stadtmagistrats bekannt, wie zu erwarten wäre. Bereits die verschiedenen Schriftbilder und die unterschiedlichen Stärken der Tafeln lassen keinen Zweifel daran, dass es sich um mehrere verschiedene Urkunden gehandelt hat. Die Messungen konnten die Inhomogenität bestätigen. Zu der Frage nach dem Rechtsstatus der Siedlung können wir zwar damit nichts beitragen, allerdings haben wir nun einen ersten Eindruck, woraus römische „Bronze" in Nordwest-Noricum tatsächlich bestehen kann und welche Bedeutung Blei dabei zukommt.

PRINZIP DER TOTALREFLEXIONS-RÖNTGENFLUORESZENZ-SPEKTROMETRIE

Die Totalreflexions-Röntgenfluoreszenzanalyse (TRFA) ist eine besondere Variante der energiedispersiven Röntgenspektroskopie. Sie unterscheidet sich von anderen Röntgenfluoreszenzanalyse-Verfahren durch ihre spezielle Anregungs- und Messgeometrie. Die in einer Mo-Röhre bzw. W-Röhre erzeugte Anregungsstrahlung trifft unter einem sehr flachen Winkel auf

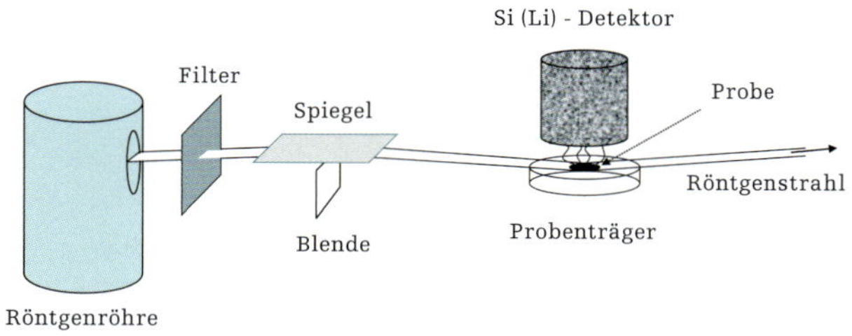

Funktionsprinzip des TRFA
Grafik: H. Miesbauer

einen reflektierenden Probenträger (hergestellt z.B. aus Quarz). Aufgrund des flachen Einfallwinkels wird der Strahl von der Oberfläche des Probenträgers total reflektiert und nur die auf dem Träger befindliche Probensubstanz wird zur Emission von Fluoreszenzstrahlung angeregt. Der Vorteil dieser speziellen Strahlenoptik ist die Minimierung von Streueffekten. Gleichzeitig erlaubt diese Geometrie einen sehr kurzen Abstand zwischen Detektor und Probe und damit eine sehr hohe Effizienz bei der Detektion der Fluoreszenzstrahlung. Beide Effekte zusammen ermöglichen eine Verbesserung der Nachweisempfindlichkeiten um mehrere Größenordnungen gegenüber einer herkömmlichen Röntgenfluoreszenzanalyse (RFA). Mittels TRFA kann ein Großteil der Elemente des Periodensystems im Spuren- und Ultraspurenbereich untersucht werden.

PROBENPRÄPARATION

In einem ersten Schritt wurde die Patina an der Stelle der eigentlichen Probennahme kleinflächig entfernt. Dies erfolgte durch vorsichtiges Reiben des zu beprobenden Artefaktes auf einer hochreinen Oberfläche. Im vorliegenden Fall wurde dafür die raue Rückseite eines Saphirprobenträgers verwendet. Die eigentliche Präparation der Probe erfolgte anschließend direkt auf dem für die Messung vorbereiteten Quarzprobenträger. Dabei wurde das jeweilige Objekt vorsichtig im Zentrum des Probenträgers (auf einer Fläche mit einem Durchmesser von 5 mm) mit leichtem Anpressdruck kreisförmig bewegt. Bei großen Artefakten geschieht dies umgekehrt, der Probenträger wird am Artefakt gerieben. Die dabei auf den Probenträger übertragene

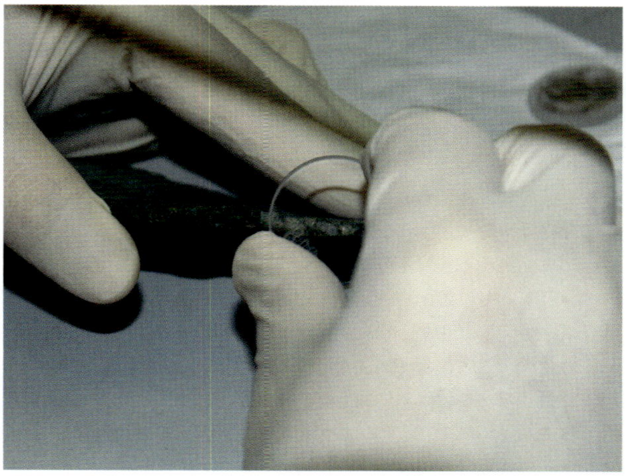

Probennahme
Foto: M. Müller

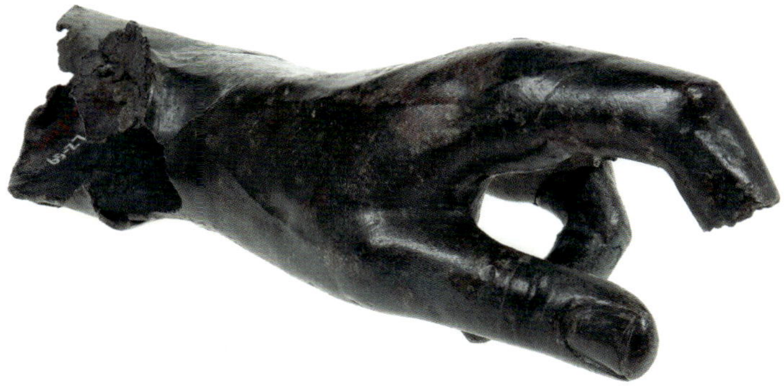

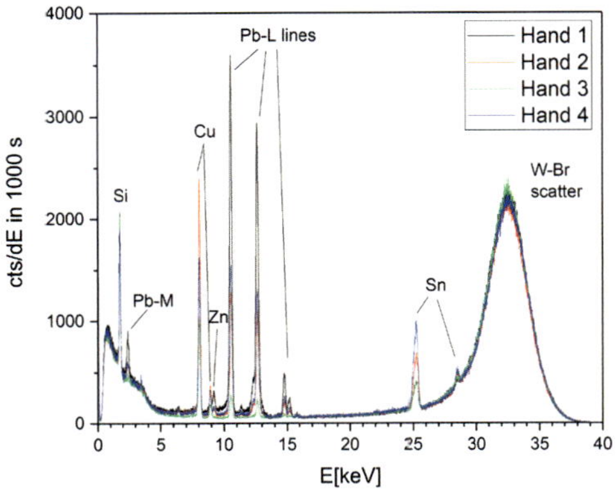

%	Hand 1	Hand 2	Hand 3	Hand 4	Mittelwert	Standardabweichung
Cu	27,7	58,8	74,2	43,2	51,0	20,0
Sn	2,4	6,5	9,5	11,1	7,4	3,8
Pb	68,3	32,8	16,3	44,0	40,4	21,8

Hand einer Reiterstatue: Quantitative Analyse der Proben und Overlay-Diagramm zu den TXRF-Spektra (W Bremsstrahlung, 32 keV).
OÖ. Landesmuseum – Foto: E. Grilnberger, Analytik: Atominstitut

Menge an Material beträgt nur wenige Mikrogramm, was für die Messung mittels TRFA absolut genügt. Da das Messverfahren alle für die Metallanalyse relevanten Elemente mit ausreichender Genauigkeit erfasst, wird die Summe aller Messdaten einer Probe auf 100 Prozent gesetzt und daraus der prozentuale Anteil des jeweiligen Einzelelementes rückgerechnet.

FRAGMENTE EINES REITERSTANDBILDES

Bei der Hand und der Schädelkalotte der überlebensgroßen Reiterstatue wurden jeweils an vier Bruchstellen Proben genommen. Die Ergebnisse zeigen gravierende Unterschiede bei den Durchschnittswerten von Blei (Pb) und Zinn (Sb). Dies alleine wäre aber, aufgrund der Inhomogenität der Proben, für eine Aussage, ob die Teile aus einem Guss stammen, nicht ausreichend. Aber eben genau die Inhomogenität ist es, die dann doch ein ziemlich eindeutiges Ergebnis liefert. Denn die Werte für die Inhomogenität (Standardabweichung) sind bei der Hand deutlich höher als dieselben Werte bei dem Fragment des Kopfes. So kann mit großer Sicherheit gesagt werden, dass die beiden Teile nicht aus einem Guss stammen. Dies bedeutet allerdings nicht, dass sie nicht von derselben Statue stammen können. Allerdings ist in diesem Fall von mehreren Gussprozessen auszugehen, wobei beispielsweise der Kopf separat geformt worden ist.

INSCHRIFTENFRAGMENTE

Des weiteren wurden vier größere Bruchstücke und etliche kleinere Fragmente von Inschriftentafeln analysiert. Bei dieser Untersuchung wurden ebenfalls eine große Inhomogenität und ein auffallend hoher Bleigehalt festgestellt. Außerdem konnten Verunreinigungen mit geringen Spuren verschiedener Elemente ermittelt werden. Beim größten Bruchstück wurden an mehreren Probestellen unter anderem Silber (Ag) und Antimon (Sb) nachgewiesen. Durch die Materialanalyse konnte die Herkunft von mehreren Inschriften grundsätzlich bestätigt werden. Die Zusammengehörigkeit einzelner Fragmente war nicht eindeutig zu bestimmen. Die in geringen Mengen vorkommenden Elemente (Silber, Antimon, Cadmium usw.) könnten jedoch helfen, im Zuge von weiteren Untersuchungen vielleicht auch dieses Rätsel auf kriminalistische Weise zu lösen.

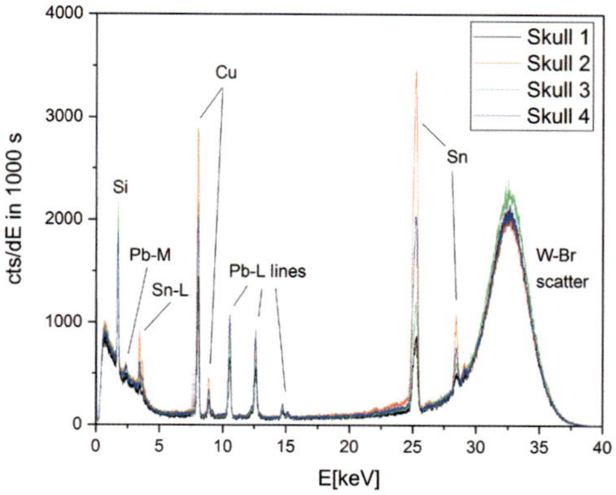

%	Kopf 1	Kopf 2	Kopf 3	Kopf 4	Mittelwert	Standardabweichung
Cu	58,2	52,3	61,5	49,5	55,4	5,5
Sn	14,7	29,6	15,0	23,2	20,6	7,2
Pb	26,6	17,7	23,0	26,9	23,6	4,3

Kopffragment einer Reiterstatue: Quantitative Analyse der Proben und Overlay-Diagramm zu den TXRF-Spektra (W Bremsstrahlung, 32 keV).
OÖ. Landesmuseum – Foto: E. Grilnberger, Analytik: Atominstitut

RESUMEE UND AUSBLICK

Die Ergebnisse sind in vielerlei Hinsicht überraschend. Zuerst fällt besonders der hohe Bleigehalt des verwendeten Materials auf (siehe Tabellen), der Unterschied zu heutigen Bronzen ist markant. Der Grund für die hohen Bleianteile dürfte darin begründet sein, dass damit die Härte des Materials gezielt beeinflusst werden konnte. Je größer der Bleianteil, desto weicher die Bronze. Dadurch konnte das Material so hergestellt werden, dass es für den jeweiligen Zweck und den daraus folgenden Anforderungen hinsichtlich Stabilität und (kalter) Verformbarkeit bestens geeignet war.

Ein weiterer Punkt, der überraschte, war die doch sehr hohe Inhomogenität des untersuchten Materials. Da Bronzen sehr häufig recyclet worden sind und grundsätzlich mit jedem Aufschmelzen die Homogenität des Materials verbessert wird, könnte man daraus schließen, dass je besser durchmischt (homogener) eine Bronze ist, desto häufiger wurde diese recyclet bzw. desto höher ist der Anteil an „Recyclingmaterial". Die bisherigen Daten reichen allerdings bei weitem noch nicht aus, um dazu nähere Aussagen treffen zu können.

Das Potential dieser minimalinvasiven Untersuchungsmethode konnte im Rahmen dieser ersten beiden Serien klar aufgezeigt werden. Weitere Erkenntnisse wären aus Detailuntersuchungen zu den in geringen Mengen vorkommenden Elementen (Silber, Antimon, Cadmium usw.) zu erhoffen.

Projektteam vor dem TRFA-Spektrometer im Atominstitut.
Foto: M. Müller

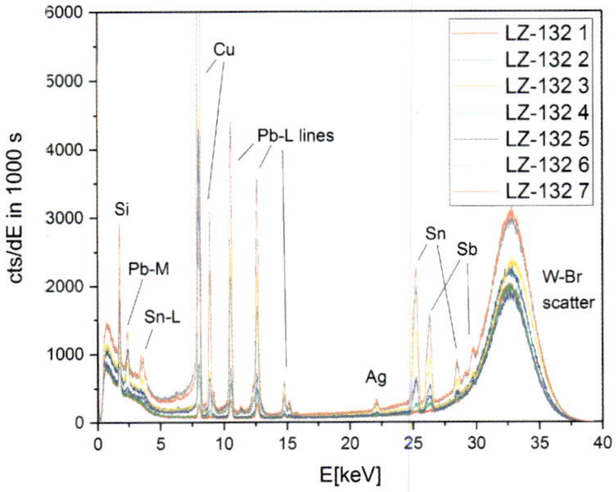

%	1	2	3	4	5	6	7	Mittelwert	Standardabweichung
Cu	38,8	44,7	55,7	53,7	77,0	86,1	72,2	61,2	17,6
Ag	<DL	<DL	<DL	<DL	0,4	0,2	0,4	0,3	0,1
Sn	4,0	2,4	7,00	4,5	4,6	3,1	4,5	4,3	1,4
Sb	<DL	1,2	4,5	4,5	3,8	2,5	2,7	3,2	1,3
Pb	57,2	50,6	32,5	37,3	13,9	7,7	20	31,3	18,6

Fragment einer (Stadtrechts-?)Urkunde: Quantitative Analyse der Proben und Overlay-Diagramm zu den TXRF-Spektra (W Bremsstrahlung, 32 keV; DL = Detection Limit / Bestimmungsgrenze).
OÖ. Landesmuseum – Foto: E. Grilnberger, Analytik: Atominstitut

Außerdem konnte durch das Projekt die Bedeutung von Blei – auch für Buntmetalllegierungen – aufgezeigt werden. Blei ist in römischer Zeit ein universell eingesetztes Metall. Es wurde für Wasserleitungsrohre verwendet (Abb. S. 219), für Gewichte, Waffen (Schleuderblei), Votivfiguren und Gefäßglasuren. Mit Bleizucker süßte man minderwertige Weine und sogar Bleisärge sind bekannt, einer ist beispielsweise im Stadtmuseum Wels – Minoriten zu sehen. Über die Abbaugebiete ist allerdings nur sehr wenig bekannt. Dieser hochinteressanten Fragestellung könnte man mit Hightech-Methoden ebenfalls auf den Grund gehen.

Weitere Inschriftenfragmente aus Lauriacum/Enns.
Museum Lauriacum – Foto: E. Grilnberger

Reiterstatue des Marcus Aurelius (Abb. 250), Hand und Kopffragment eines Reiterstandbildes aus Lauriacum/Enns.
OÖ. Landesmuseum – Illustration: R. Reznicek, Fotos: Ch. Schepe, St. Traxler

PUBLIUS VERGILIUS MARO, GEORGICA

*„Kommt wohl einst die Zeit,
da findet der Bauer in jenen Ländern,
wenn er das Feld durchfurcht
mit gebogenem Pfluge, Speere,
zerfressen von schäbigem Rost,
er trifft mit der schweren Hacke auf Helme,
hohlen Klangs, und sieht voll Erstaunen
mächtiges Heldengebein in
aufgeworfenen Gräbern.“*

DIS MANIBUS

STEFAN TRAXLER

DIS MANIBUS

DEN GÖTTLICHEN TOTENGEISTERN!

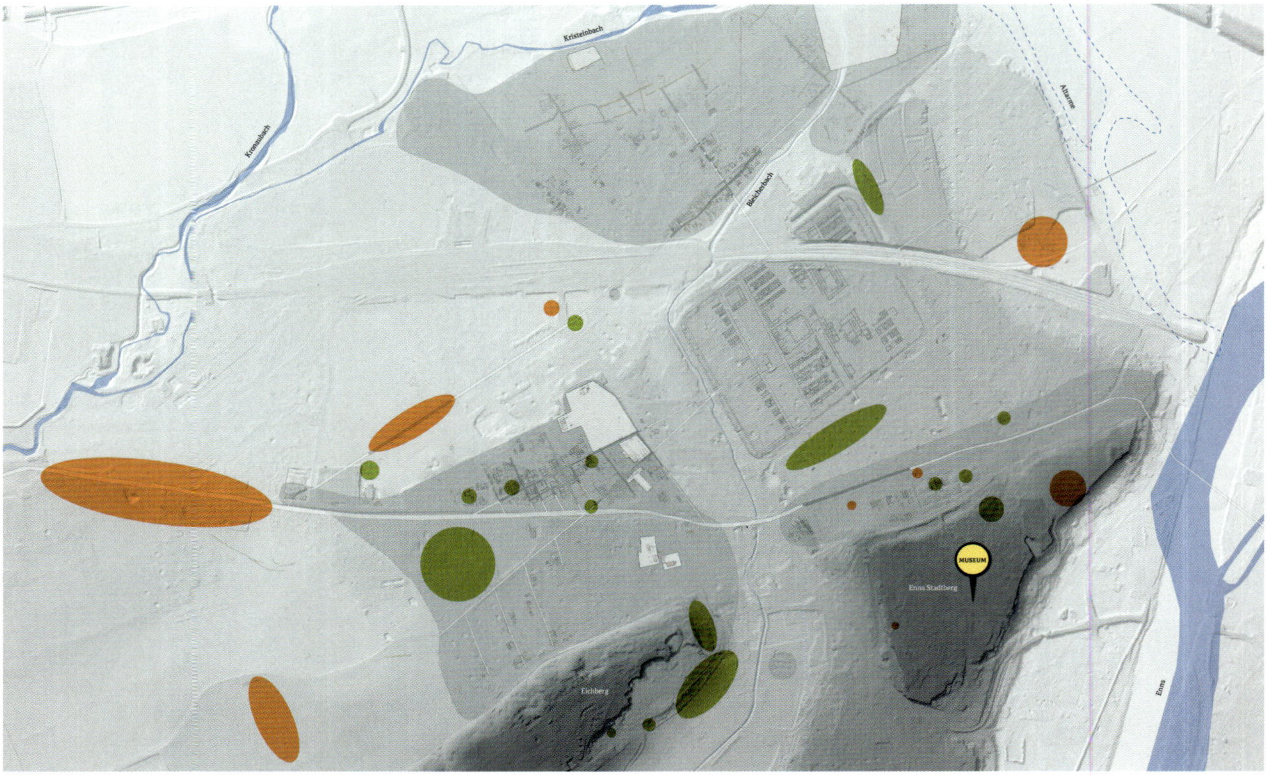

Die Bestattungsplätze von Lauriacum: orange 1.–4. Jh., grün 4./5. Jh.
ÖAW/ÖAI

Die Gräberfelder und die Grabdenkmäler von Lauriacum sind wichtige Quellen zu den Menschen, die hier gelebt haben. Auf den Denkmälern finden sich Bildnisse der Verstorbenen und oft auch von Familienmitgliedern, die Inschriften nennen uns zahlreiche Namen. Die Art und das verwendete Material der Monumente verrät viel über die Möglichkeiten der wohlhabenderen Bevölkerungsschichten. Archäologische und anthropologische Forschungen (Beiträge ab S. 178) geben tiefe Einblicke in das Leben und Sterben am Donaulimes.

DIE GRÄBERFELDER VON LAURIACUM

Die Bestattungsplätze liegen außerhalb der Siedlungsbereiche, bevorzugt entlang der Ausfallsstraßen. Für Lauriacum spielen die sog. Limesstraße und in sie einmündende Stichstraßen eine wichtige Rolle. Spätestens in der zweiten Hälfte des 1. Jahrhunderts entsteht entlang der Stadlgasse im Bereich der sog. Plochbergergründe ein Gräberfeld, das der frühen Brückenkopfsiedlung zuzurechnen ist. Bedingt durch die rasche Ausdehnung der Siedlung ab dem späten

Museum Lauriacum – Foto: O. Harl, lupa.at/471

PRIVATIUS
SILVESTER · V(IVUS) F(ECIT)
SIBI · ET · PRIVATIAE
SILVINAE · FILIAE
OBIT(AE) · AN(NORUM) XII

„Privatius Silvester hat (das Grabmal) noch zu Lebzeiten für sich und seine im Alter von 12 Jahren verstorbene Tochter Privatia Silvina errichtet."

Die Grabstele aus der ersten Hälfte des 2. Jhs. wurde auf den sog. Plochbergergründen gefunden (Beitrag ab S. 140) und stand sicher im frühen Gräberfeld an der Limesstraße. Der Tracht nach sind Privatius Silvester und Privatiae Silvinae Einheimische, die allerdings bereits das römische Bürgerrecht besitzen und sich ein Grabmal in römischer Tradition errichten lassen.

2. Jahrhundert verschieben sich auch die Bestattungszonen. An der Straße nach *Lentia*/Linz liegt die Gräberstraße von Kristein, aber auch östlich der römischen Ennsbrücke, in Ennsdorf, liegen noch Gräber. Die Selbstdarstellung wohlhabender Familien mittels zum Teil überaus aufwendiger Grabmonumente prägt das Bild dieser Gräberstraßen.

Eine gänzlich andere Rolle spielt im Gegensatz dazu das Gräberfeld Steinpaß. Es wird etwa zeitgleich zu den Bestattungsplätzen an der Limesstraße vom 2. bis ins 4. Jahrhundert genutzt. Allerdings fehlen hier die Hinweise auf repräsentative Grabkennzeichnungen ebenso wie die reichen Grabbeigaben, sodass von Angehörigen anderer Bevölkerungsschichten ausgegangen werden muss, die hier bestattet werden. Die Lage in Verlängerung des Haupttores *(porta praetoria)* des Legionslagers und der große Anteil an Männern mit einer auffällig hohen Sterblichkeitsrate im Alter zwischen 20 und 40 Jahren legen nahe, dass es sich hierbei um den Friedhof der einfachen Legionäre und ihrer Angehörigen handelt.

Ab dem 4. Jahrhundert ist nicht nur eine erneute Verschiebung der Gräberfelder zu beobachten, auch die Grabformen sind gänzlich andere als vorher.

Von den über 30 bekannten römischen Bestattungsplätzen von Lauriacum sind vier auf Grund ihrer Größe von besonderem Interesse, einer wegen seiner Lage.

LIMESSTRASSE – KRISTEIN:

Gräberfeld mit Brand- und Körperbestattungen aus dem 2. und 3. Jahrhundert. Typische römische Gräberstraße mit einer bunten Mischung aus unterschiedlichsten Grabmonumenten. Besonders erwähnenswert ist eine 1930 erforschte Grabkammer, die aus Ziegeln gemauert und mit Ziegelplatten ausgelegt war. Die dort aufgefundenen Bleibleche werden als Auskleidung eines Sarges interpretiert.

STEINPASS:

Gräberfeld mit Brand- und Körperbestattungen vom 2. bis ins 4. Jahrhundert. Es ist sowohl archäologisch als auch anthropologisch ausgewertet und damit das am besten erforschte Gräberfeld von Lauriacum.

ESPELMAYRFELD/EICHBERG:

Gräberfeld(er) mit vorwiegend Körperbestattungen des 4. Jahrhunderts. Zwei der Gräber sind auf Grund der Beifunde als christliche Bestattungen ausgewiesen. Zahlreiche in den Löss eingetiefte Erdbestattungen, teilweise mit Hinweisen auf Totenbretter bzw. Holzsärge, sind neben einigen Ziegelplattengräbern und einigen wenigen außergewöhnlichen Grabformen anzuführen.

ZIEGELFELD:

Gräberfeld mit Körpergräbern aus der zweiten Hälfte des 4. bis in die zweite Hälfte des 5. Jahrhunderts. Eine eindeutig christliche Bestattung. Beim „Ziegelfeld" zeigt sich gut das breite Spektrum an Grabformen in der Spätantike: einfache Erdgräber (z.T. Reste von Holzsärgen), Ziegelplattengräber, gemauerte Gräber und Steinkisten, die auf Material von älteren Grabbauten zurückgreifen.

Ausgrabung Ziegelfeld, 1951, Ziegelplattengrab.
Foto: OÖ. Landesmuseum

Steinkistengrab im Ziegelfeld.
Foto: OÖ. Landesmuseum

GEORGENBERG:

Kleines Gräberfeld mit vier Brand- und vier Körperbestattungen des 3. Jahrhunderts. Die besondere Lage am Georgenberg in der Nähe eines anzunehmenden Heiligtums legt nahe, dass hier eine Bevölkerungsgruppe mit besonderer Stellung begraben worden ist. Eine kreisrunde Steinsetzung (innerer Durchmesser 190-200 cm) um eine ovale Grube mit Leichenbrand kann als Hügelgrab angesprochen werden.

PRUNK AN DER STRASSE

Ein römisches Grabdenkmal wird nicht nur zur Erinnerung an die Toten errichtet, es ist ein Ausdruck der Repräsentation der Familie. Die über 70 bekannten römischen Grabdenkmäler aus Enns zeigen ein breites Spektrum an Möglichkeiten. Entlang der Ausfallstraßen stehen große und kleine Grabstelen, Grabhäuschen, mehrstöckige Grabbauten und andere Monumente. Mehr als die Hälfte der bekannten Denkmäler ist aus lokal abgebauten Gesteinen, vorwiegend Konglomerat und Kalksandstein. Die zweitgrößte Gruppe bilden Objekte aus Marmoren, die aus anderen Gegenden der Provinz Noricum stammen. Vier Objekte sind aus Hiesberger Marmor (Steinbrüche bei Melk), acht Objekte aus Gummerner Marmor (Steinbrüche bei Villach). Die Qualität des Materials und der weite Transportweg

Ziegelfeld, 1951, die sog. Hercules-Steinkiste.
Foto: OÖ. Landesmuseum

bedingen ungleich höhere Kosten, sodass sich wohl nur die reichsten Familien derartige Denkmäler leisten können.

So ist es kein Wunder, dass die aus Marmor gefertigten Reliefs zu den qualitätsvollsten zählen, die in Noricum gefertigt werden. Die Bildhauer, die diese Kunstwerke schaffen, stammen mit großer Wahrscheinlichkeit aus Italien und sind in Folge der Stationierung oder sogar gemeinsam mit der *legio II Italica* nach Lauriacum gekommen. Zumindest acht stilistisch sehr ähnliche Reliefs können einer herausragenden Bildhauerwerkstatt zugewiesen werden.

Die „Werkstatt der Dreifigurenreliefs" arbeitet primär mit Gummerner Marmor und ist auf die Darstellung von (Soldaten-)Familien spezialisiert. Neben Personendarstellungen sind aber auch mythologische Reliefs, etwa zu den Sagenkreisen um Hercules, Bacchus oder Orpheus, beliebt.

Auf 14 Grabinschriften sind insgesamt 56 Personennamen überliefert, darunter zwei Veteranen, vier noch aktive und drei während ihrer aktiven Militärlaufbahn verstorbene Angehörige der zweiten Italischen Legion.

Ausgrabung Espelmayrfeld, Kampagne 1952.
Foto: OÖ. Landesmuseum

AUS ALT MACH NEU

Für die Spätantike sind die Gräberfelder „Espelmayrfeld/Eichberg" und „Ziegelfeld" von besonderem Interesse. Das „Ziegelfeld" und das Gräberfeld „am Lagergraben" orientieren sich eindeutig am Legionslager, das nach der Reduktion der Legion nun auch der zivilen Bevölkerung als Wohngebiet zur Verfügung steht.

Ab dem 4. Jahrhundert sind neue Grabformen zu beobachten, wobei die aufwendiger gestalteten Gräber vielfach auf Altmaterial, beispielsweise Dachziegel, aber auch auf Bauquader, Inschriften und Reliefs von älteren Grabbauten zurückgreifen. Nicht zuletzt die Nähe des Gräberfeldes Ziegelfeld, in dem im ausgehenden 4. Jahrhundert eine ganze Reihe von Steinkistengräbern angelegt werden, zur Limesstraße lässt darauf schließen, dass das Material vor allem von den dortigen Grabbauten stammen dürfte. Ob die alten Gräber und deren Grabkennzeichnungen zu diesem Zeitpunkt bereits aufgegebenen und verfallenen sind oder absichtlich zerstört werden, bleibt ein Geheimnis. Der Umgang mit den früheren Grabmonumenten weist auf einen Wandel in der Bevölkerungsstruktur hin.

Steinkistengrab im Ziegelfeld.
OÖ. Landesmuseum – Illustration: H. Hofmann

Wahrscheinlich ist bereits nach Zerstörungen in Lauriacum in der 2. Hälfte des 3. Jahrhunderts, besonders jedoch in den weiterhin sehr unruhigen Zeiten des 4. Jahrhunderts mit einer Abwanderung zunächst der gehobenen, wohlhabenden Bevölkerungsschichten zu rechnen. Das ist insofern bedeutsam, da diese Familien sicher für den Großteil der aufwendigen Grabbauten verantwortlich sind.

Eine generell zu beobachtende Verarmung wird ebenfalls mit ein Grund sein, dass es zu umfangreichem Recycling von Altmaterial kommt. Parallel dazu spielt sicher auch ein religiöser Wandel eine Rolle, der sich unter anderem in einigen wenigen eindeutig christlichen Beigaben widerspiegelt (Ringe Abb. S.72). Außerdem treten germanische Einflüsse deutlicher zu Tage.

ENNS STEINPASS GRAB 165, MANN, 25–30 JAHRE

Archäologischer Befund*

Beschreibung: Körpergrab, Einzelbestattung in gestreckter Rückenlage, Holzsarg (?)
Grabbeigaben: vier Fingerringe bzw. Ringreifen, Drahtohrring mit Hakenverschluss, Hohlarmreif, mehrere Perlen aus Glas und Bronze
Datierung: 4. Jh.

Anthropologischer Befund**

Geschlecht: männlich
Sterbealter: 25–30 Jahre
berechnete Körperhöhe: 178 cm
berechnetes Körpergewicht: 82 kg
Besonderheiten: Karies (an 5 Zähnen, in 3 Zahnfächern Abszesse). In der rechten Seite des Stirnbeins ist eine Eindellung als Zeichen einer gut verheilten Fraktur zu erkennen. Verheilte Entzündung des Rippenfells. Am gesamten Skelett sind die Muskelmarken sehr stark ausgeprägt.

Der Schein trügt

Im Jahr 1954 wird ein Körpergrab freigelegt, das durch die zahlreichen Schmuckbeigaben – Ohrringe, Fingerringe, Armreifen und Perlen – besonders auffällt. Auf Grund dieser Funde wird es zunächst als „Frauengrab" interpretiert. Zwei anthropologische Gutachten kommen zu einem anderen Ergebnis: Es handelt sich um einen ca. 178 cm großen, kräftigen Mann. Die definitiven Hintergründe müssen natürlich im Unklaren bleiben: War der Mann auch wie eine Frau gekleidet oder trug er zur Männerkleidung den Schmuck? Spielen hier kulturelle Einflüsse aus anderen Regionen eine Rolle? Oder handelt es sich um eine intersexuelle oder transsexuelle Person? Wir wissen es nicht und jeder darf sich seine persönlichen Gedanken dazu machen.

OÖ. Landesmuseum – Fotos: Ch. Schepe & OÖ. Landesmuseum
*Thomas Winklehner **Maria Marschler

ENNS STEINPASS GRAB 373, FRAU, 35–50 JAHRE

Archäologischer Befund*

Beschreibung: Körpergrab, Einzelbestattung in gestreckter Rückenlage. Neun Sargnägel weisen auf eine Bestattung in einem Holzsarg hin.
Grabbeigaben: Beinkamm, Handspiegel, Glasbecher, Beinnadel, Balsamarium
Datierung: fortgeschrittenes 4. Jh.

Anthropologischer Befund**

Geschlecht: weiblich
Sterbealter: 35–50 Jahre
berechnete Körperhöhe: 160 cm
berechnetes Körpergewicht: 65 kg
Besonderheiten: Das Skelett weist insbesondere an den Armen starke Muskelmarken auf. Einige Sehnen- und Muskelansatzstellen im Schultergürtel und an den Ober- und Unterarmen zeigen Zeichen von Überbelastung. An fast allen Gelenken sind leichte Abnützungserscheinungen erkennbar. Im linken Daumensattelgelenk konnte eine weit fortgeschrittene Arthrose diagnostiziert werden. All dies deutet auf eine hohe körperliche Aktivität hin. Außerdem fanden sich an dem Skelett Hinweise auf chronische Entzündungen der Nasennebenhöhlen und eine weit fortgeschrittene Karieserkrankung mit Abszessen in mehreren Zahnfächern und Zahnverlust.

Schwer arbeitende Frauen

Bei diesem 1963 ausgegrabenen Frauengrab fallen zuerst die schönen Grabbeigaben auf, die auf einen gewissen Wohlstand der hier bestatteten Dame hinweisen. Andererseits zeigt der anthropologische Befund, dass diese Frau über lange Zeit schwer gearbeitet haben muss. Und das ist kein Einzelfall im Gräberfeld Steinpaß.

OÖ. Landesmuseum – Fotos: Ch. Schepe & OÖ. Landesmuseum
*Thomas Winklehner **Maria Marschler

ENNS STEINPASS GRAB 343, FRAU, 25–40 JAHRE

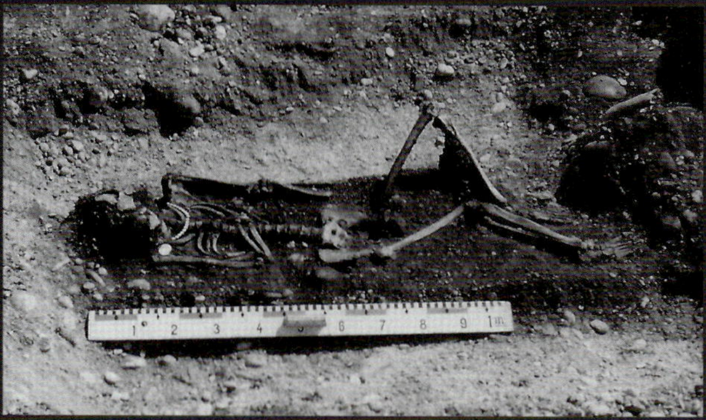

Archäologischer Befund*

Beschreibung: Körpergrab, Einzelbestattung in Rückenlage. Der rechte Arm war abgebogen. Die Knie waren gebeugt, das linke Knie zudem hochgestellt.
Grabbeigaben: Perlenkette, Armreif, zwei Münzen, S-förmiger Ohrring, Keramik, Tierknochen
Datierung: 3. Jh.

Anthropologischer Befund**

Geschlecht: weiblich
Sterbealter: 25–40 Jahre
berechnete Körperhöhe: 149 cm
berechnetes Körpergewicht: 57 kg
Besonderheiten:
Karies. Stressmarker.
Die Muskelmarken des Skeletts sind generell stark betont.
An den Ober- und Unterarmen sowie an den Oberschenkeln sind sie besonders stark ausgeprägt.
An vielen Gelenken sind bereits leichte Abnutzungserscheinungen zu erkennen. Arthrosen konnten auch in den Kiefergelenken festgestellt werden.

Schwer arbeitende Frauen

Trotz des relativ jungen Sterbealters sind schon Abnutzungserscheinungen erkennbar, was gemeinsam mit den starken Muskelmarken an den Extremitäten darauf hinweist, dass auch diese Frau über einen längeren Zeitraum schwere Arbeit verrichtet hat.

OÖ. Landesmuseum – Fotos: Ch. Schepe & OÖ. Landesmuseum
**Thomas Winklehner **Maria Marschler*

MARIA MARSCHLER – ANDREA STADLMAYR

LEBENSZEICHEN AUS *LAURIACUM*.

EIN ANTHROPOLOGISCHER BLICK IN DIE VERGANGENHEIT

Runder, perimortaler Lochbruch im rechten Scheitelbein (Enns/Steinpaß, Grab 224, ♂, 18 – 30 Jahre).
Außenansicht (links) und Innenansicht (rechts).
Fotos: W. Reichmann / NHM Wien

Wie war das Leben in *Lauriacum*? Wie waren die Lebensbedingungen in diesem bedeutenden Ballungszentrum? Hatten die Menschen genug zu essen? Und was aßen sie? Von welchen Krankheiten wurden sie geplagt? Gibt es Hinweise auf Verletzungen und wie gut war deren medizinische Versorgung? Woran sind die Menschen gestorben? Viele Fragen, die uns nur eine Gruppe von Menschen beantworten kann: die einstigen BewohnerInnen von *Lauriacum* selbst. Durch die anthropologische Untersuchung menschlicher Skelettreste (Anthropologie: die Lehre vom Menschen, aus dem Griechischen *anthropos*: Mensch und *logos*: Lehre) lässt sich viel über das Leben der Menschen erfahren. Nicht nur das Geschlecht und das ungefähre Sterbealter können bestimmt werden, es manifestieren sich auch viele Krankheiten am Skelett. Untersucht man deren Art und Häufigkeit (paläopathologische Untersuchungen), lassen sich Umwelt- und Lebensbedingungen näher beleuchten. Krankheiten treten nämlich in den seltensten Fällen zufällig auf – zumeist sind sie Ausdruck von äußeren Bedingungen wie z. B. klimatischen und hygienischen Verhältnissen, Ernährungslage, Arbeitsbelastung und sozialen Lebensumständen. Im Allgemeinen bedeuten schlechte Umwelt- und Lebensbedingungen ein häufiges Auftreten von Krankheiten. Die Interpretation der anthropologischen Ergebnisse im Diskurs mit anderen (bio-)archäologischen und historischen Forschungsdisziplinen ermöglicht es, Lebenswelten von Menschen aus vergangenen Zeiten zu rekonstruieren.

Im Vorfeld der Oberösterreichischen Landesausstellung 2018 wurde deswegen eine große Zahl menschlicher Skelettreste aus Lauriacum anthropologisch untersucht. Das Gräberfeld Steinpaß stand dabei im Mittelpunkt der Analysen. Es liegt nordöstlich des Legionslagers Lauriacum und datiert in das 2. bis 4. Jh., also in die Blütezeit dieser bedeutenden Siedlung. Entdeckt wurde es in den späten 1940er-Jahren, als im Zuge des Schotterabbaus im Norden der Stadt Enns menschliche Skelettreste zutage traten. In den Jahren 1951 bis 1963 erfolgten schließlich Rettungsgrabungen des Oberösterreichischen Landesmuseums unter der Leitung von Ämilian Kloiber, wobei insgesamt 381 Gräber (91 Brand- und 290 Körpergräber) dokumentiert wurden. Insgesamt blieben unverbrannte Skelettreste von 249 Individuen und 40 Brandbestattungen erhalten. Obwohl dies zwar lediglich eine Bevölkerungsstichprobe aus dieser großen militärischen Siedlung darstellt, ist diese dennoch groß genug, um einen guten Einblick in das Leben und Sterben der BewohnerInnen von Lauriacum zu erhalten.

DAS GRÄBERFELD STEINPASS – EIN SOLDATENFRIEDHOF?

Durch die Untersuchung des Sterbealters und des Geschlechts ist es möglich, die Bevölkerungsstruktur der am Steinpaß Bestatteten zu rekonstruieren. Dabei hat sich gezeigt, dass mehr als die Hälfte der Individuen in der adulten Altersklasse, also im Alter zwischen 20 und 40 Jahren, verstarb (siehe unten); wiederum knapp die Hälfte hiervon war sogar nur zwischen 20 und 25 Jahre alt. Kinder, Jugendliche und ältere Erwachsene sind in dem Gräberfeld hingegen deutlich unterrepräsentiert, senile Individuen mit einem Sterbealter über 60 Jahren finden sich kaum. Die Geschlechterverteilung zeigt ebenfalls ein sehr klares Bild: Der überwiegende Anteil der am Steinpaß Bestatteten waren Männer: Bei den geschlechtsbestimmbaren Individuen stehen über 80 % Männer nur knapp 20 % Frauen gegenüber. Diese Sterbealters- und Geschlechtsverteilung ist im Vergleich zu anderen, etwa zeitgleichen Gräberfeldern am Donaulimes außergewöhnlich.

Prozentuelle Sterbealters- und Geschlechtsverteilung am Gräberfeld Steinpaß (Körperbestattungen, N=249)

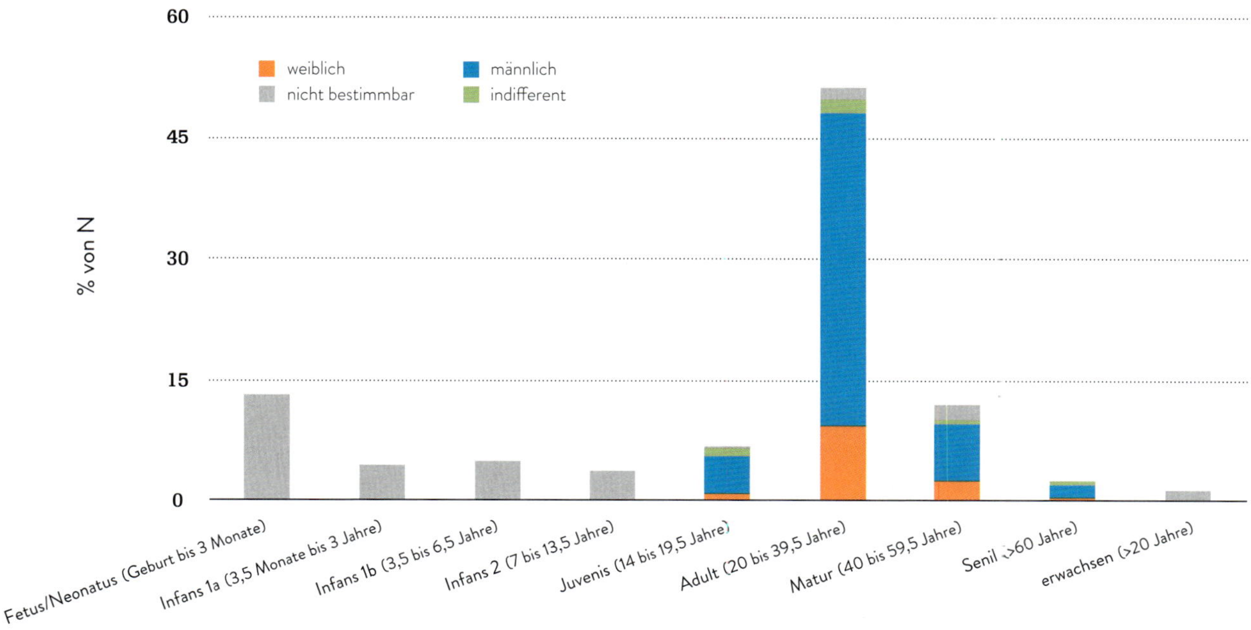

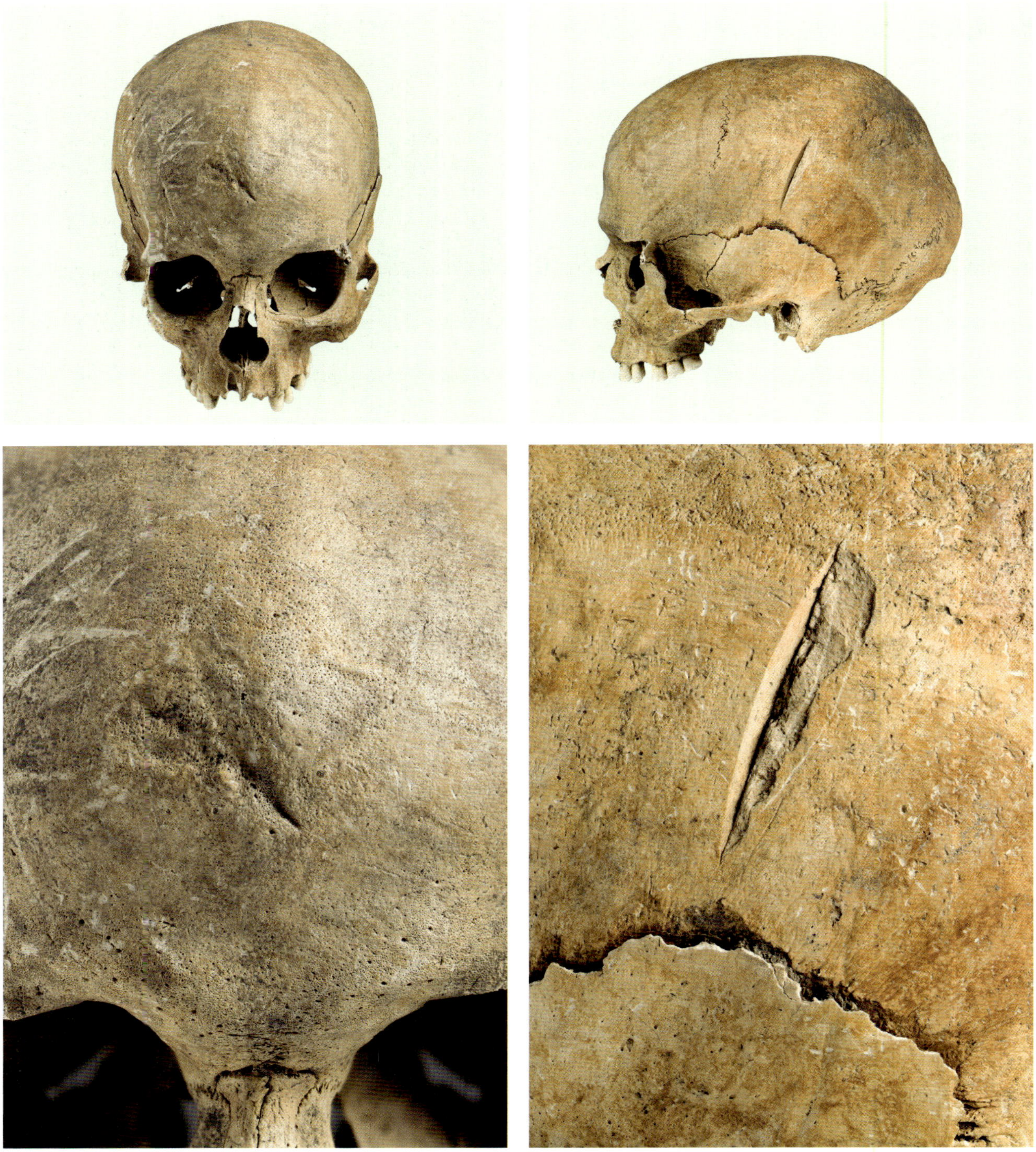

Verheilte und perimortale Schädelverletzung (Enns/Steinpaß, Grab 223, ♂, 20–40 Jahre).
Vorderansicht und Detail: verheiltes Schädeltrauma durch scharfe Gewalt in der Stirnmitte (links oben und unten).
Seitenansicht und Detail: perimortaler Schwerthieb im linken Scheitelbein (rechts oben und unten).
Fotos: W. Reichmann/NHM Wien

Grabungsfotos: OÖ. Landesmuseum

Aufgrund der räumlichen Nähe des Gräberfeldes zum Legionslager *Lauriacum* und der weitgehenden Beigabenarmut bzw. -losigkeit wird seitens der Archäologie angenommen, dass dieser Bestattungsplatz wahrscheinlich hauptsächlich von einer ärmeren Bevölkerungsschicht bzw. von einfachen Soldaten der *legio II Italica* genutzt wurde. Die vor Kurzem erfolgte archäologische Fundbearbeitung des Gräberfeldes Steinpaß von Thomas P. Winklehner lieferte kaum Indizien auf Soldaten. Dies ist aber nicht weiter verwunderlich, da Waffen oder dergleichen kaum ins Grab mitgegeben, sondern viel eher weiterverwendet wurden.

Die Sterbealters- und Geschlechtsverteilung unterstützt die Theorie des „Soldatenfriedhofes". In keinem anderen etwa zeitgleichen Gräberfeld aus Österreich wurde ein derart hoher Anteil an jungen Männern bestattet wie am Steinpaß. Dafür verantwortlich waren höchstwahrscheinlich der militärische Kontext und die damit verbundene Migration, die großen Einfluss auf die Zusammensetzung der Bevölkerung hatte. Es ist anzunehmen, dass seit der Gründung des Legionslagers der Männeranteil in der Bevölkerung sehr hoch war. Allein mit der *legio II Italica* kamen rund 6.000 Mann in die Region, weiters siedelten sich HändlerInnen, HandwerkerInnen, diverse Gewerbetreibende sowie die Familien der Soldaten aus mehr oder weniger weit entfernten Gebieten des Römischen Reiches rund um das Legionslager an. Auch die Altersverteilung entspricht dem, was für einen Bestattungsplatz im militärischen Kontext zu erwarten ist: Es finden sich überdurchschnittlich viele Männer im wehrdienstfähigen Alter – laut historischen Quellen ca. vom 17. bis zum 46. Lebensjahr – in diesem Gräberfeld. Die Frage, ob es sich bei den Bestatteten ausschließlich um Militärangehörige und deren Familien handelt, kann freilich nicht beantwortet werden. Es ist jedoch wahrscheinlich, dass es zumindest zum Teil Soldaten waren – nicht zuletzt deshalb, weil an mehreren Skeletten Schädelverletzungen durch direkte Gewalteinwirkung diagnostiziert werden konnten, wie sie für Militärangehörige durchaus zu erwarten sind.

Perimortaler Lochbruch im linken Scheitelbein, vermutlich Durchschuss des Schädels von der rechten zur linken Schädelseite mit einem im Querschnitt quadratischen Geschoß (Enns/Steinpaß, Grab 295, Individuum 3, ♂?, 20–50 Jahre).
Außenansicht (links), Innenansicht (Mitte), Detail Innenansicht (rechts).
Fotos: W. Reichmann/NHM Wien

GEFÄHRLICHES LEBEN IN *LAURIACUM*

Besonders auffallend waren im Gräberfeld Steinpaß die im Vergleich zu anderen römerzeitlichen Gräberfeldern Österreichs sehr häufig auftretenden Schädelfrakturen. Bei 36 Individuen, also etwa einem Viertel der bezüglich Schädelfrakturen beurteilbaren Individuen, konnten eine oder mehrere Schädelverletzungen festgestellt werden. Die Lage der Frakturen – großteils am Schädeldach über der gedachten Hutkrempe – deutet darauf hin, dass der überwiegende Anteil wahrscheinlich durch direkte Gewalteinwirkung entstanden ist. In einigen Fällen, wie etwa bei deutlich geformten Lochbrüchen oder scharfen Hiebverletzungen, die Auskunft über die „Tatwaffe" geben, kann von zwischenmenschlichem Aggressionsverhalten ausgegangen werden. Diese Schädelverletzungen können deshalb durchaus als Indiz für die Interpretation des Gräberfeldes Steinpaß als Soldatenfriedhof gewertet werden. Es ist jedoch anzunehmen, dass nicht alle Traumata im Schädelbereich von zwischenmenschlicher Gewalt zeugen. Sie könnten auch im Zuge von Unfällen (z. B. durch einen herabfallenden Gegenstand, Tritt eines Tieres etc.) entstanden sein. Oftmals lässt sich der „Tathergang" nicht mehr rekonstruieren.

Knapp 60 % der Schädelverletzungen waren gut verheilt. Überwiegend sind hierbei nur leichte Eindellungen am Schädeldach zu erkennen, die zumeist durch stumpfe Gewalteinwirkung zustande kamen, den Schädel nicht perforierten und daher mit großer Wahrscheinlichkeit nicht lebensbedrohlich waren. Gut 40 % der Schädelverletzungen aus dem Gräberfeld Steinpaß sind um den Todeszeitpunkt (perimortal) entstanden. Es handelt sich dabei zum überwiegenden Teil um unterschiedlich geformte Lochbrüche. Diese sind zumeist quadratisch, oval oder rund ausgeprägt, wie beispielsweise bei dem ca. 18–30-jährigen Mann aus Grab 224, bei dem ein im Querschnitt runder Gegenstand mit ca. 7 mm Durchmesser den Schädel von oben durchstoßen hat (Abb. S. 178). Außerdem konnten einige wenige scharfe Stich- und Hiebverletzungen diagnostiziert werden.

Am Knochen ist zumeist nicht erkennbar, ob die Verletzungen wirklich unmittelbar zum Todeszeitpunkt entstanden sind. Feststellen lässt sich lediglich, dass der Knochen noch feucht und kollagenreich war und noch keine Knochenheilung eingesetzt hatte. Da Zeichen von Knochenheilung frühestens nach etwa sieben Tagen erkennbar sind und Knochen auch eine gewisse Zeit nach dem Tod noch die Eigenschaften von „frischen" Knochen haben, lässt sich der Zeitraum „perimortal" auf einige Tage vor dem Tod bis hin zu (abhängig von den Lagerungsverhältnissen) Monaten nach dem Tod ausdehnen. Zudem ist es meist nicht diagnostizierbar, ob die Verletzung auch tatsächlich zum Tod geführt hat, da sich viele unmittelbare Todesursachen (z. B. Verbluten, Organverletzungen, Ersticken, Herzinfarkt, Schlaganfall, Blutvergiftung etc.) nicht am Knochen abbilden.

Ein Beispiel für diese Problematik stellt der Schädel des 20–40-jährigen Mannes aus Grab 223 dar (Abb. S. 180). Im linken Scheitelbein findet sich eine ca. 4 cm lange scharfe Hiebverletzung, wahrscheinlich verursacht durch ein Schwert. Die Verletzung beschränkt sich auf die äußere Knochentafel, der Schädel wurde durch den Hieb also nicht perforiert. Da keine Heilungsspuren erkennbar sind, kann von einer Entstehung um den Todeszeitpunkt herum ausgegangen werden. Dass eine derartige Verletzung aber nicht unbedingt letal ist, zeigt die verheilte Verletzung in der Stirnmitte desselben Mannes. Hier ist eine schräg von rechts oben nach links unten, sehr gerade verlaufende Eintiefung zu erkennen, die ebenfalls durch scharfe Gewalt (Schwerthieb o. ä.) entstanden sein dürfte. Die unregelmäßige Oberfläche mit zahlreichen Porositäten weist auf eine Entzündung im Zuge des Heilungsverlaufs hin, was bei einer offenen Wunde nicht ungewöhnlich ist. Abgesehen davon ist die Verletzung gut und seit Langem verheilt. Dies verdeutlicht, dass bei derartigen Traumata die Überlebenschance durchaus gut war. Ob der perimortale Schwerthieb im Scheitelbein also die unmittelbare Todesursache dieses Mannes war, ist fraglich.

Bei anderen Verletzungen ist deren Letalität jedoch anzunehmen. So etwa bei dem perimortalen Lochbruch im Schädel des etwa 20–50-jährigen, wahrscheinlich männlichen Individuums aus Grab 295 (Abb. S. 182). Trotz der schlechten Erhaltung ist im linken Scheitelbein ein perimortal entstandener, quadratischer Lochbruch klar erkennbar. Interessanterweise ist die äußere Knochentafel größer ausgesprengt, was darauf hindeutet, dass der den Lochbruch verursachende Gegenstand die Schädelwand von innen nach außen durchstoßen hat. Im Schädelinneren sind im Bereich unmittelbar um den Lochbruch wie auch an etwas weiter entfernt liegenden Stellen rostbraune Verfärbungen zu erkennen, die von der Lagerung eines Gegenstands aus Eisen im Schädelinneren zeugen.

Operation gelungen – Patientin lebt

Obzwar diätetischen oder medikamentösen Behandlungen wenn möglich der Vorzug gegeben wurde, so wurden von ÄrztInnen der Antike auch chirurgische Eingriffe durchgeführt und in schriftlichen Quellen detailgenau beschrieben. Sie reichten von der Wundversorgung und blutstillenden Maßnahmen über das Aufstechen von Geschwüren und Abszessen, Zahnextraktionen, Aderlass, Kauterisation, Schröpfen, Blasenschnitt, Mandel-, Tumor- und Bruchoperationen bis hin zum Stechen des Grauen Stars. Auch Amputationen und operative Schädelöffnungen (sog. Trepanationen) wurden von ÄrztInnen durchgeführt. Anästhetika und Narkosen, wie wir sie heute kennen, gab es dabei zwar noch nicht, jedoch wurden schmerzstillende, berauschende und betäubende Mittel wie z. B. Mandragora, der Milchsaft des Schlafmohns (Opium), Bilsenkraut und Alkohol eingesetzt.

Gut verheiltes Trauma am Schädeldach mit Hinweis auf medizinische Wundversorgung (Enns/Steinpaß, Grab 328, ♀, 25–40 Jahre).
Foto: W. Reichmann/NHM Wien

Ein operativer Eingriff ist auch für das Gräberfeld Steinpaß belegt. Etwa in der Mitte des Schädeldachs der 25–40-jährigen Frau aus Grab 328 ist eine ovale, sehr regelmäßig geformte Einbuchtung erkennbar. Vermutlich führte ein Trauma zu einer Beschädigung der äußeren Knochentafel, die innere Knochentafel blieb dabei glücklicherweise intakt. Offensichtlich wurde diese Verletzung medizinisch versorgt: Die Knochensplitter wurden entfernt und der Knochen im Randbereich durch Abschaben geglättet. Die abgerundeten Ränder und die intakte Oberfläche dieser Läsion weisen darauf hin, dass diese Wunde sehr gut und seit Langem verheilt ist.

Wahrscheinlich hat ein im Querschnitt quadratischer Gegenstand (z. B. ein Geschoßbolzen einer Armbrust o. ä.) von der rechten zur linken Seite den gesamten Kopf durchstoßen und blieb dann in der linken Schädelseite stecken. Eine derartige Verletzung war mit Sicherheit tödlich.

HALS- UND BEINBRUCH

Im Gräberfeld Steinpaß ließ sich eine ganze Reihe von Knochenbrüchen diagnostizieren. Je nachdem, wo Frakturen lokalisiert sind und wie die Bruchmuster aussehen, kann festgestellt werden, welche Ursachen den Knochenbrüchen zugrunde lagen. Die Untersuchungen haben gezeigt, dass die Frakturen an den Gliedmaßen großteils im Zuge von Unfällen entstanden sind. Es fanden sich z. B. bei mehreren Individuen Brüche des Schlüsselbeins, die meist Folge eines Sturzes aus größerer Höhe und Fall auf die Schulter oder den gestreckten Arm sind. Brüche im handgelenksnahen Bereich der Speiche – auch heute einer der häufigsten Knochenbrüche – zeugen ebenfalls von Sturzgeschehen, bei denen versucht wurde, sich mit der Hand abzustützen. Vermehrt konnten Frakturen im Knöchelbereich

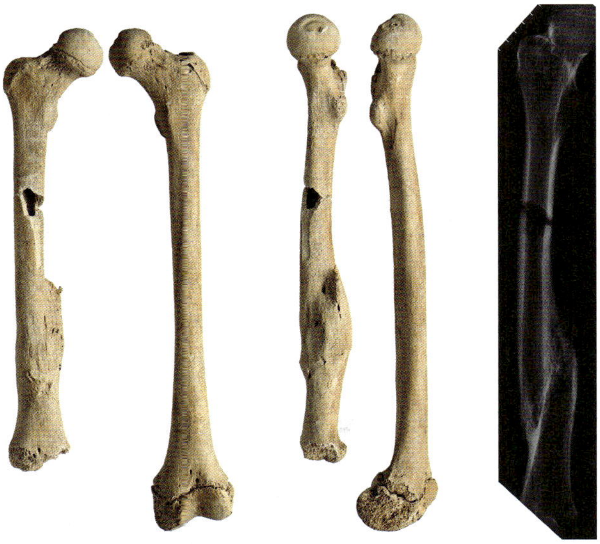

Fraktur des rechten Oberschenkels, in Fehlstellung verheilt (Enns/Steinpaß Grab 157, ♂?, 15–20 Jahre). Vorderansicht (links), Seitenansicht (Mitte), Röntgenbild (rechts, ML-Projektion). *Fotos: W. Reichmann/NHM Wien, Röntgen: M. Marschler*

beobachtet werden, die aller Wahrscheinlichkeit nach beim Umknicken und gleichzeitigen Verdrehen des Fußes zustande kamen. Häufig fanden sich in diesem Gräberfeld sog. Stressfrakturen, also Knochenbrüche, die durch chronische Überbelastung zustande kommen. Dies deutet auf eine starke körperliche (Arbeits-)Belastung der Bestatteten hin.

Generell lässt sich feststellen, dass der überwiegende Teil der Knochenbrüche gut und in nur geringer Fehlstellung verheilt ist, was auf deren fachkundige Behandlung hinweist. Innerhalb des Legionslagers war eine hervorragende medizinische Versorgung gewährleistet, da die entsprechende Infrastruktur mit gut ausgebildeten Ärzten, Sanitätern und einem eigenen Spital *(valetudinarium)* obligat war. Man nimmt an, dass auf ca. 500 Mann ein Arzt samt entsprechendem Hilfspersonal kam. Im Legionslager ist somit von mindestens zehn Ärzten auszugehen (Beitrag S. 96). Gleichermaßen ist für die angrenzende Zivilsiedlung eine gute medizinische Versorgung mit einer ausreichenden Dichte an zivilen ÄrztInnen anzunehmen. Zudem boten Militärärzte auch privat ihre Dienste an.

Nur sehr wenige Frakturen, die im Gräberfeld Steinpaß diagnostiziert werden konnten, waren in starker Fehlstellung verheilt, so z. B. der Bruch des rechten Oberschenkels des 15–20-jährigen Jugendlichen aus Grab 157 (siehe Abbildung links). Im unteren Schaftbereich ist eine starke Verdickung, ein sog. Kallus als Zeichen eines verheilten Knochenbruchs zu erkennen. Entstanden ist die Fraktur wahrscheinlich im Zuge eines Unfalls mit enormer Krafteinwirkung. Durch die starken Muskelpartien im hinteren Oberschenkelbereich wurde der untere Teil des frakturierten Knochens nach hinten und oben gezogen und ist in dieser Fehlstellung verwachsen. Folge war eine Verkürzung des Oberschenkels um ca. 3 cm im Vergleich zur linken Seite. Dies zeugt aber nicht unbedingt von schlechter medizinischer Versorgung. Entlang seiner Längsachse ist der Knochen gerade verwachsen, er wurde somit sicherlich gut versorgt, geschient und lange genug ruhiggestellt. Um eine Überlappung der Knochenbruchstücke zu verhindern, hätte aufgrund des starken Muskelzugs der Knochen durch einen operativen Eingriff stabilisiert werden müssen (mittels Nagel oder Platte) – ein derartiger Eingriff konnte in der Römerzeit freilich noch nicht durchgeführt werden.

Wie zahlreiche historische Quellen belegen, war das medizinische Wissen in der Antike umfangreich und hoch entwickelt. Dies gilt insbesondere auch für Knochenbrüche. Schon Hippokrates (ca. 460 bis 380 v. Chr.) verfasste darüber äußerst umfangreiche Schriften. Aber auch von späteren Ärzten wie Aulus Cornelius Celsus (wirkte in der ersten Hälfte des 1. Jhs.) und Galenos von Pergamon (ca. 129 bis 216 n. Chr.) sind Abhandlungen über Knochenbrüche überliefert. Die Autoren geben darin detailliert Auskunft über die Streckung und Einrichtung der gebrochenen Knochen, die richtigen Salben, Verbände und Verbandstechniken, über Schienen, Ruhigstellung und ungefähre Heildauer bis hin zu möglichen Komplikationen. Einfache Knochenbrüche galten als relativ unkompliziert in der Behandlung. Bei offenen Knochenbrüchen bzw. generell offenen Wunden war hingegen die Gefahr groß, dass Keime in die Wunde eindrangen und großräumige Entzündungen („Wundbrand") auslösten.

So auch bei dem ca. 20–25-jährigen Mann aus Grab 58. Im oberen Schaftdrittel des linken Oberschenkels sind besonders ausgeprägte Knochenneubildungen zu erkennen, die Zeugen einer großräumigen Entzündung der Knochenhaut (Periostitis) und möglicherweise auch des Knochens (Ostitis) sind (Abb. S. 186). Diese Veränderungen sind aller Wahrscheinlichkeit nach Folge einer Verletzung (z. B. Stich-, Schnitt-, Pfeilschusswunde o. ä.), bei der nicht nur die Weichteile, sondern auch die äußere Wandung des Knochens geschädigt wurde. Durch die offene Wunde sind offenbar Keime eingedrungen, die eine starke entzündliche Reaktion auslösten. In den reaktiven Knochenneubildungen sind Öffnungen und Hohlräume erkennbar, in denen sich eitriges Exsudat gesammelt hat. Der Knochenmarksraum war – wie das Röntgenbild zeigt – von dieser Entzündung (noch) nicht betroffen. Vermutlich heilte diese über Wochen oder Monate hinweg nicht aus. Ob dies auch die Todesursache war, kann zwar nicht festgestellt werden, es ist aber durchaus vorstellbar, dass Keime über die Blutbahn im Körper verbreitet wurden und die daraus resultierende Sepsis („Blutvergiftung") schließlich zum Tod dieses Mannes geführt hat.

BEFUND: TOT

Dass man von den Skeletten Auskunft über die Todesursache bekommt, ist nur selten der Fall. Die oben angeführten Beispiele stellen die seltene Ausnahme bei anthropologischen Untersuchungen dar. Am Knochen

selbst bilden sich generell wenige, zumeist nur über längere Zeit andauernde Krankheitsprozesse ab, die zwar nichts über die unmittelbare Todesursache verraten, jedoch essentiell für die Erforschung der Krankheitsbelastung und in weiterer Folge von Umwelt- und Lebensbedingungen sind. An vielen Skeletten der am Steinpaß Bestatteten fanden sich Hinweise auf physiologischen Stress, also Reaktionen des menschlichen Körpers auf Belastungen wie etwa Mangelernährung, Infektionserkrankungen, Parasitenbefall und dergleichen. Solche Hinweise stellen wichtige Indikatoren für den Ernährungs- und Gesundheitszustand einer historischen Bevölkerung dar.

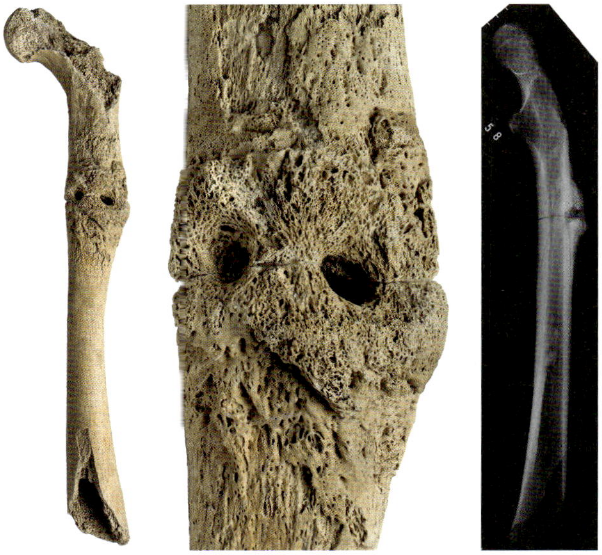

Großräumiger Abszess am linken Oberschenkel (Enns/Steinpaß, Grab 58, ♂, 20–25 Jahre). Vorderansicht (links), Detail (Mitte), Röntgenbild (rechts, ML-Projektion).
Fotos: W. Reichmann/NHM Wien, Röntgen: M. Marschler

Unspezifische Stressmerkmale wie z. B. Porositäten in den Augenhöhlendächern und am Schädeldach, horizontale Einkerbungen im Zahnschmelz und Auflagerungen an den Langknochenschäften konnten an vielen Skeletten des Gräberfeldes Steinpaß beobachtet werden, jedoch waren diese in den meisten Fällen nur sehr leicht ausgeprägt. Es fanden sich zudem nur wenige eindeutige Fälle von chronischem Vitamin-C-Mangel und kein einziger eindeutiger Fall von chronischem Vitamin-D-Mangel im Skelettkollektiv. Überdies konnten bei den Kindern keine Hinweise auf Verzögerungen im Längenwachstum festgestellt werden, wie sie oft bei Mangelernährung oder lange andauernder, schwerer Krankheit auftreten. Dies zeigt, dass es zwar eine gewisse Krankheitsbelastung in der Bevölkerung von *Lauriacum* gab, die das Leben der Menschen aber nicht außerordentlich beeinträchtigte.

Auch die Ernährungslage scheint durchaus gut gewesen zu sein. Die am Steinpaß diagnostizierten Stressmerkmale repräsentieren einen für eine historische Population zu erwartenden Gesundheitszustand, in denen Phasen von Krankheit und Mangelversorgung – etwa eine Vitamin-C-Unterversorgung in den Wintermonaten, wo nur wenig frisches Obst und Gemüse zur Verfügung stand – unvermeidbar waren.

Auffallend bei der Untersuchung der am Steinpaß bestatteten Kinder war, dass fast alle pathologische Veränderungen im Schädelinneren in Form von feinporösen Knochenneubildungen aufweisen. Sie zeugen von Blutungen und/oder Entzündungen wie z. B. einer Entzündung der Hirnhäute (Meningitis), der Hirnhäute und des Gehirns (Meningoenzephalitis) oder der venösen Blutleiter (Perisinusitis). Welche genaue Krankheit diesen Veränderungen zugrunde lag, ist makroskopisch meist nicht feststellbar.

Am häufigsten werden Hirnhautentzündungen durch Viren ausgelöst, sie können aber auch durch Bakterien wie etwa Pneumo- oder Meningokokken verursacht werden. Oft sind sie auch sekundäre Folge von schweren Infektionserkrankungen wie z. B. Tuberkulose, Syphilis, Borreliose oder Typhus. Auch von relativ harmlos erscheinenden Erkrankungen wie etwa Nasennebenhöhlen- oder Mittelohrentzündungen können pathogene Keime auf das Schädelinnere übertragen werden und dort Entzündungen auslösen. Hirnhautentzündungen sind schwere, durchaus lebensbedrohliche Krankheiten. Gerade bei Kindern, bei denen das Immunsystem noch nicht voll entwickelt und leistungsfähig ist, haben sie einen oft besonders schwerwiegenden Verlauf – so auch bei den hier bestatteten, die diese Erkrankung nicht überlebten.

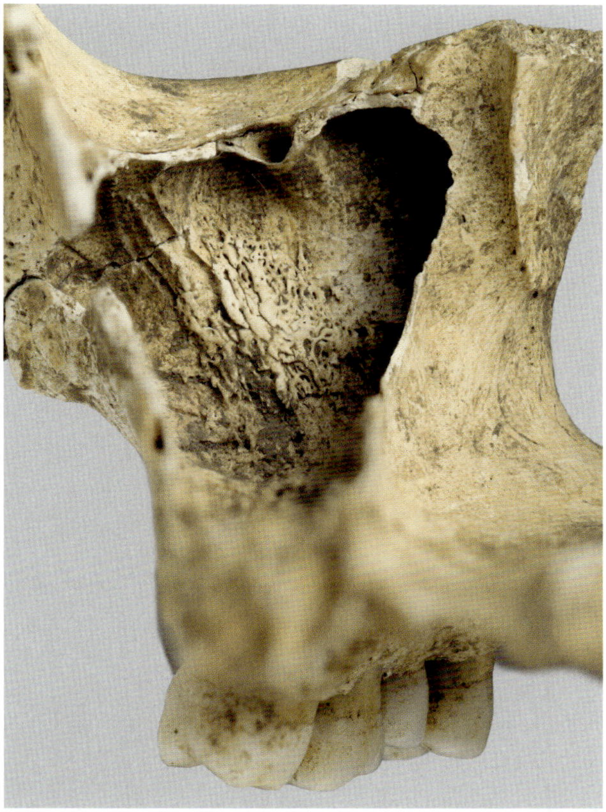

Poröse bis plattenartige Knochenneubildungen in der linken Kieferhöhle aufgrund von Sinusitis (Enns/Steinpaß, Grab 60, ♂, 20–25 Jahre).
Foto: W. Reichmann/NHM Wien

Poröse bis wulstartige Knochenneubildungen in der linken Stirnhöhle aufgrund von Sinusitis (Enns/Steinpaß, Grab 149, ♂?, 40–60 Jahre).
Foto: W. Reichmann/NHM Wien

VOLKSKRANKHEIT SINUSITIS

Viele Krankheiten entstehen als unmittelbare Reaktion des menschlichen Körpers auf seine Umwelt. Dazu zählen Atemwegserkrankungen wie Schnupfen, Nebenhöhlenentzündung, Bronchitis und Lungenentzündung. Ihr Entstehen ist maßgeblich mit ungünstigen klimatischen Verhältnissen (z. B. nasskaltes Wetter, speziell in den Wintermonaten) und schlechter Luftqualität (Luftverschmutzung durch Gase, Rauch, Staub, Pollen, Schimmelpilze, mikrobielle Krankheitserreger etc.) verbunden.

Chronische Atemwegserkrankungen wie z. B. chronische Entzündungen der Nasennebenhöhlen (Sinusitis) sind auch im paläopathologischen Befund nachweisbar. Als Beispiele seien hier die linke Kieferhöhle des 20–25-jährigen Mannes aus Grab 60 und die linke Stirnhöhle des 40–60-jährigen Mannes aus Grab 149 (siehe oben) gezeigt. Bei beiden Individuen finden sich darin großflächige feinporöse bis plattenartige Knochenneubildungen, die von großräumigen chronischen Entzündungsprozessen zeugen. Die Untersuchungen am Gräberfeld Steinpaß haben gezeigt, dass mehr als 80 % der Individuen von Sinusitis betroffen waren. Nicht nur Erwachsene, sondern auch der Großteil der Kinder litt bereits an dieser chronischen Erkrankung.

Warum waren Atemwegserkrankungen in *Lauriacum* derart weit verbreitet? Es ist anzunehmen, dass gerade in den Wintermonaten niemand vor Erkältungskrankheiten gefeit war. Das Leben in der kalten Jahreszeit

war in der Römerzeit wohl wenig behaglich. Die Häuser waren kaum isoliert und nicht alle Räume wurden beheizt. Lediglich in den Häusern der wohlhabenden Bevölkerungsschichten waren Hypokaust- oder Kanalheizungen installiert, die zumeist nur einen Raum beheizten und mit denen auch einigermaßen angenehme Raumtemperaturen erreicht werden konnten. Zusätzlich hatten derartige Heizsysteme den entscheidenden Vorteil, dass die Rauchgase weitgehend vom Raum getrennt wurden und die Raumluft nur wenig belasteten. Dem Großteil der Bevölkerung wie auch den einfachen Soldaten in den Kasernen standen neben offenen Feuerstellen in den Küchen und Kochstellen lediglich Metallbecken und Nischenöfen zur Verfügung, die mit Holz(-kohle) beheizt wurden. Experimentalarchäologische Untersuchungen von Hannes Lehar (Universität Innsbruck) haben gezeigt, dass mit derartigen Heizsystemen bei einer Außentemperatur um den Gefrierpunkt eine Rauminnentemperatur von 10 °C im direkten Umfeld des Ofens kaum überschritten werden konnte, weiter vom Ofen entfernt lag die Temperatur sogar weit darunter. Zu den geringen Temperaturen kommt bei derartigen Heizsystemen die Rauchbelastung in den Räumen, da Rauchfänge in der Römerzeit noch weitgehend unbekannt waren. Dadurch war die Luft stark mit Ruß und Feinstaub belastet, wodurch die Atemwege enorm gereizt wurden. Auch musste man für den Abzug des Rauches sorgen, um Rauchgasvergiftungen vorzubeugen. Das rauchige, kalte und zugige Wohnklima in den Häusern und Kasernen war somit geradezu prädestiniert für (chronische) Entzündungen der Atemwege. Die hohe Bevölkerungsdichte inner- und außerhalb des Legionslagers – Schätzungen zufolge lebten in der Blütezeit bis zu 25.000 Menschen in *Lauriacum* – förderte zudem deren Ausbreitung.

Doch nicht nur die widrigen klimatischen Verhältnisse in der kalten Jahreszeit und die damit verbundenen Unannehmlichkeiten waren für Atemwegserkrankungen verantwortlich. Einen wesentlichen

Beitrag dazu leistete die in *Lauriacum* generell anzunehmende schlechte Luftqualität. Zu der natürlichen Belastung der Luft durch Staub, Pollen, mikrobielle Krankheitserreger etc. kam in dieser dicht bebauten und bevölkerungsreichen Stadt sicherlich eine ganzjährig hohe Belastung an (Rauch-)Gasen, Ruß und Feinstaub. Wesentlich dazu beigetragen hat die Beleuchtung mittels Kienspänen, Fackeln oder mit Öl oder Talg betriebenen Lämpchen, von denen eine teils starke Rußbelastung angenommen werden kann.

Gekocht wurde das ganze Jahr an offener Feuerstelle, aber auch in den Bädern, den Garküchen sowie in zahlreichen Handwerksbetrieben brannten ganzjährig offene Feuer. Gerade die Verbrennung von Holz birgt einen hohen Anteil an Feinstaub, Ruß und Kohlendioxid, weswegen von einer ständigen Reizung der Atemwege auszugehen ist. Berücksichtigt man all diese Faktoren, so scheint es verwunderlich, dass es überhaupt Menschen gab, bei denen sich Atemwegserkrankungen nicht chronisch manifestierten.

AUF DEN ZAHN GEFÜHLT

Zähne zählen zu den wertvollsten Informationsquellen anthropologischer Analysen: Sie können Hinweise auf das Sterbealter, auf verwandtschaftliche Beziehungen bis hin zu Migrationsbewegungen geben. Besondere Bedeutung kommt der Analyse der Erkrankungen der Zähne und des Zahnhalteapparates zu, da diese Aufschluss über die Zahn- und Mundhygiene wie auch über die Ernährung der Menschen aus früherer Zeit geben kann.

Für Zahnerkrankungen sind vor allem Mikroorganismen verantwortlich, die im Zahnbelag (Plaque), der den Zähnen anhaftet, leben. Zahnstein entsteht, wenn diese die mineralischen Bestandteile des Speichels und der Nahrung in die Plaque einlagern. Zudem bauen diese Mikroorganismen (v. a. Bakterien der Art *Streptococcus mutans* und verschiedene Laktobazillen) im Zuge ihres Stoffwechsels Kohlehydrate aus der Nahrung ab, wobei Säuren entstehen, die den Zahnschmelz demineralisieren und schließlich zerstören können. Dies äußert sich in den für Karies charakteristischen Lochdefekten in den Zähnen. Dringen durch den geschädigten Zahn Bakterien bis zur Zahnwurzel vor, können sie dort Entzündungen mit Eiteransammlungen in neu gebildeten Hohlräumen (Abszesse) verursachen, die in weiterer Folge zum Absterben und Verlust des betroffenen Zahnes führen. Derartige Wurzelspitzenabszesse können so groß werden, dass sie wangenseitig oder in die Kieferhöhle durchbrechen, woraufhin sich die Entzündung dort fortsetzt. Werden fortan die Keime über die Blutbahn im Körper verbreitet, kann dies eine Sepsis hervorrufen, die durchaus letal sein kann. Die Abbildungen unten zeigen die beschriebenen Veränderungen am Oberkiefer des 25–35-jährigen Mannes aus Grab 375. Dieses große Ausmaß der Karieserkrankung ist im Gräberfeld Steinpaß keine Seltenheit, sondern entspricht viel eher dem hier üblichen Zustand.

Oberkiefer mit kariösen Defekten an den Vormahl- und Mahlzähnen und Abszessen im Zahnwurzelbereich (Enns/Steinpaß, Grab 375, Individuum 1, ♂, 25–35 Jahre). Aufsicht auf den Oberkiefer (links); rechte Wangenseite mit durchgebrochenem Abszess, an den Zähnen sind zudem Zahnsteinablagerungen zu erkennen (Mitte); Durchbruch des Abszesses in die rechte Kieferhöhle (rechts).
Fotos: W. Reichmann/NHM Wien

Die Untersuchung von Zahnerkrankungen der am Steinpaß bestatteten Menschen hat gezeigt, dass rund drei Viertel aller Individuen mit Dauerzähnen an Karies und deren Folgen litten. Schon bei über 60 % der Jugendlichen und fast 80 % der Adulten (20–40 Jahre) konnten kariöse Veränderungen diagnostiziert werden. Ab einem Sterbealter von 40 Jahren waren alle Individuen von dieser Zahnerkrankung betroffen. Auch Zahnstein war weit verbreitet. Bereits bei Kindern konnte er diagnostiziert werden, und ab dem jugendlichen Alter wiesen alle Individuen des Gräberfeldes Zahnsteinablagerungen an ihren Zähnen auf. Das sehr häufige Auftreten von Zahnstein und Karies belegt, dass die Zahn- und Mundhygiene der Menschen aus *Lauriacum* offensichtlich unzureichend war. Ob, wie oft und in welcher Form sie dafür sorgten, lässt sich nicht rekonstruieren. Doch es gibt zahlreiche historische Quellen, die näheren Aufschluss über die zur Römerzeit übliche Zahnpflege geben. Für das Entfernen von Speiseresten zwischen den Zähnen verwendete man Zahnstocher (*dentiscalpia*, bestehend aus Holz, Federkielen oder Metall). Zahnbürsten kannte man noch nicht. Die Zahnpflege beschränkte sich üblicherweise auf Mundspülungen und das Verreiben von Kräutern (wie z. B. Minze) und eines Zahnpulvers (*dentifricium*) mit bloßen Fingern. Dieses Pulver beinhaltete neben organischen Stoffen (z. B. Asche des Hasenkopfes und von Eselszähnen, Eselsmilch, Kräuter wie beispielsweise Narde gegen Mundgeruch und sogar Eigenurin) abrasive Bestandteile wie etwa Salz, Hirschhornpulver, Bimsstein und Natron, die die glatten Zahnoberflächen wahrscheinlich gut reinigten. Der Zahnbelag in den Zahnzwischenräumen und in den Fissuren der Zähne wurde aber durch diese Prozedur wohl kaum entfernt. Unabänderliche Folge waren Zahnsteinablagerungen und die Ausbreitung von Karies.

Karies steht auch im unmittelbaren Zusammenhang mit der Ernährung. Vor allem kohlehydratreiche Nahrung, also stärke- und zuckerhaltige Lebensmittel, sind für das Auftreten dieser Zahnerkrankung verantwortlich. Nicht nur süße Nahrungsmittel wie z. B. Honig, eingedickter Süßmost, (Trocken-)Früchte o. ä. förderten Karies. Wahrscheinlich war Getreide das Hauptnahrungsmittel der damals lebenden Menschen, das zu Brot (*panis*) oder Brei (*puls*) verarbeitet wurde. Getreide ist relativ kostengünstig und hat einen hohen Nährwert, und vor allem Brei ist daraus besonders leicht herzustellen. Der große Nachteil: Der weiche und klebrige Getreidebrei haftet an den Zähnen und ist reich an Kohlehydraten – die optimalen Voraussetzungen für das Ausbreiten von Karies. Zum Teil lässt sich hiermit auch die im Gräberfeld Steinpaß festgestellte leichte Vitamin-C-Unterversorgung erklären, da Getreide dieses Vitamin nicht enthält.

NOCH NICHT AM ENDE

Die hier vorgestellten anthropologischen Untersuchungen für die Landesausstellung haben einen erheblichen Erkenntnisgewinn für die Römerzeit-Forschung

MOLEKULARARCHÄOLOGIE DER KRONSTORFER DOPPELBESTATTUNG

JAN CEMPER-KIESSLICH

Im Zuge von Baumaßnahmen auf dem Sportplatzgelände der südlich von Enns gelegenen Marktgemeinde Kronstorf wurde 2016 durch die Fa. Archeonova ein aus Quadern errichtetes Steinkistengrab mit zwei Körperbestattungen freigelegt. Als Deckplatten wurden ältere Grabsteine mit Reliefdarstellungen wiederverwendet. Aufgrund der Grabbeigaben – ein glasierter Krug, Glasgefäße, ein Follis des Licinius I. aus den Jahren 313/315 und ein Armreif – wird die Doppelbestattung archäologisch in das 4. Jh. datiert, was durch eine Radiocarbondatierung der Gebeine bestätigt werden konnte. Sie besteht aus den Skeletten eines jungen Mannes und einer Frau, die in ihren 40ern verstorben ist. Die Fundsituation der beiden Skelette legt nahe, dass der junge Mann lange vor der Frau bestattet wurde, da dessen Überreste wie absichtlich beiseite geräumt wirken, um für einen neuen Körper Platz zu machen.

Nach erfolgter DNA-Extraktion aus verschiedenen Knochenproben der Verstorbenen konnte mit Methoden der modernen

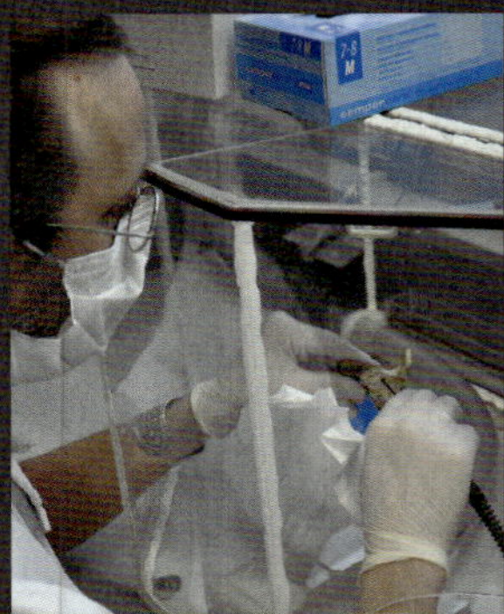

Probennahme für DNA-Analyse aus Knochenfragment. *Foto: J. Cemper-Kiesslich*

in Oberösterreich gebracht. Wir haben Einsicht bekommen in das Leben der Menschen in *Lauriacum* und wissen nun annähernd Bescheid über Bevölkerungsstruktur, Ernährung, Krankheitsbelastung, medizinische Versorgung sowie die sozialen Lebensumstände.

Zusätzlich zu den anthropologischen Untersuchungen wurden auch andere naturwissenschaftliche Analysen durchgeführt. Marissa L. Ledger und Piers D. Mitchell von der University of Cambridge untersuchten Erdreste aus dem Beckenbereich von 13 Individuen auf das Vorhandensein von Darmparasiten. Deren Eier sind derart widerstandsfähig, dass sie unter günstigen Bedingungen selbst Jahrtausende in der Erde überdauern können; so konnte etwa in der Erde aus einer Latrine in *Carnuntum* der Spulwurm nachgewiesen werden. Die Untersuchungen der Erdproben aus dem Gräberfeld Steinpaß lieferten keine Hinweise auf Darmparasiten. Das heißt aber nicht zwangsläufig, dass diese Individuen wirklich frei von Darmparasiten waren; die Parasiteneier könnten z. B. vergangen oder fortgespült worden sein. Üblicherweise gelingt bei Proben aus Latrinen oder Abwasserkanälen der Nachweis besser – vielleicht können zukünftig derartige Untersuchungen für *Lauriacum* durchgeführt werden.

Des Weiteren hat Jan Cemper-Kiesslich von der Universität Salzburg bei ausgewählten Bestattungen genetische Untersuchungen durchgeführt. Ziel dieser Untersuchungen war es zum einen, der Frage nach verwandtschaftlichen Beziehungen bei Doppel- und Mehrfachbestattungen nachzugehen, zum anderen bei Befunden mit widersprüchlicher morphologischer und archäologischer Geschlechtsidentifizierung die molekulare Geschlechtsdiagnostik klärend einzusetzen. In den ersten untersuchten Knochenproben aus dem Gräberfeld Steinpaß war unglücklicherweise keine aDNA mehr erhalten, die Untersuchungen werden in Zukunft aber noch auf weitere Gräber aus *Lauriacum* ausgedehnt werden. Welches Potential in derartigen Untersuchungen liegt, zeigt die positiv verlaufene Untersuchung des Steinkistengrabes aus Kronstorf, bei der ein familiäres Naheverhältnis der Bestatteten nachgewiesen werden konnte (siehe unten).

Noch zahlreiche weitere Fragen bleiben unbeantwortet: Lässt sich die Herkunft der Bewohnerschaft rekonstruieren? Stammte sie tatsächlich aus dem gesamten Römischen Reich? Schlägt sich der archäologisch fassbare Wandel von einer florierenden militärischen Siedlung hin zu einer wesentlich kleineren, vom Christentum geprägten Zivilsiedlung im Gesundheitszustand der Bevölkerung nieder? Wie waren die Lebensumstände der Menschen in der Peripherie der militärischen Siedlungen? Welchen Einfluss hatte die ländliche, landwirtschaftlich geprägte Lebensweise? Diese und noch viele weitere unbeantwortete Fragen lassen hoffen, dass die gegenständliche Studie den Beginn von weiteren, vertiefenden (bio-)archäologischen Untersuchungen darstellt.

forensischen Molekularbiologie eine Verwandtschaftsbeziehung zwischen den beiden Individuen hergestellt werden, wobei allein aufgrund der DNA-Ergebnisse mit an Sicherheit grenzender Wahrscheinlichkeit von einer familiären Beziehung auszugehen ist – ca. 90 % sprechen für eine Elternschaft und ca. 10 % für eine Geschwisternschaft.

Unter Einbeziehung der relativen Fundsituation sowie des Sterbealters der beiden Personen ist mit hoher Sicherheit davon auszugehen ist, dass die Frau die Mutter des jungen Mannes war und ihn offenbar zumindest um einige Monate, wahrscheinlicher aber um Jahre überlebt hat.

Besonders bemerkenswert an der Auswertung der Kronstorfer Doppelbestattung ist die koordinierte Zusammenarbeit zwischen Archäologie, Anthropologie und molekularer Archäologie, die eine methodische Absicherung von Einzelergebnissen, wie z. B. dem biologischen Geschlecht über Merkmale des Skeletts und der DNA bzw. der historischen Einordnung über die

Ausgrabung Kronstorf.
Foto: Archeonova

Grabbeigaben und die Radiocarbondatierung ermöglicht. Derart abgesicherte Ergebnisse werden durch Informationen über die familiäre Beziehung ergänzt.

Zur Zeit der Abfassung dieses Berichtes werden weiterführende Untersuchungen an der DNA der Skelette zur Abschätzung der Herkunft der Personen anhand ihrer mütterlichen und väterlichen Erbmerkmale betrieben, ebenso wie der Versuch eine mögliche, genetisch grundgelegte Erkrankung am Skelett der Frau nachzuweisen.

MARIA MARSCHLER – ANDREA STADLMAYR

TOD DURCH ENTHAUPTUNG

ZWEI BESONDERE SCHICKSALE AUS *LAURIACUM*

Tödliche Verletzungen konnten im Gräberfeld Steinpaß nicht nur am Schädel diagnostiziert werden. Bei zwei Individuen sind perimortale Schnittspuren an den Halswirbeln zu erkennen – Zeichen des Todes durch Enthauptung.

Am 4. und 6. Halswirbel des ca. 22–26-jährigen Mannes aus Grab 19 finden sich perimortale Schnitt- bzw. Hiebspuren, die auf eine Dekapitation durch mindestens zwei scharfe Hiebe hindeuten (siehe Abbildung unten). Schräg von links oben nach rechts unten verlaufende Schnittspuren finden sich an der linken Unterseite des 4. Halswirbels (nur im Wirbelbogen) und an der rechten Oberseite des 6. Halswirbels (im Wirbelbogen und Wirbelkörper). Vermutlich stammen diese Schnittspuren von ein und demselben Hieb. Zusätzlich finden sich an der linken Oberseite des 6. Halswirbels Schnittspuren in wesentlich flacherer Verlaufsrichtung, die wahrscheinlich von einem weiteren Hieb stammen. Die Morphologie der Schnittkanten weist darauf hin, dass beide Hiebe von hinten geführt wurden. Die ähnliche Verlaufsrichtung zeigt weiters, dass diese kurz hintereinander von derselben Person und in kaum geänderten Körperpositionen (beider Personen) zugefügt wurden. Aufschluss darüber, welcher dieser Hiebe der erste war, könnte der 5. Halswirbel geben, der jedoch nicht erhalten ist.

Hinweise auf eine weitere Enthauptung finden sich am Skelett des ca. 17–25-jährigen Mannes aus Grab 205. Hier verläuft die sehr glatte Hieb- bzw. Schnittspur an der Oberseite des 4. Halswirbelkörpers (Abb. S. 193). Der Verlauf ist ebenso wie bei dem Mann aus Grab 19 schräg von links oben nach rechts unten, wodurch die rechte obere Ecke des Wirbelkörpers abgehoben wurde. Offenbar wurde durch einen von hinten nach vorne geführten Hieb der Hals vollständig durchtrennt; er setzte sich sogar im linken Unterkieferwinkel fort. Auffallend bei diesem Mann ist, dass sich auch am

Enns/Steinpaß, Grab 19 (♂, 22–26 Jahre). Spuren einer Enthauptung am 4. und 6. Halswirbel.
Grabfoto (oben), Hinteransicht des 4. und 6. Halswirbels (links), Unterseite des 4. Halswirbels (Mitte), Oberseite des 6. Halswirbels (rechts).
Grabfoto: OÖLM, Fotos Halswirbel: W. Reichmann/NHM Wien

Schädeldach Hinweise auf Gewalteinwirkung finden. In der linken Seite des Hinterhauptbeins ist ein etwa quadratischer, um den Todeszeitpunkt herum entstandener Lochbruch (Seitenlänge ca. 18 mm) zu erkennen, der durch einen quadratischen Gegenstand – womöglich durch einen Hammer oder die Rückseite einer Axt – zustande gekommen ist. Am rechten Stirnhöcker sind zudem drei sehr flache Eindellungen erkennbar, die aller Wahrscheinlichkeit nach Zeichen einer sehr gut verheilten Depressionsfraktur sind. Der junge Mann aus Grab 205 war offensichtlich schon früher in seinem Leben Gewalt ausgesetzt.

Was ist diesen zwei jungen Männern widerfahren? Waren sie Opfer von Kampfhandlungen? Oder waren sie Delinquenten, an denen die Todesstrafe durch Enthauptung vollzogen wurde? Kam es zu einem Unfall, bei dem der Kopf vom Körper abgetrennt wurde? Oder wurde der Kopf kurz nach dem Tod im Zuge eines Totenrituals oder bei einer Leichenschändung abgetrennt?

Beide Dekapitationen weisen jedenfalls einige Gemeinsamkeiten auf: Die gleiche Schnittführung (von hinten nach vorne) in einem ähnlich schrägen Winkel (zwischen 10 und 13 Grad von links oben nach rechts unten) und die annähernd gleiche Position deuten auf eine ähnliche Körperposition der Beteiligten (Enthaupteter und Schwertführender) hin. Dies lässt am ehesten an die Enthauptung durch das Schwert bei Vollzug der Todesstrafe denken, bei der das Setting wohl ähnlich war. Aus Überlieferungen ist bekannt, dass dabei dem Scharfrichter der Nacken des Verurteilten präsentiert wurde, der Hieb also von hinten erfolgte. Vollstreckt wurde diese Todesstrafe in der Regel von einer militärischen Charge, den sog. *speculatores*. Geahndet wurden damit Verbrechen wie etwa Mord, Raubüberfälle, Diebstahl und Kriegsdienstverweigerung. Auch viele Christen starben den Tod durch das Schwert – berühmtestes Beispiel dafür ist Apostel Paulus, der deswegen auch mit dem Schwert dargestellt wird.

Eindeutig werden sich die genauen Umstände wohl nie klären lassen. Fest steht, dass beide Individuen sorgfältig in der im Gräberfeld Steinpaß üblichen Position, in gestreckter Rückenlage, in die Grabgrube gelegt wurden. Bei Grab 205 kann sogar ein Holzsarg angenommen werden (die Bestattung wurde erst durch eine Nachbestattung im Fußbereich gestört). Zudem wurde bei beiden der Kopf an die richtige Stelle gelegt. Die Hinterbliebenen hatten also sehr darauf geachtet, dass den zwei Männern ein sorgfältiges und würdevolles Bestattungsritual gewährt wurde.

Enns/Steinpaß, Grab 205, Individuum 1 (♂, 17–25 Jahre). Spuren einer Enthauptung am 4. Halswirbel und am linken Unterkieferwinkel. Grabfoto (oben), Hinteransicht des 4. Halswirbels (links), Oberseite des 4. Halswirbels (Mitte), Unterkiefer mit Schnittspur (rechts).
Grabfoto: OÖLM, Fotos Halswirbel und Unterkiefer: W. Reichmann/NHM Wien

ANDREA STADLMAYR – MARIA MARSCHLER

DEM FEUER ÜBERGEBEN

LEICHENBRAND ALS ANTHROPOLOGISCHE INFORMATIONSQUELLE

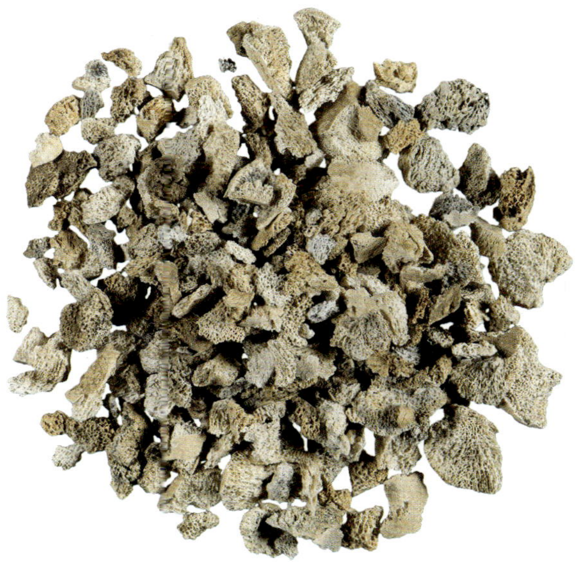

Bis in das 2. Jh. war Leichenverbrennung und anschließende Bestattung der menschlichen Überreste in Urnen oder in Brandschüttungsgräbern die bevorzugte Bestattungsart im Westen des Imperium Romanum – für anthropologische Untersuchungen eine Herausforderung!

Für die Leichenverbrennung wurde entweder ein „Einweg"-Verbrennungsplatz (*bustum*), bei dem der Scheiterhaufen (*rogus*) direkt über oder in einer Erdgrube errichtet wurde, oder ein gemauerter Verbrennungsplatz (*ustrina*) genutzt. Für den vermutlich etwa 2 x 1 m großen Scheiterhaufen wurden Holzbalken in eine Höhe von 1 bis 2 m aufgetürmt. Schätzungen gehen von etwa 3,8 m³ bzw. mindestens 190 kg benötigtem Holz für einen Scheiterhaufen von ausreichender Größe für die Verbrennung eines menschlichen Leichnams aus. Schließlich sollte eine Temperatur von ca. 900 °C erreicht und für etwa 7 bis 10 Stunden erhalten werden. Auch Brandbeschleuniger wie Pech und Papyrus waren den Römern bekannt. Ein Leichenverbrenner (*ustor*) sorgte dafür, dass es nicht – verstärkt noch durch Regen, Wind oder feuchtes Holz – zu einer ungleichmäßigen Verbrennung und als Folge zu einem vorzeitigen Einstürzen des Scheiterhaufens oder gar zu einem Absturz des Leichnams kam. Experimenten zufolge fällt der Scheiterhaufen nach etwa zwei bis vier Stunden in sich zusammen. Zu diesem Zeitpunkt befanden sich jedoch noch Weichteile an den Knochen, sodass man die Überreste noch Stunden in der Glut beließ. Handelte es sich nicht ohnehin um ein Bustumgrab, bei dem die verbrannten Überreste direkt ins Grab fielen, löschten die nächsten Verwandten des/der Verstorbenen schließlich die Glut, sammelten die Brandreste auf und reinigten sie. Anschließend bestatteten sie den Leichenbrand direkt oder in einem Behältnis (beispielsweise in einer Urne, Holz- oder Steinkiste) in einem Grab.

Bei der Einäscherung verbrennen zuerst die Weichteile (Haut, Fett- und Muskelgewebe, Sehnen, Blutgefäße, Nerven und Organe) bis die Hitze und der Sauerstoff endlich zu den Knochen vordringen können. Je nach Körperstelle dauert dies unterschiedlich lange – Knochen aus Regionen mit wenig „Fleisch" sind dem Feuer also länger ausgesetzt als gut „verpackte" Knochen wie z. B. Oberschenkelknochen.

Mit fortschreitendender Verbrennung ändert sich die Farbe der Knochen von elfenbeinfarben über braun und schwarz zu graublau und milchigweiß bis letztlich zu altweiß. Anhand der Farbe kann auf den Grad der Oxidation des Kohlenstoffs aus organischen Verbindungen geschlossen werden, was wiederum Hinweise auf die Verbrennungstemperatur bzw. -dauer gibt. Bei einer vollständigen Verbrennung durch genügend Hitze und Sauerstoffzufuhr über einen ausreichend langen Zeitraum bleiben nur die mineralischen

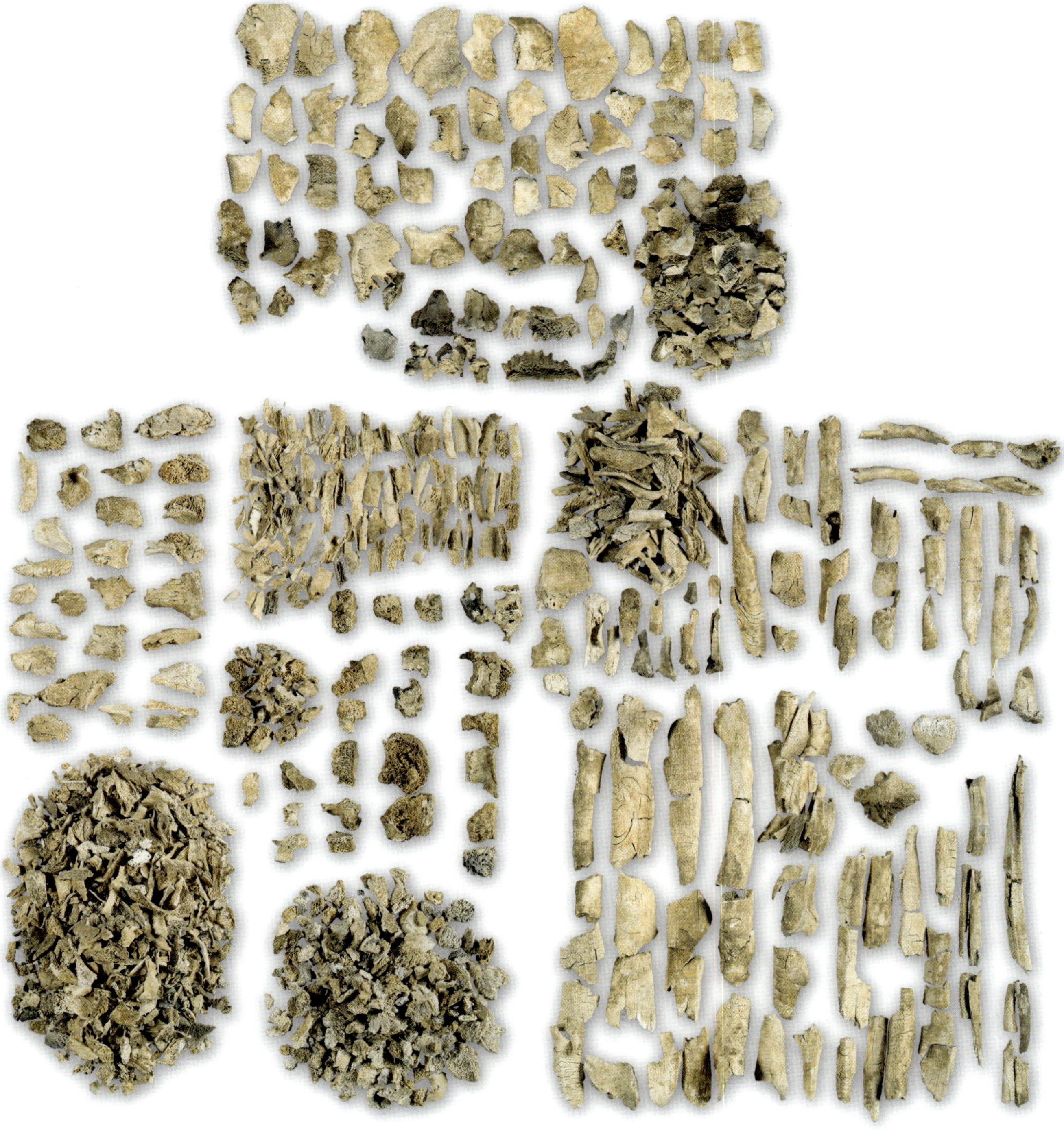

Leichenbrand aus dem Gräberfeld Enns/Steinpaß (Grab 120, ♂?, 25–45 Jahre) mit einem Gewicht von ca. 1.330 g, nach anatomischen Regionen aufgelegt. Die organischen Bestandteile sind weitgehend verbrannt (altweiße Farbe) und einzelne Knochen relativ groß fragmentiert, sodass sie noch gut identifizierbar sind.
Foto: W. Reichmann/NHM Wien

Bestandteile (überwiegend Calciumphosphat, Calciumcarbonat und Magnesiumphosphat) des menschlichen Körpers übrig. Ohne organische Anteile wie Kollagen sind Knochen spröde und zerbrechlich. Durch die starke Hitzeentwicklung werden die Knochen deformiert, schrumpfen und zersplittern. Auch entweicht sämtliches Wasser, sodass von einem Körper eines Erwachsenen nur etwa 1 bis 4 kg Leichenbrand zurückbleiben. Im archäologischen Nachweis variieren die Leichenbrandgewichte von wenigen Gramm bis zu knapp 3 kg, abhängig vom Verbrennungsgrad, der Sorgfalt beim Aufsammeln der Brandreste und der Fundsituation.

Die Größe der Knochenfragmente eines Leichenbrandes kann von wenigen Millimetern bis zu mehreren Zentimetern reichen. Kleine bzw. dünne Knochen (Gesichtsknochen, Hand- und Fußknochen, Rippen) sind im Leichenbrand häufig schwerer zu identifizieren, da Fragmente schnell unkenntlich werden. Andererseits sind sie möglicherweise jedoch tatsächlich unterrepräsentiert, da sie beim Aufsammeln leichter übersehen werden. Die völlig homogene, feinkörnige Struktur, die man von zeitgenössischen Leichenbränden kennt, liegt im archäologischen Befund normalerweise nicht vor. Sie entsteht erst in modernen Krematorien durch das bewusste Unkenntlichmachen der verbrannten Knochen durch Zermahlen.

Wenig überraschend wird die anthropologische Alters- und Geschlechtsbestimmung abhängig vom Fragmentierungsgrad der Knochen (sehr) erschwert, häufig fehlen diagnostische Elemente gänzlich. Auch DNA-Untersuchungen vermögen zumeist bei der Geschlechtsdiagnose nicht mehr weiterzuhelfen: Sind Knochen nur drei Stunden einer Temperatur von 600 °C ausgeliefert, lässt sich zumeist keine DNA mehr nachweisen.

Krankheitsbilder und Verletzungen lassen sich, wenn auch eingeschränkt, im Leichenbrand beurteilen. Karies kann in späten Stadien auch noch beobachtet werden, nachdem die Zahnkrone durch die Hitze abgeplatzt ist. Verschlossene Zahnhaltefächer gleichbedeutend mit intravitalem Zahnausfall können nachgewiesen werden, wenn entsprechende Kieferstücke unter den Brandresten erhalten sind. Knochenneubildungen und Porositäten bleiben erhalten, in einigen Fällen sogar plattenförmige Auflagerungen. Auch verheilte Frakturen sind (theoretisch) nachweisbar. In den wenigsten Fällen gelingt es jedoch – sofern es sich nicht um eine eindeutige scharfe Hieb- oder Schnittverletzung handelt – tödliche Brüche an den durch die Hitzeeinwirkung in kleine Fragmente zerborstenen Schädeln zu identifizieren.

Aus dem Gräberfeld Enns/Steinpaß konnten insgesamt 91 Brandbestattungen dokumentiert werden, 40 davon standen für eine anthropologische Untersuchung zur Verfügung. Die Brandreste variieren zwischen 2 und 2.639 g Gewicht und enthalten auch größere Fragmente von bis zu 10 cm Länge. Einige der Leichenbrandpartien vom Steinpaß zeigten Spuren einer unvollständigen Verbrennung. Dies könnte auf eine (aus heutiger Sicht) ungünstige Verbrennungstechnik, zu wenig bzw. feuchtes Holz und schlechte Wetterlagen oder aber auf ein intentionelles Löschen der Glut zurückzuführen sein.

Wenngleich bei vielen Leichenbränden leider keine genauen Aussagen über das Sterbealter mehr möglich waren und das Geschlecht unbestimmt blieb, zeichnet sich bei den bestimmbaren Brandresten ein ähnliches Bild wie bei den Körpergräbern ab. Auch unter den Brandbestattungen finden sich überwiegend Reste junger männlicher Erwachsener. Hinsichtlich des Gesundheitszustandes ist ebenfalls kein Unterschied offensichtlich: Wenngleich weniger häufig beurteilbar, finden sich Hinweise auf Karies, Zeichen von chronischen Entzündungen der Nasennebenhöhlen sowie unspezifische Stressmerkmale in Form von Knochenauflagerungen an den Langknochenschäften.

Urne und Beigaben von Grab 213, Enns/Steinpaß. Obwohl es sich um eine Brandbestattung handelt, konnten bei dem ca. 40–60 Jahre alten Mann besonders interessante anthropologische Beobachtungen gemacht werden: Mindestens drei perimorta e Schnittspuren im Bereich der Hals- und oberen Brustwirbelsäule sowie im Unterkiefer weisen auf eine Dekapitation hin.
OÖ. Landesmuseum – Foto: Ch. Schepe

MAJA D'HOLLOSY

GESICHTER DER VERGANGENHEIT

GESICHTSREKONSTRUKTION EINES MANNES UND EINER FRAU AUS *LAURIACUM*

Enns-Steinpaß, Grab 262, Individuum 2, männlich, 20–25 Jahre.
Foto: OÖ. Landesmuseum

DAS GRÄBERFELD

Das Gräberfeld Steinpaß wurde von 1951 bis 1963 ausgegraben und befand sich in der Nähe des römischen Legionslagers im Nordosten von *Lauriacum*. Es datiert in das 2. bis 4. Jh. Aufgrund der Lage und dadurch, dass die meisten Menschen, die hier begraben wurden, junge Männer waren, wird seitens der Archäologie angenommen, dass dieser Bestattungsplatz hauptsächlich von Soldaten und deren Familien genutzt wurde. Gestützt wird diese Interpretation durch die Tatsache, dass es einen hohen Anteil von sowohl verheilten als auch nicht verheilten Kopfverletzungen gab, die in vielen Fällen durch zwischenmenschliche Gewalt entstanden sind. Die Skelette von diesem Gräberfeld wurden von Maria Marschler aus dem Naturhistorischen Museum in Wien untersucht. Darunter befinden sich die Skelette eines Mannes und einer Frau, deren Gesichter für die OÖ. Landesausstellung „Die Rückkehr der Legion" rekonstruiert wurden:

DER MANN

Der Mann war noch jung, als er starb (20–25 Jahre). Er hatte eine Körpergröße von ca. 162 cm und ein geschätztes Gewicht von etwa 73 kg.

Sein Skelett zeigt, dass er ein körperlich belastendes Leben führte. Er hatte ausgeprägte Muskelmarken und leichte degenerative Veränderungen in seiner Wirbelsäule und den Gelenken. Dazu gibt es noch andere Anzeichen an der Wirbelsäule, die auf körperliche Belastung hinweisen. Sein Gesundheitszustand war eher schlecht (Entzündungen der Knochenhaut und in den Nasennebenhöhlen). Zudem hatte er sich zwei Frakturen zugezogen: eine nicht verheilte in seinem Schulterblatt und einen verheilten Ermüdungsbruch im unteren Rücken (am 5. Lendenwirbel). In seiner Kindheit überstand er Perioden von Mangelernährung und/oder schweren Krankheiten.

DIE FRAU

Die Frau war grazil gebaut und starb ebenfalls im jungen Alter, nämlich zwischen 21 und 24 Jahren. Sie war ca. 159 cm groß und hatte ein geschätztes Gewicht von etwa 53 kg. Genauso wie der Mann litt sie an einer Nebenhöhlenentzündung und an Entzündungen der Knochenhaut. Auch sie durchlebte in ihrer Jugend Zeiten von schlechter Ernährung und/oder schwerer Krankheit. Außerdem gibt es leichte degenerative Veränderungen in ihren Schulter- und Hüftgelenken und in den Gelenken der Füße.

Zusammenfassend handelt es sich hier um junge Menschen, einen Mann und eine Frau, die beide körperlicher Arbeit nachgingen und eine eher schlechte Gesundheit hatten.

DIE ERSTEN „GESICHTSREKONSTRUKTIONEN"

Die Wiederherstellung von Gesichtern anhand eines Schädels hat eine lange Geschichte. Bereits vor 9.000 Jahren modellierten Menschen Gesichter auf Schädel. Dies geschah in der Nähe von Jericho in der südlichen Levante; die Schädel stammten von ihren verstorbenen Angehörigen. Einige Wissenschaftler denken, dass damals tatsächlich versucht wurde, die Gesichter der verstorbenen Familienmitglieder zu rekonstruieren, andere sind der Meinung, dass sie einfach nur Symbole von Gesichtern darstellten. Aber die Menschen haben versucht, ein realistisches Gesicht zu zeigen und verwendeten Muschelschalen als Augen und Farbe, um die Haare zu imitieren.

Ein modellierter Schädel aus Jericho.
Foto: Jononmac, Wikipedia, 2014
(Lizenziert durch Creative Commons Attribution-ShareAlike License)

Dies wurde auch zu einer völlig anderen Zeit in einer ganz anderen Region gemacht, nämlich im 19. und 20. Jh. in Papua-Neuguinea. Hier wurden die Schädel der Vorfahren überformt und mit denselben Mustern bemalt, die sie zu Lebzeiten auf ihr Gesicht aufgetragen hatten. Um die Augen nachzuahmen, benutzten sie die Schalen der Kaurischnecken. Da all diese Gesichter nicht nur in den Gesichtsbemalungen, sondern auch in ihren Gesichtszügen sehr unterschiedlich sind, ist man der Meinung, dass diese Modellierungen tatsächlich die Gesichter der verstorbenen Familienmitglieder darstellten.

Ein modellierter Schädel aus Papua-Neuguinea.
Foto: Hiart (WikimediaCommons)

Aber handelt es sich hierbei genau genommen um Gesichtsrekonstruktionen? Sicher nicht in der Form, wie sie heutzutage durchgeführt werden. Aber vorausgesetzt, dass die Menschen wirklich versucht haben, die ursprünglichen Gesichter auf den Schädeln nachzubilden, sind sie dies im Wesentlichen. Man sollte sie deshalb als eine Art Vorläufer betrachten.

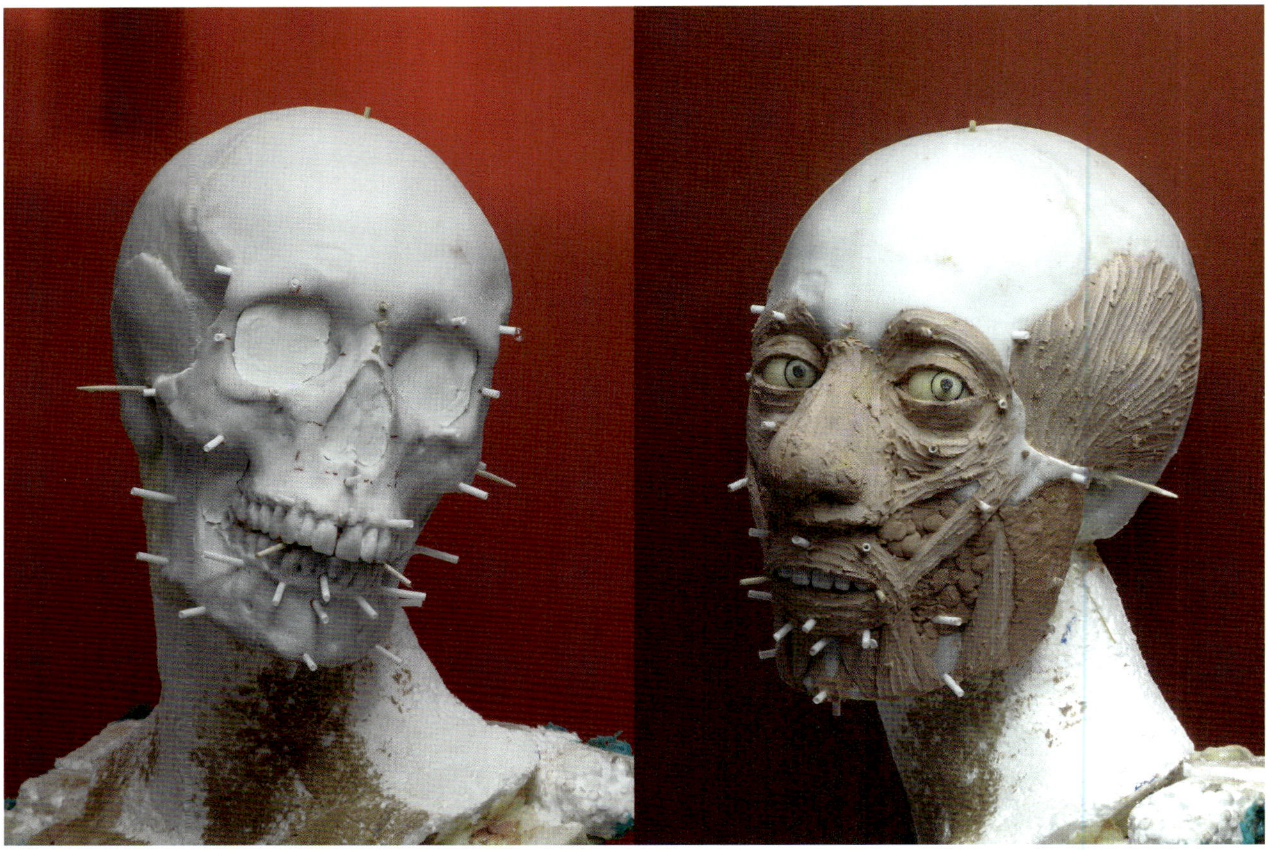

Links die Kopie eines Schädels mit den Steckstiften, um die Gewebedicke anzuzeigen. Rechts ist die Gesichtsmuskulatur modelliert.
Dies kann hilfreich sein, um die Gesichtsform zu bestimmen.
Fotos: M. L. d'Hollosy/Skullpting

MODERNE GESICHTSREKONSTRUKTIONEN

Das Modellieren von Gesichtern auf Schädeln ist also schon lange gängige Praxis, aber wissenschaftlich durchgeführte Gesichtsrekonstruktionen gibt es „erst" seit etwa einem Jahrhundert.

Im Jahr 1895 versuchte der deutsche Anatom Wilhelm His (sen.) das Gesicht von Johann Sebastian Bach zu rekonstruieren. Dazu ging er ins Leichenschauhaus und vermaß an verschiedenen Stellen der Gesichter von Verstorbenen die Dicke des Gewebes. Dann bat er einen Bildhauer, anhand dieser Messungen ein Gesicht auf dem Abguss des Schädels, der vermutlich jener von Bach war, zu modellieren.

Seitdem ist dieser Teil der Technik gleichgeblieben, aber die Datenmenge hat sich vergrößert. Sie enthält jetzt mehr Abmessungen von vielen weiteren Menschen unterschiedlichen Geschlechts und Lebensalters, verschiedener ethnischer Gruppen und auch verschiedener Ernährungszustände. Sehr wichtig ist, dass diese Messungen heutzutage an lebenden, aufrechtstehenden Menschen durchgeführt werden können.

Lediglich durch das Hinzufügen der Gewebedicke am Schädel ist jedoch noch kein normales Gesicht erkennbar. Deshalb wurden im Laufe der Jahre Regeln, Richtlinien und Formeln entwickelt, um die Lage, Form, Gestalt und Größe bestimmter Gesichtsmerkmale zu ermitteln. Die Richtwerte machen Gebrauch von den Abmessungen und der Morphologie des betroffenen

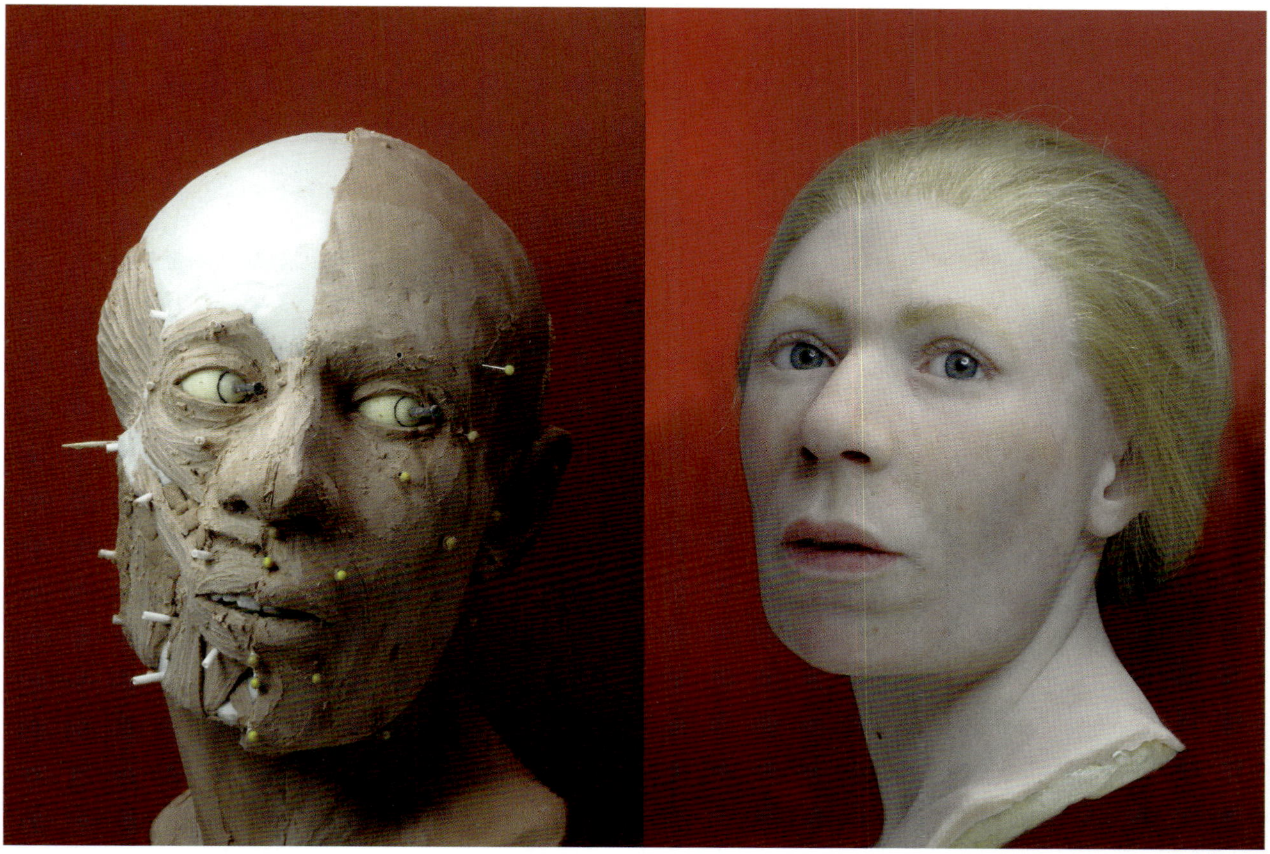

Die Gesichtsrekonstruktion einer niederländischen Frau aus der Frühen Neuzeit.
Fotos: M. L. d'Hollosy / Skullpting

Schädels. Ab und zu können diese auch von der Ethnie abhängig sein. Da jeder Schädel anders ist, unterscheiden sich die auf diese Weise rekonstruierten Gesichter, auch wenn man bei zwei Schädeln die gleichen Gewebedicken und die gleichen Richtwerte anwendet. Eine nach forensischen Richtlinien erstellte Gesichtsrekonstruktion gewährleistet, dass das richtige Gesicht am richtigen Schädel abgebildet ist. Es ist einfach unmöglich, beispielsweise das Gesicht von Scarlett Johansson auf dem Schädel von Angela Merkel zu modellieren, selbst wenn man sich noch so sehr anstrengt. Die jeweilige Lage der Gesichtsmerkmale würde nicht übereinstimmen und Teile der Knochen würden herausragen.

Aber nicht jedes Gesichtsdetail kann vom Schädel abgeleitet werden, und da man mit Durchschnittswerten arbeitet, werden die rekonstruierten Gesichter niemals ein Porträt, sondern eher eine Annäherung sein.

Außerdem muss man beachten, dass das Ziel einer Gesichtsrekonstruktion in einem forensischen Rahmen das Erkennen von unbekannten Opfern ist. Daher ist alles, was dieses Vorhaben behindert, nicht wünschenswert. Das bedeutet, dass man sich so weit wie möglich an die Tatsachen halten muss. Das heißt, wenn etwa die Augenfarbe nicht bekannt ist, lässt man sie undefiniert. In einem archäologischen oder kulturhistorischen Kontext ist die Absicht eine andere, da diese mehr mit Bildung und Veranschaulichung zu tun hat und die Öffentlichkeit erreicht werden soll. Aus diesem Grund sind in diesem Rahmen fundierte Vermutungen erlaubt.

ÖFFENTLICHES INTERESSE WECKEN

Obwohl Gesichtsrekonstruktionen meist im forensischen Rahmen verwendet werden, können sie auch in Museen zum Einsatz kommen. Menschen zeigen schon immer Neugier und Interesse an ihren Mitmenschen und Menschen aus der Vergangenheit, und zwar nicht nur an deren Lebensweise, sondern auch an deren Aussehen. Ein gutes Beispiel hierfür ist das Huis van Hilde (dt. Hildes Haus) in den Niederlanden. In diesem archäologischen Museum stellt jeweils eine menschliche Figur eine Person der jeweiligen Epoche dar, vom Neolithikum bis hin zur Neuzeit. Soweit möglich, basiert diese Figur auf tatsächlich ausgegrabenen Skelettresten. Um das Interesse der Öffentlichkeit zu wecken, werden naturgetreue Gesichtsrekonstruktionen – basierend auf den Originalschädeln – unter Verwendung neuer Techniken und moderner synthetischer Materialien angefertigt. Diese Gesichtsrekonstruktionen werden mit vollständig bekleideten Körpern und Gegenständen, die ihrem Zeitalter entsprechen, ergänzt. All diese Kleidungsstücke und Gegenstände werden authentisch reproduziert.

Die Gesichtsrekonstruktion von Hilde.
Das Huis van Hilde wurde nach ihr benannt.
Foto: R. van Eerden

Dieses Museum entstand im Nachhinein aufgrund der Gesichtsrekonstruktion von Hilde, die in der Römerzeit lebte. Ihre Überreste wurden bei einer Ausgrabung in der heutigen Provinz Nordholland gefunden. Sie stammte aber nicht aus dieser Gegend: Isotopenuntersuchungen deuten darauf hin, dass sie in Deutschland aufgewachsen ist. Sie hatte eine Unterarmfraktur, welche nicht wieder zusammengewachsen war. Ihr Skelett wurde auf dem Bauch liegend, mit einer teuren Halskette aus Glasperlen und Blattgold um den Hals, in einem Graben gefunden. Da diese Art der Bestattung unüblich war, ist ihr Tod rätselhaft. Man kann nicht genau sagen, ob sie überhaupt begraben wurde, aber wenn ihr Ableben mit Fremdeinwirkung zu tun hatte, warum trägt sie dann immer noch diese teure Kette um den Hals?

Eine kleine Ausstellung rund um Hilde erregte sowohl in der Öffentlichkeit als auch in den Medien große Aufmerksamkeit, wodurch der Grundstein für Hildes Haus gelegt wurde.

Hildes Haus, von der Steinzeit bis zur Moderne.
Foto: M. L. d'Hollosy / Skullpting

DIE ZWEIDIMENSIONALEN REKONSTRUKTIONEN DES MANNES UND DER FRAU AUS *LAURIACUM*

Der Schädel der Frau ist länglich, sogar länger als der des Mannes. Auch ihr Kieferknochen und das Kinn sind lang. Da die kleinen Knochen im oberen Nasenbereich leider fehlen, musste die Form dieses Nasenabschnittes geschätzt werden. Dadurch, dass die Knochen rund um den unteren Teil der Nasenhöhle aber alle vorhanden sind, können die Breite der Nase sowie die Richtung und die Lage der Nasenspitze wohl rekonstruiert werden. Die Gesichtsknochen und der Kiefer des Mannes sind dagegen sehr breit, und der Schädel macht insgesamt einen sehr männlichen Eindruck. Die Muskelansätze sind stark ausgeprägt, besonders die der Kau- und Nackenmuskulatur.

Die Grundlagen für eine zweidimensionale Gesichtsrekonstruktion sind die gleichen wie für eine dreidimensionale, außer dass alles in einer zweidimensionalen Ebene durchgeführt wird. Anstatt an einer Kopie eines Schädels zu arbeiten, erfolgt die Rekonstruktion an einem Foto, welches nach speziellen Richtlinien angefertigt wurde. Falls der Schädel unvollständig oder zerbrochen ist, muss dieser zuerst rekonstruiert werden. Lose Teile können wieder angeklebt werden. Fehlende Teile können am Computer gespiegelt, modelliert oder neu gezeichnet werden. Schädel können ab und an etwas deformiert sein – was ebenfalls berücksichtigt werden muss.

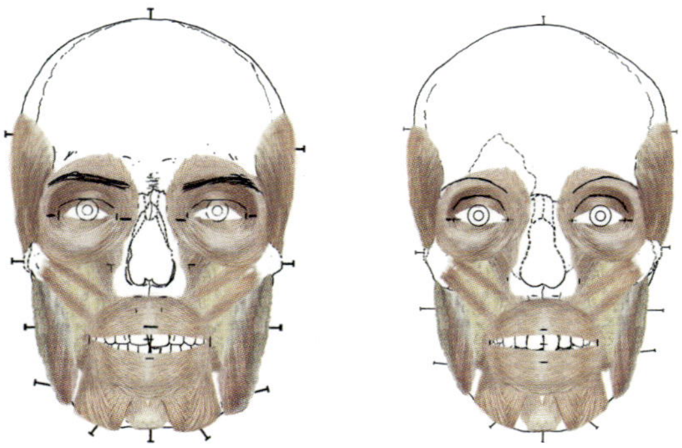

Links ist der Schädel des Mannes und rechts der Schädel der Frau. Die Steckstifte für die Gewebedicke sind noch sichtbar, die Gesichtsmuskulatur ist dargestellt und die Lage einiger Gesichtszüge ist markiert.

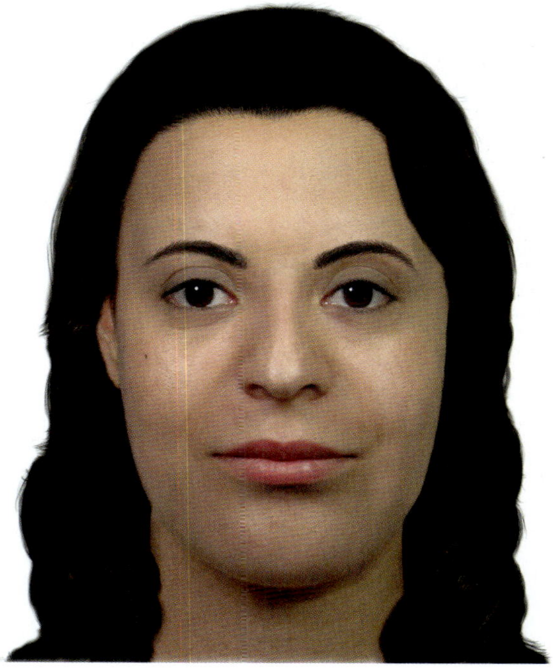

Die fertigen Gesichtsrekonstruktionen.
Bildserie: M. L. d'Hollosy / Skullpting

Der nächste Schritt bei einer Rekonstruktion ist die Begutachtung des Schädels, er wird untersucht und vermessen. Es wird eine morphologische Beschreibung gemacht, wobei insbesondere die für die Rekonstruktion wichtigen morphologischen Details und die Anatomie vermerkt werden. Hierbei wird unter anderem den Abweichungen von der Norm, bemerkenswerten

Asymmetrien, möglichen Pathologien und den charakteristischen Merkmalen besondere Aufmerksamkeit geschenkt. Anhand der Messungen und der einzigartigen Morphologie des Schädels kann man die Form der Augenlider, die Fülle der Lippen, die Position der Mundwinkel, die Form, Breite und Größe der Nase, die Lage der Iris mit der Pupille, die Augenwinkel usw. bestimmen. Zusätzlich kann die Rekonstruktion der Gesichtsmuskulatur helfen, die Gesichtsform zu ermitteln.

Da die Archäologen glauben, dass die hier bestatteten Menschen womöglich römische Soldaten und deren Familien waren, wurde ein mediterranes Aussehen gewählt. Tatsächlich weiß man nicht, welche Haut-, Augen- und Haarfarbe diese beiden Personen hatten. In der Ausstellung gibt es ein interaktives Computerprogramm, in dem die Farben verändert werden können. Auf diese Weise können die Besucher mit mehreren Optionen bezüglich des Aussehens des rekonstruierten Gesichts spielen, während die Form, Größe und jeweilige Lage der Gesichtsmerkmale sowie die Morphologie gleich bleiben.

Skullpting | Universität von Amsterdam
skullpting.com

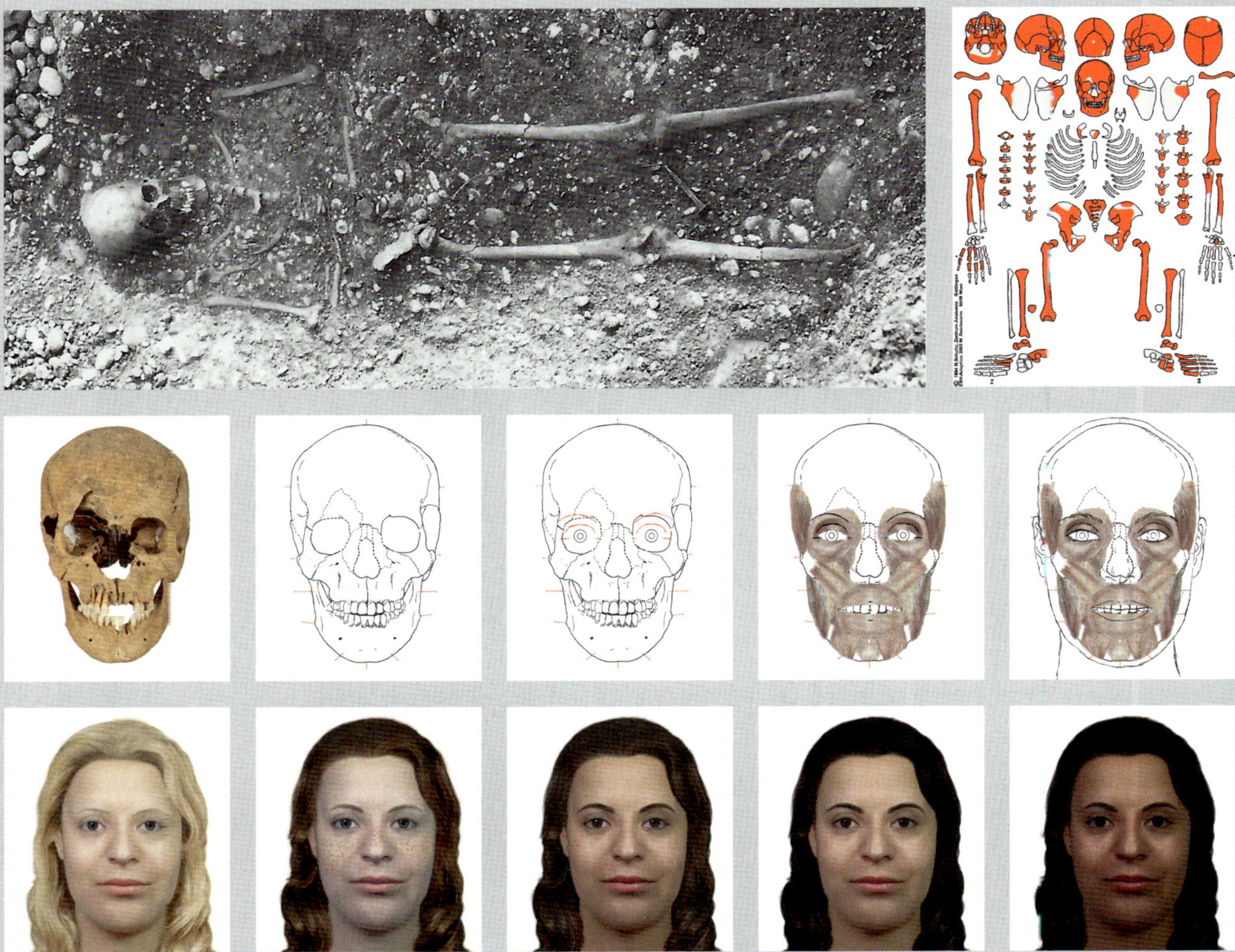

Ausgrabungen Espelmayrfeld, 1952.
Foto: OÖ. Landesmuseum

PUBLIUS OVIDIUS NASO, TRISTIA

*„Das kriegerische Rom
hätte mir genügend Stoff
(für meine Dichtung)
geboten, edles Bemühen ist es ja,
über die Taten
(die Geschichte)
der Heimat zu
berichten.“*

OBERES DONAUTAL & HINTERLAND

STEFAN TRAXLER

18 – 180 – 1.800

RÖMERBAD UND RÖMERPARK SCHLÖGEN

1837 gefundener Aureus des Kaisers Diocletian, 294.
OÖ. Landesmuseum – Fotos: A. Bruckböck

Im Jahr 1837 wurde in Schlögen eine Goldmünze mit dem Porträt des römischen Kaisers Diocletian gefunden. Der daraufhin gegründete Ausgrabungsverein nahm 1838 seine Tätigkeit auf und war bis 1841 aktiv. Dabei wurden Teile eines römischen Kastells und mehrere Gebäude einer kleinen Zivilsiedlung freigelegt. Diese Ausgrabungen gelten als erste systematische Grabungen in Oberösterreich und im Bereich des sogenannten Donaulimes in Österreich. Der Oberösterreichische Musealverein begleitete und unterstützte diese frühen Forschungen. Funde, Zeichnungen und Berichte kamen ins heutige OÖ. Landesmuseum, wo sie nach wie vor verwahrt werden. Die vermehrte Bautätigkeit im 20. Jahrhundert machte weitere Ausgrabungen notwendig. Zwischen 1957 und 1960 fanden noch einmal umfangreichere Ausgrabungen statt, bei denen auch das westliche Lagertor freigelegt und partiell wiederaufgebaut wurde. Geophysikalische Prospektionen im Jahr 2013 erbrachten den Nachweis, dass größere Teile der Kastellmauern und zumindest zwei Gebäude in der Zivilsiedlung noch gut erhalten im Boden liegen. Das kleine aber feine römische Badegebäude wurde im Vorfeld der OÖ. Landesausstellung 2018 vollständig ausgegraben. Durch das INTERREG-Projekt „Inwertsetzung der römischen Kulturstätten in Ostbayern und Oberösterreich“ konnten weitere Stationen errichtet werden. 180 Jahre nach der Entdeckung und 1.800 Jahre nach der Blütezeit der Siedlung ist es endlich möglich geworden, diesen Fundort als „Römerpark Schlögen“ in einem würdigen Rahmen zu präsentieren.

KASTELL

Bei den ersten archäologischen Forschungen in Schlögen wurde auch das Kastell entdeckt. Der alte Plan weist allerdings viele Abweichungen zur tatsächlichen Lagerstruktur auf. Diese sind darauf zurückzuführen, dass nur in kleinen Bereichen tatsächlich gegraben worden ist. Mittels Eisenstangen wurde versucht, den gesicherten Mauerverläufen weiter zu folgen, was offensichtlich nur partiell funktionierte. Umfangreichere Ausgrabungen fanden von 1957–1959 statt. Dabei wurden unter anderem die westliche Toranlage und Teile der Innenbebauung untersucht. Allerdings wurde auch dabei nicht flächig gegraben, sondern man legte einen Raster von Suchschnitten über das betroffene Areal und dort, wo etwas Interessantes zum Vorschein kam, erweiterte man diese Schnitte. Der nach diesen Grabungen entstandene Plan zeigte ein Kastell mit einem unregelmäßigen Grundriss. Das Lager hat allerdings die Form eines Parallelogramms, was auf die topographische Lage zwischen Donau, Freyentalerbach und Mühlbach zurückzuführen ist. Dies konnte durch die Georadar-Messungen 2013 festgestellt werden, durch die außerdem nachgewiesen werden konnte, dass noch große Teile der Lagermauern (bzw. deren

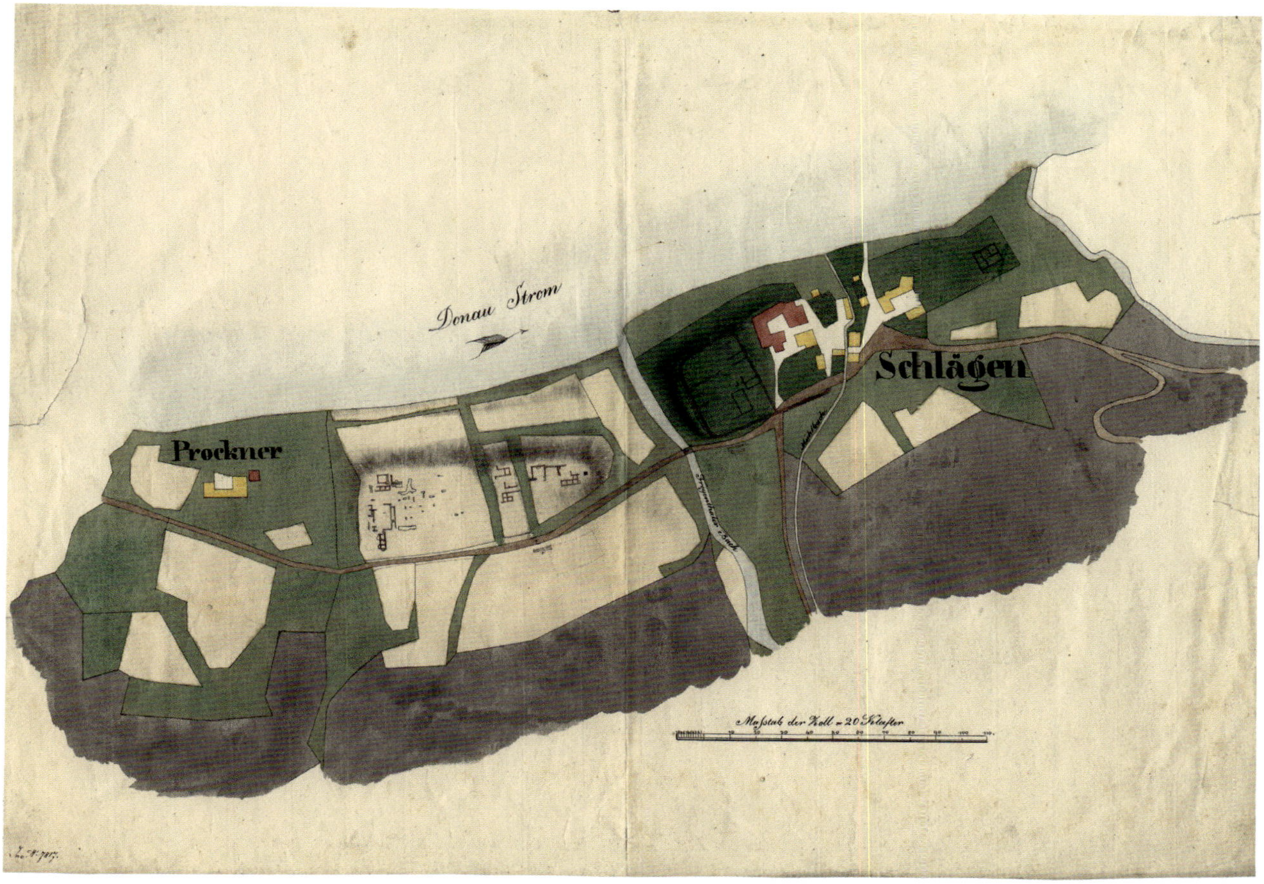

Plan der Grabungen in Schlögen 1838–1840.
OÖ. Landesmuseum – Zeichnung: C. Enzlmüllner

Fundamente) erhalten sind. Dadurch konnte Schlögen auf die Liste für die Einreichung des Donaulimes als UNESCO Welterbe gesetzt werden.

Das Lager wird mit lediglich 0,8 ha Innenfläche als Kleinkastell bezeichnet und dürfte für eine Besatzung von 100 bis 150 Mann angelegt gewesen sein. Es wurde um 170 n. Chr. vermutlich in Folge der sog. Markomannenkriege errichtet. Pfostenlöcher und Trockenmäuerchen verdeutlichen, dass die meisten Gebäude, etwa die Mannschaftsunterkünfte aus Holz bzw. in Fachwerktechnik errichtet gewesen sind. Das größte Steingebäude ist die *principia*, das Stabsgebäude. Die Funktionen der übrigen Gebäude sind nicht eindeutig geklärt, es muss auf jeden Fall auch Werkstätten und einen Getreidespeicher gegeben haben.

Von den vier Kastelltoren konnte bislang lediglich das westliche vollständig untersucht werden. Der Erhaltungszustand war bei den Ausgrabungen im Jahr 1957 sehr desolat, sodass man sich im Anschluss für einen teilweisen Wiederaufbau entschied. Die Tordurchfahrt ist 3,3 m breit. Die Außenmaße der beiden innen liegenden Türme betrugen 3 x 3 m, die Innenräume waren nur etwa 2 x 2 m groß. An die Toranlage schloss die etwa 1,65 m starke Wehrmauer mit einem hölzernen Wehrgang an.

Holztreppen oder -leitern im Inneren der Tortürme ermöglichten wahrscheinlich den Zugang zum Wehrgang. Die fortifikatorische Bedeutung dieser Toranlage ist als relativ gering einzustufen, vielmehr dürfte sie als Ausguck gedient haben. Die Erhebung des

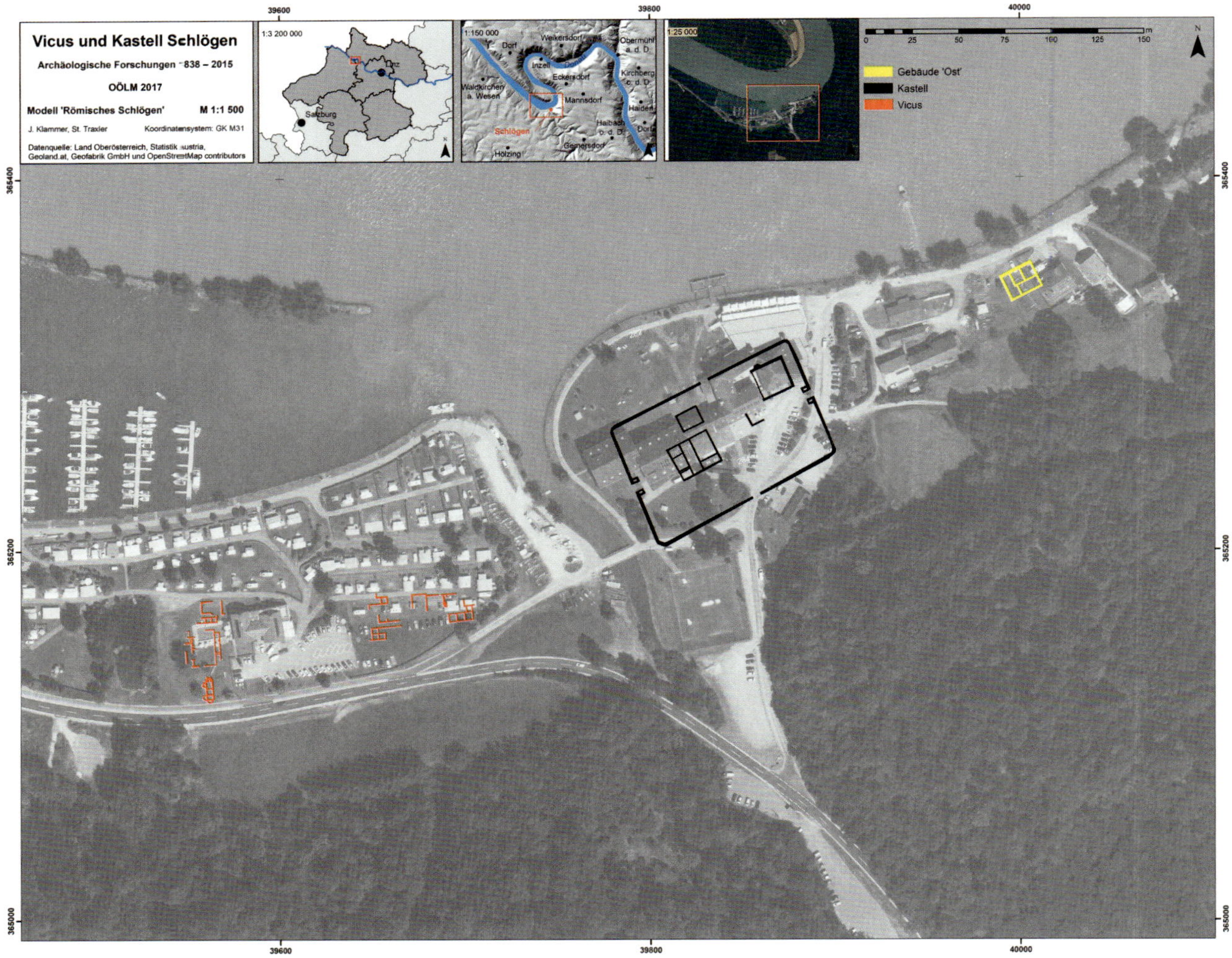

Zivilsiedlung und Kastell Schlögen, Stand: 2017.
J. Klammer/St. Traxler

Sichtfeldpotentials bestätigt den hervorragenden Blick donauaufwärts und die Funktion des Kastells unter anderem zur Kontrolle der Donauschifffahrt.

Bei den Ausgrabungen im Jahr 1839 ist östlich außerhalb des Lagers ein weiteres großes Steingebäude entdeckt worden, das bei allen späteren Plänen nicht mehr eingezeichnet worden ist. Dabei könnte es sich um das Wohnhaus des Lagerkommandanten handeln. Ein Lagerbad ist nicht nachweisbar, vermutlich hat die Besatzung die Badeanlage der im Bereich der Freizeitanlage liegenden Zivilsiedlung *(vicus)* mitgenutzt.

ZIVILSIEDLUNG UND HAFEN

Die kleine Zivilsiedlung *(vicus)*, die im Bereich des heutigen Campingplatzes lag, wurde um 150 n. Chr. angelegt, bestand also bereits etwa 20 Jahre vor dem Kastell. Der römische *vicus* von Schlögen diente wahrscheinlich als Straßenstation sowie als Lande- und Umladeplatz für Schiffe. Wo heute der Yachthafen von Schlögen ist, haben bereits vor über 1.800 Jahren römische Schiffe angelegt. Eine Reihe von Inseln, kurz vor der Einfahrt in die berühmte Donauschlinge, boten ideale Bedingungen für einen Hafen. Dieser wesentliche

Das westliche Tor des Kastells nach Ausgrabung und Restaurierung 1957.
Foto: OÖ. Landesmuseum

Standortfaktor war gemeinsam mit der Lage an der Donauuferstraße, die von Boiodurum/Passau in Richtung Lentia/Linz verläuft und genau in Schlögen die Donau verlässt, ausschlaggebend für diese Platzwahl.

BALNEUM / BAD

Der mit Abstand auffälligste Bau im vicus ist das etwa 14 Meter lange und bis zu sechs Meter breite Bad. Es besteht aus drei Räumen, einem *frigidarium* / Kaltbaderaum, einem *tepidarium* / Laubaderaum und einem *caldarium* / Warmbaderaum. Das *praefurnium* = die Heizanlage schloss unmittelbar an das Warmbad an. Rund um das Badegebäude konnten mehrere Kanäle für die Entsorgung von Ab- und Regenwasser nachgewiesen werden. Derartige Badehäuser wurden in der Antike als *balneum* oder *balnearium* bezeichnet. Lediglich die großen Badeanstalten bezeichnete man als *thermae* / Thermen.

Sichtfeldpotential des Kastells.
Modell: J. Klammer

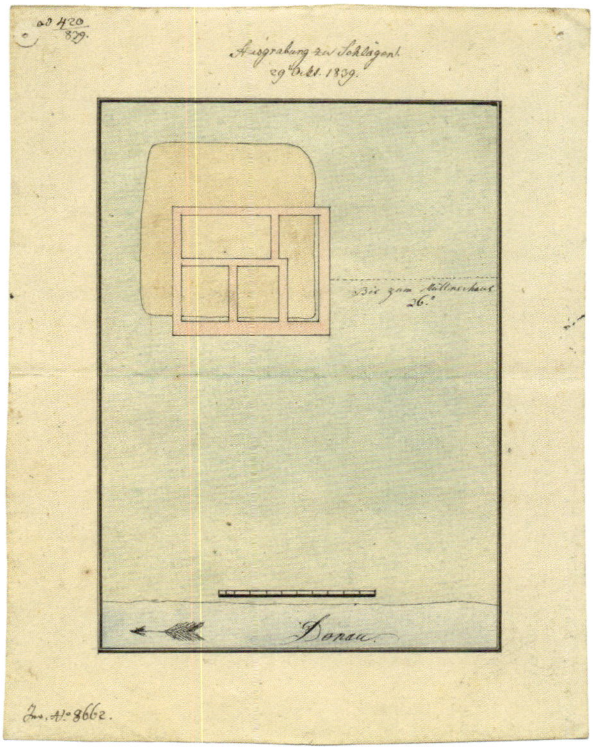

Steingebäude östlich des Kastells, vielleicht das Haus des Lagerkommandanten?
OÖ. Landesmuseum – Zeichnung: C. Enzlmüllner

FRIGIDARIUM / KALTBADERAUM:

An den 5,6 m² großen, unbeheizten Kaltbaderaum waren zwei halbrunde Apsiden = Nischen angebaut. Abwasserkanäle außerhalb des Gebäudes zeigen, dass in beiden Apsiden einst Kaltwasserbecken *(piscinae)* eingebaut gewesen sind. Nachdem allerdings einiges dafür spricht, dass sich der Eingang ins Bad hier an dieser Stelle befunden hat, könnte zunächst die gegenüberliegende West-Apsis die Funktion einer Garderobe *(apodyterium)* gehabt haben und die Süd-Apsis die *piscina* gewesen sein. Bei einem späteren Umbau, bei

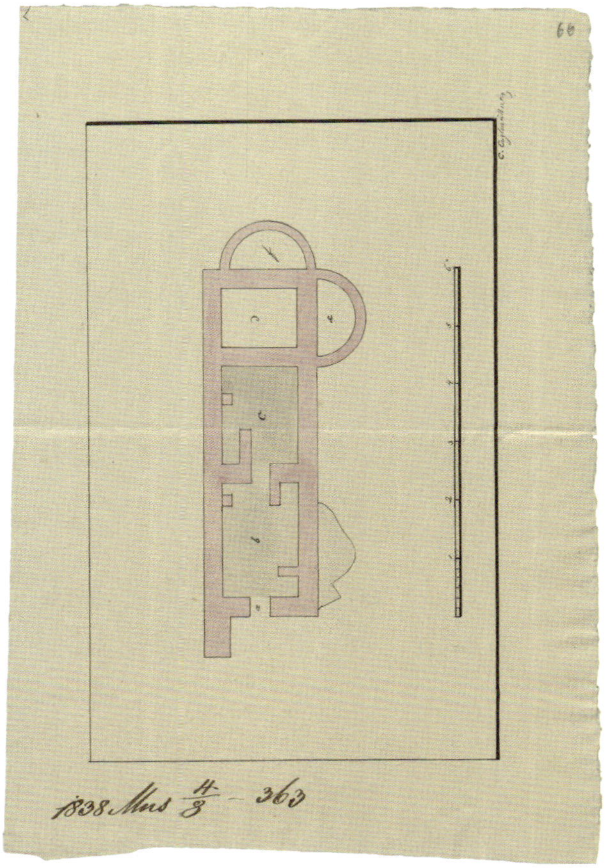

Badegebäude, Ausgrabung 1838.
OÖ. Landesarchiv – Zeichnung: C. Enzlmüllner

Badegebäude, Ausgrabung 2015.
Foto: Ch. Baumgartner

dem auch das Warmbad mit einer Wanne ausgestattet wurde, hat man vielleicht auch die Funktionen umgedreht. Die Temperatur im *frigidarium* hing stark von der jeweiligen Außenwitterung ab. Beim Bau des Donauradweges im Jahr 2013 wurde die Süd-Apsis leider schwer beschädigt.

TEPIDARIUM / LAUBADERAUM:

Der 7,6 m² große Laubaderaum verfügte über eine Fußbodenheizung (*hypocaustum*), die mit derjenigen des Warmbaderaums verbunden war. Von den Hypocaustpfeilern, die den Fußboden trugen, haben sich nur wenige Reste vor allem an der parallel zum Steg liegenden Ostwand erhalten. Die noch verwendbaren Ziegel der Heizung und des Daches sind ebenso wie das aufgehende Mauerwerk im Mittelalter aufgesammelt bzw. systematisch abgetragen und für Bauten in der Umgebung wiederverwendet worden (sogenannter Steinraub). Das *tepidarium* konnte wahrscheinlich auf ca. 20–25°C erwärmt werden

CALDARIUM / WARMBADERAUM:

Der 10 m² große Warmbaderaum wurde mehrfach umgebaut. In der ersten Bauphase gab es im caldarium noch keine Wanne. Die Apsis für die Warmwasserwanne (*alveus*) wurde nachträglich angebaut, wofür die Westwand des Gebäudes durchbrochen werden musste. Der Hohlraum unter dem Becken, der die Zufuhr

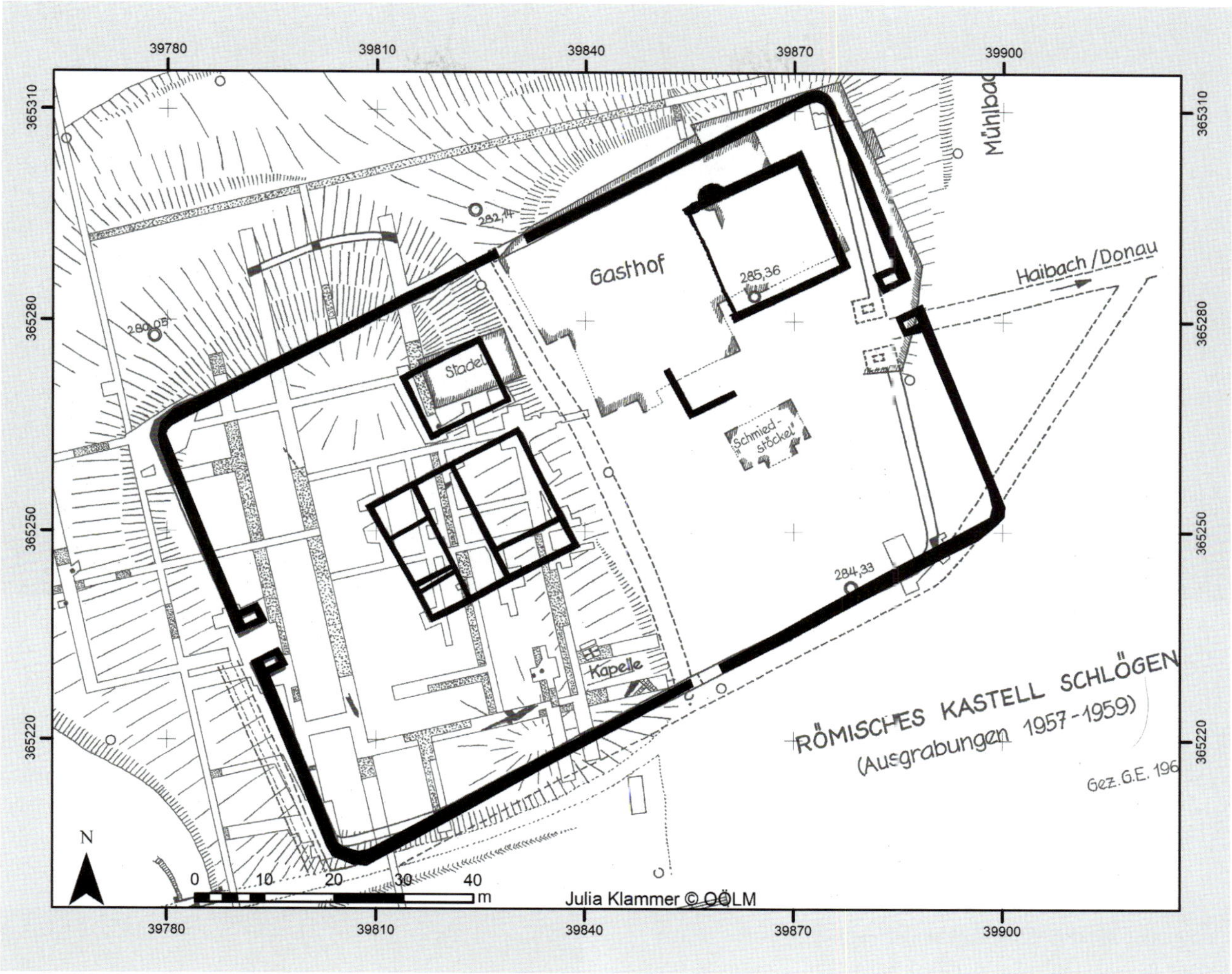

Kastell Schlögen, Überblendung des Plans 2017 mit dem Plan 1969.
J. Klammer/St. Traxler

der Heizgase auch in diesen Bereich ermöglichte, wurde vielleicht aus statischen Gründen in einer dritten Phase verkleinert. Der Warmbaderaum verfügte wahrscheinlich zusätzlich zur Fußbodenheizung *(hypocaustum)* auch über eine Wandheizung.

Die warme Luft wurde vom *hypocaustum* in die aus hohlen Ziegeln bestehende Wand geleitet. Der Warmbaderaum konnte wahrscheinlich auf ca. 30–35°C aufgeheizt werden. Durch die hohe Luftfeuchtigkeit wurde die Temperatur allerdings als deutlich wärmer empfunden.

PRAEFURNIUM / HEIZANLAGE:

Unmittelbar an das *caldarium* schloss das *praefurnium* an, die Heizanlage des Gebäudes. Durch das praefurnium wurden primär der Fußboden und die Wandflächen des Warmbaderaumes beheizt. Die Fußbodenheizung des Laubaderaumes wurde indirekt miterwärmt. Der Einbau der Wanne *(alveus)* im Warmbaderaum machte auch Umbauten im Bereich der Heizanlage notwendig. Die massiven Fundamente links und rechts des Heizkanals sind nur durch den Einbau eines Boilers zu erklären, der damit direkt über dem Feuer

Idealrekonstruktion des Kastells.
7Reasons

stand. Das heiße Wasser aus dem Boiler konnte mit kaltem gemischt werden, um die gewünschte Temperatur für das Wasser im *alveus* zu erreichen.

Im *praefurnium* findet sich außerdem eine ganz besondere technische Finesse. Hier liegt eine Granitplatte und unter dieser mündet ein von Westen – und damit aus der Hauptwindrichtung – kommender Kanalschacht. Durch das An- oder Wegheben dieser Platte konnte bei Bedarf die Luftzufuhr erhöht werden. Für eine derartige Konstruktion gibt es kaum Vergleichsbeispiele. In Schlögen ist also offensichtlich ein besonders findiger römischer Ingenieur tätig gewesen.

IOVIACUM?

Die Diskussionen um den lateinischen Namen der Siedlung sind nach wie vor nicht abgeschlossen. In drei antiken Schriftquellen wird *Ioviacum* genannt: als Ort an der Straße zwischen *Boiodurum*/Passau und *Lauriacum*/Enns (wobei allerdings die Entfernungsangaben Probleme bereiten), als Stützpunkt der Donauflottille und in der Lebensbeschreibung des heiligen Severin als Ort, der mehr als 20 Meilen (ca. 29,6 km) von Passau entfernt liegt. Es spricht also wohl mehr für die Gleichsetzung von *Ioviacum* = Schlögen als dagegen.

Idealrekonstruktion des Bades.
7Reasons

RÖMERPARK SCHLÖGEN

Luftbild Schlögen 2013.
Foto: Ch. Baumgartner

Idealrekonstruktion Schlögen um 200 n. Chr.
7Reasons

Ein gemütlicher Spaziergang führt Sie im Römerpark überall dorthin, wo Sie Natur, Kultur und Kulinarik genießen können. Lassen Sie vor dieser traumhaften Kulisse die Seele baumeln und versetzen Sie sich 1.800 Jahre zurück, als römische Soldaten von hier aus den Fluss überwachten. Während sich die Kleinsten am Römerspielplatz der Freizeitanlage Schlögen direkt neben dem Badegebäude als Römer versuchen, können sich die Erwachsenen über die römische Badekultur informieren und auf Ruheliegen verweilen, bevor sie weiterwandern. Der für die OÖ. Landesausstellung 2018 errichtete Schutzbau über den Ruinen des römischen Badegebäudes liegt unmittelbar neben dem Donauradweg und bildet das Herzstück des Römerparks. Ein kleineres, aber nicht minder interessantes archäologisches Sichtfenster findet sich unmittelbar beim Hotel Donauschlinge, wo die Überreste des westlichen Kastelltors ausgegraben und konserviert worden sind. Römerskulpturen und Informationstafeln weisen Ihnen den Weg im Römerpark, beispielsweise hinauf zum berühmten Schlögener Donaublick. Dort spürt man die wahre Kraft und Schönheit der Natur und es bietet sich ein fast märchenhafter Ausblick in das sagenumwobene Durchbruchstal der Donau. Stereoskope zwischen den beiden Ausgrabungsstätten und beim berühmten Schlögener Donaublick ermöglichen dreidimensionale Blicke in die Vergangenheit. Einmal wird das Kleinkastell zum Leben erweckt und der Donaublick wird zum Römerblick. Diese Idealrekonstruktionen vermitteln ein Bild von Kastell und Siedlung im Jahr 200 n. Chr.

In der Römerspuren App finden sich ergänzende Informationen zum römischen Schlögen und als Höhepunkt können Sie Römerschiffe auf die Donau zaubern.

STEFAN TRAXLER

ERHOLUNG, GESUNDHEIT, DEKADENZ

DIE RÖMISCHE BADEKULTUR

Tragreif mit zwei *strigiles* aus Lauriacum/Enns.
Museum Lauriacum – Foto: E. Grilnberger

Es gibt wohl kein anderes kulturelles Erbe der römischen Kaiserzeit, das eben diese Epoche so gut repräsentiert, wie die Ruinen der römischen Bäder. Es sind hier keineswegs alleine die großen Kaiserthermen in Rom oder die „wie eben verlassen" wirkenden Bauten der Vesuvstädte, die auf Grund ihrer Architektur, der ausgefeilten Technik und besonders auch wegen ihrer Bestimmung einen ganz besonderen Reiz ausüben. Rund um das Mittelmeer, von *Britannia* bis *Aegyptus*, von *Hispania* bis *Syria*, überall dort, wo die römische Expansionspolitik erfolgreich gewesen ist, finden sich die Überreste dieser Gebäude. Auf die Annehmlichkeiten der Badekultur wollte wohl kaum jemand im Imperium Romanum verzichten. Für das Jahr 410 n. Chr. sind alleine für die Stadt Rom 11 kaiserliche Thermen und 926 öffentliche Bäder überliefert. Dazu kamen noch die unzähligen Privatbäder der Reichen. Typisch für die römischen Bäder ist ihre Multifunktionalität. Das heiß-kalte Badevergnügen diente der Entspannung und der Hygiene und stärkte die Gesundheit. Massagen, Körper- und Schönheitspflege standen selbst in den kleinen Bädern hoch im Kurs. Statt der Seife verwendete der/die pflegebewusste Römer/in Öl. Der Körper wurde damit eingerieben, Schaber *(strigiles)* dienten dazu die Ölrückstände bzw. nach dem Sport den Mix aus Öl, Schweiß und Schmutz abzuziehen.

Die öffentlichen Badeanlagen in den Ballungszentren waren neben ihrer Funktion als „Erholungs- und Gesundheitszentren" auch Mittelpunkte des gesellschaftlichen Lebens. Das klassische römische Bad besteht aus *frigidarium* = Kaltbaderaum, *tepidarium* = Laubaderaum und *caldarium* = Warmbaderaum. Im Kaltbad ist immer zumindest eine Kaltwasserwanne eingebaut, im Warmbad ist häufig eine Wanne, die mit Warmwasser versorgt wird, oder zumindest ein Wasserbassin.

Die große Bedeutung der Badekultur spiegelt sich in zahllosen antiken Texten wider, die dieses Thema aufgreifen. So ließ sich etwa ein Tiberius Claudius Secundus aus Rom sein Lebensmotto in den Grabstein meißeln:

BALNEA VINA VENUS
CORRUMPUNT CORPORA
NOSTRA SET VITAM FACIUNT
B(ALNEA) V(INA) V(ENUS)

„Die Bäder, der Wein und die Liebe verderben unsere Körper.
Aber sie machen das Leben erst aus,
die Bäder, der Wein und die Liebe."
Grabinschrift des Tiberius Claudius Secundus,
Rom, 1. Jh. n. Chr., CIL VI,15258

balneum Schlögen: Ausgrabung und Schnitt durch die Idealrekonstruktion
Foto: Ch. Baumgartner, Rekonstruktion: 7Reasons

Die Bäder gelten heute noch als Sinnbild für Dekadenz und Hedonismus im Imperium Romanum. Als Orte der verfallenden Sitten, der Erotik und der ungezügelten Lust haben sie auch einen festen Platz in der antiken Literatur. Als Beispiel sei ein kurzes Gedicht von einem unbekannten Autor herausgegriffen: *„All ihr Frauen, die ihr Liebessehnsucht habt (ihr habt sie doch alle), kommt hierher, und ihr werdet euch strahlenden Liebreiz verschaffen. Und die einen Gatten hat, wird den Gatten erfreuen; die noch ein Mädchen ist, wird die jungen Männer anstacheln, ihr sehr viele Brautwerbungs-Geschenke zu bringen. Und die mit ihrem Körper Geld verdient, wird einen Schwarm von Freiern an ihrer Tür haben, wenn sie hier gebadet hat."* (Anonym, Anthologia Graeca, 9,621; übersetzt nach St. Busch).

Der Beamte und Dichter Decimus Magnus Ausonius (4. Jh. n. Chr.) schildert in seiner Reise zur Mosel eine Szene am Fluss, die sich ganz ähnlich auch hier in Schlögen abgespielt haben könnte: *„Was soll ich Hallen erwähnen, neben grünenden Wiesen errichtet ... Was noch die Bäder, die auf gemauertem Sockel am Flusse rauchen, wenn Mulciber [Vulcanus] dem glühenden Ofen entströmt, ausgeschnaubte Flammen durch hohle Stuckwände wirbelt und beim Ausströmen der Hitze den eingeschlossenen Dampf ballt? Ich sah schon manche, die, erschöpft vom starken Schwitzen im Bade, die Becken und kalten Bassins verschmähten, um das fließende Wasser zu genießen, und dann, vom Strom neu belebt, den kalten Fluss mit plätscherndem Schwimmen vor sich hertrieben."* (Ausonius, Mosella, 335-344; übersetzt von O. Schönberger).

GROSSE THERMEN, KLEINE BÄDER

Es kann zwischen mehreren Arten römischer Bäder unterschieden werden, und auch die Größen variieren sehr stark. Auf dem einen Ende der Skala stehen die öffentlichen Thermen *(thermae)*, allen voran die Kaiserthermen in Rom, am anderen Ende die kleinen privaten Bäder *(balnea, balnearia)* etwa bei römischen Gutshöfen. Außerdem gab es Heilbäder, die natürliche Mineral- und Thermalquellen nutzten. Die Größe des obligaten Militärbades in (oder bei) einem Kastell oder Legionslager richtete sich nach der Größe der jeweils stationierten Truppe. Das Römerbad Schlögen dürfte sowohl von der Zivilbevölkerung und von Reisenden, als auch vom Militär genutzt worden sein, da das Kastell, soweit bekannt ist, über kein eigenes Bad verfügte.

(Öl-)Fläschchen, sog. Balsamarien, aus Lauriacum.
OÖ. Landesmuseum – Foto: E. Grilnberger

Die Baderäume der Lagerthermen von Lauriacum nehmen eine Fläche von etwa 3.000 m² ein, mit der *palaestra*, dem Sport- und Übungsplatz sind es sogar 6.300 m².

Es ist damit die wohl größte Badeanalage in Noricum und das einzige bekannte Bad der Provinz, das sogar über eine große *natatio* verfügt, ein Schwimmbecken mit einer Länge von 20 m und einer Breite von 4 m. Daneben wirkt das Bad von Schlögen, das auf einer Grundfläche von ca. 66 m² steht, geradezu winzig. Die großen Kaiserthermen in Rom übertreffen selbst die Legionsbäder noch um ein Vielfaches. Das Hauptgebäude der Caracallathermen nimmt 25.000 m² ein (vgl. die größte Kirche Österreichs, der Linzer Mariendom: ca. 5.200 m²) und war für etwa 2.000 Gäste konzipiert.

Der Reichtum der Provinz Noricum zeigt sich unter anderem in zahlreichen privaten Bädern. So dürfte fast jeder römische Gutshof mit einer eigenen Badeanlage ausgestattet gewesen sein. Als Beispiele seien hier die Badegebäude von Altheim Weirading, Altheim

Aufbau einer römischen Fußboden- und Wandheizung, über dem *praefurnium* ein Boiler.
Illustration: R. Reznicek

Simetsberg und Gmunden Engelhof angeführt. Das Bad von Altheim Weirading war etwa 250 m² groß und mit einem überdachten Wandelgang mit dem Hauptgebäude verbunden.

Hohlziegel *(tubuli)* aus Lauriacum.
OÖ. Landesmuseum – Foto: E. Grilnberger

DES EINEN FREUD, DES ANDREN LEID.

Die römischen Bäder beeindrucken besonders durch die ausgeklügelten technischen Errungenschaften, die sich gerade in Schlögen wunderbar nachvollziehen lassen. Die heiße Luft wurde unter „hängende Fußböden" geleitet und von dort oft auch noch in aus Hohlziegeln *(tubuli)* errichtete Wände. Über der Heizstelle waren teilweise Boiler oder Kessel angebracht. Die Mischung mit kaltem Wasser wurde ebenso wie der Zufluss zum Becken mit Wasserhähnen reguliert. Durchdachte Leitungs- bzw. Kanalsysteme sorgten für die nötige Wasserzufuhr bzw. für die Entwässerung der Bäder.

Zudem zeichneten sich insbesondere die großen Badeanlagen in den Ballungszentren durch ihre Ausstattung aus. Oft waren sie mit verglasten Fenstern versehen, die Wände und Decken mit Wandmalereien geschmückt. Mosaikböden, Statuen und edles Mobiliar waren ebenfalls keine Seltenheit.

Während sich die einen im Bad vergnügten, mussten andere schwer schuften. Die schweißtreibende, ungesunde Arbeit im Heizraum war eine typische Sklavenarbeit, und auch die Wasserversorgung mussten oft Sklaven gewährleisten. Wasser- und Holzkohleverbrauch für die Bäder müssen enorm gewesen sein. Berücksichtigt man den Holz(kohle)bedarf für weitere Heizungen, für diverse Produktionsstätten und dazu noch die Bedeutung von Holz als wichtigstes Baumaterial, dann ist von einem weitgehenden Kahlschlag der unmittelbaren Umgebung römischer Siedlungen auszugehen.

Der römische Architekt Marcus Vitruvius Pollio (1. Jh. v. Chr.), empfiehlt im Kapitel *„Über die Anlage von Bädern"*, wie seiner Erfahrung nach eine ideale Fußbodenheizung konstruiert werden sollte: *„Die hängenden Fußböden der heißen Bäder müssen so angelegt werden, dass zuerst aus Ziegelplatten von 1,5 Fuß ein Bodenbelag gelegt wird, der zum Unterfeuerungsofen so geneigt ist, dass ein Ball, den man hineinwirft, nicht innen liegen bleiben kann, sondern ganz von selbst zum Heizkammervorraum zurückrollt. So wird sich die Flamme leichter unter dem schwebenden Überbau verbreiten. Auf dem Pflasterboden führe man aus achtzölligen Ziegeln Pfeiler auf, so in Abständen verteilt, dass Ziegelplatten von 2 Fuß darüber gelegt werden können. Die Pfeiler aber sollen eine Höhe von 2 Fuß haben."* (Vitruv, De architectura libri decem, V,10,2; übersetzt von C. Fensterbusch).

Stark verkrümmtes Wasserleitungsrohr aus Lauriacum, aus gebogenem und gelötetem Bleiblech gefertigt.
Museum Lauriacum – Foto: E. Grilnberger

Dreharbeiten zur Badeszene in Schlögen für den Film zur Landesausstellung
„Korn und Wein für die Legion. Auf der Donau nach Lauriacum" in den nachgebauten Thermen der Römerstadt Carnuntum.
Fotos: B. Schlag, 7Reasons

Bei Sidonius Apollinaris (5. Jh. n. Chr.) findet sich eine Beschreibung von Warm- und Laubaderaum, die sich hervorragend mit der Raumfolge in Schlögen vergleichen lässt: *„Hier [im caldarium] erhebt sich der Saal der kochenden Wasser, der mit dem folgenden, zur Salbung bestimmten [tepidarium] an Raumausdehnung übereinstimmt, abgesehen freilich von dem Halbrund des geräumigen Wasserbeckens."* (Sidonius Apollinaris, 43,236; übersetzt von H. Köhler).

Lucius Annaeus Seneca würdigt die einfachen Bäder, die es zu seinen Lebzeiten im 1. Jh. n. Chr. offensichtlich in Rom kaum noch gegeben hat: *„Aber, gute Götter, wieviel Freude bereitet es, in diese dunklen und mit gewöhnlicher Tünche gestrichenen Bäder einzutreten, wenn man weiß, dass als Ädil Cato oder Fabius Maximus oder einer von den Corneliern es einem eigenhändig richtig temperiert hat! Denn auch diese Amtspflicht nahmen die Ädilen aus höchstem Adel wahr, die Orte zu betreten, in denen sich das Volk oft aufhielt, und ihre Sauberkeit zu prüfen sowie die zuträgliche und heilsame Temperatur, die nicht so war, wie es neuerdings aufgekommen ist, einem Feuer ähnlich, und zwar so sehr, dass man einen Sklaven, der irgendeines Verbrechens überführt ist, bei lebendigem Leib darin baden sollte. Mir scheint kein Unterschied mehr zu bestehen, ob ein Bad brennt oder heiß ist. Wie auffallend muss Scipios bäuerliche Einfachheit gewesen sein, dass manche ihn deswegen heutzutage verurteilen, weil er nicht in sein Warmbad durch großflächige Fensterscheiben das Tageslicht eingelassen hatte, weil er sich nicht bei viel Sonne dauernd kochen ließ und im Bad auf seine Verdauung wartete!"* (L. Annaeus Seneca, Epistulae morales ad Lucilium 86; übersetzt von R. Rauthe).

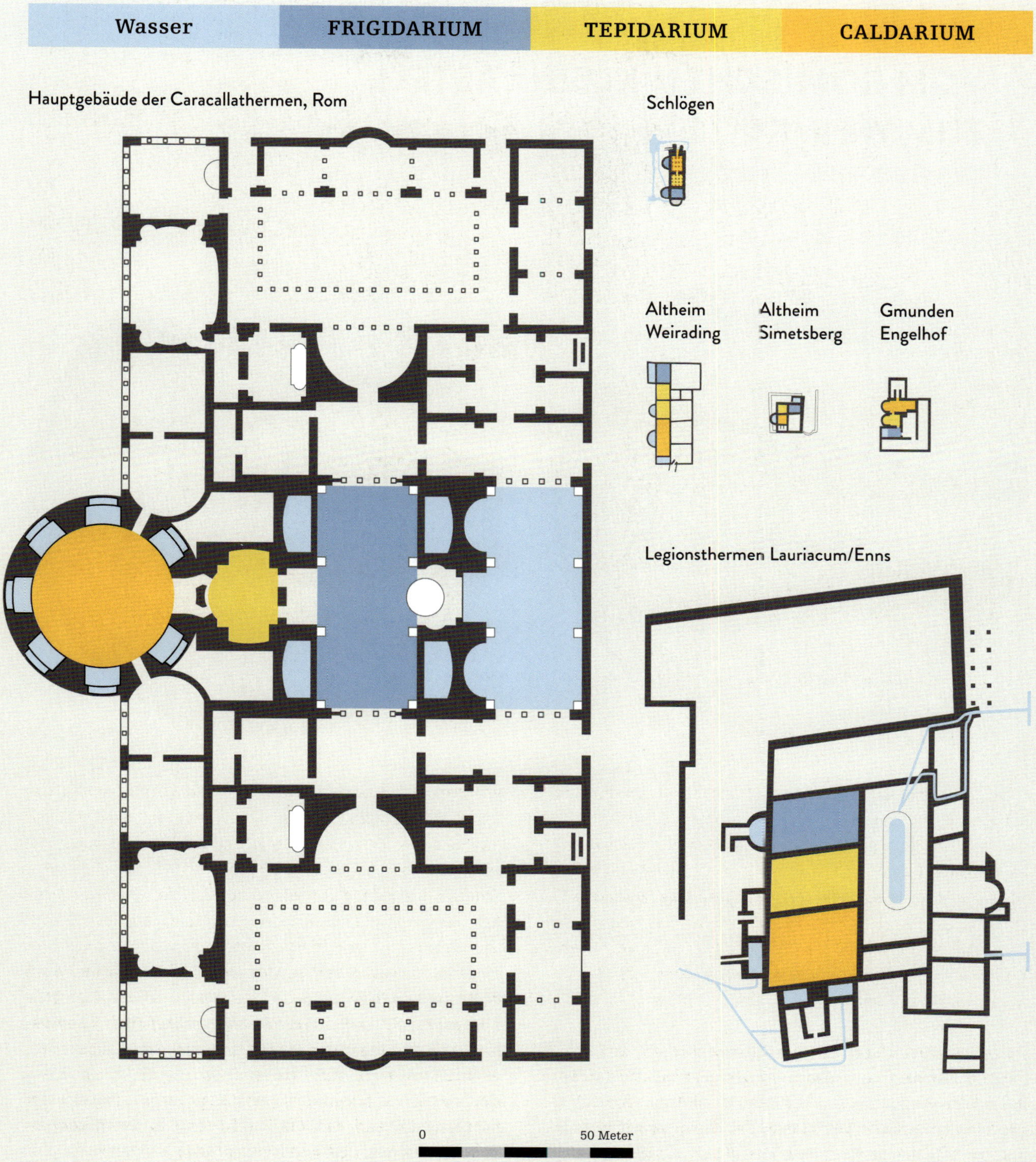

Größenvergleich verschiedener Badegebäude.
Lohninger/Kurzwernhart/Traxler

STEFAN TRAXLER – WOLFGANG KLIMESCH

VOM RÖMISCHEN KLEINKASTELL ZUM WEINKELLER.

DER QUADRIBURGUS VON OBERRANNA

Oberranna, Blick donauabwärts.
Fotos: blickwerk/M. Zauner

„castellum parvulum burgus vocant"

„ein kleines Kastell, das man *burgus* nennt"

Vegetius, Epitoma rei militaris IV,10

Im März 2017 begannen die Ausgrabungen der römischen Befestigungsanlage von Oberranna in der Gemeinde Engelhartszell. Die ersten Untersuchungen fanden bereits im Jahr 1840 statt. Der Ausgrabungsverein Schlögen legte in Kooperation mit dem OÖ. Musealverein Teile der Süddostflanke mit zwei Rundtürmen eines massiven Gebäudes frei. Im März 1960 wurde das OÖ. Landesmuseum vom Gendarmerieposten Engelhartszell informiert, dass in Oberranna bei „Aushubarbeiten für eine neue Tankstelle ... umfangreiche Mauerzüge" angetroffen worden waren. Lothar Eckhart konnte noch größere Teile der Südwestflanke untersuchen. Bei dieser Grabung wurde unter anderem der Westturm und damit der dritte Rundturm des Gebäudes entdeckt. Für die Zufahrt zur Tankstelle wurden allerdings die Hälfte des Westturmes und der gesamte Südturm um ca. 1 m gekappt. Der vierte Rundturm (Nordturm) hat sich durch besonders günstige Umstände als Keller eines späteren Bauwerks erhalten.

Plan von Carl Enzlmüllner zu den ersten Ausgrabungen in Oberranna 1840 im Bereich der Südostflanke.
OÖ. Landesmuseum – Zeichnung: C. Enzlmüllner

DIE UNGLAUBLICHE GESCHICHTE EINES DENKMALS

Vor ca. 1.700 Jahren errichteten die Römer in Oberranna bei Engelhartszell unmittelbar über der Donau eine kleine, sehr massive Befestigungsanlage. An die Ecken eines annähernd quadratischen Kernbaus (18 x 18 m) waren vier Rundtürme mit Durchmessern von 8–10 m angesetzt. Es ist das einzige römische Bauwerk dieser Art in Österreich. Die Außenmaße betrugen ca. 28 x 28 m. Bei Publius Flavius Vegetius Renatus (kurz: Vegetius), einem im ausgehenden 4. Jahrhundert wirkenden Kriegstheoretiker und Autor, ist nachzulesen, dass man ein derartiges Kastell *burgus* genannt hat. Die Ableitung unseres neuhochdeutschen Begriffs Burg von *burgus* liegt gerade angesichts solch beeindruckender Ruinen, wie wir sie in Oberranna vor uns haben, deutlich auf der Hand. Ein römisches Kleinkastell mit vier Türmen wird entsprechend als Quadriburgus bezeichnet. Der Quadriburgus von Oberranna war vermutlich dreigeschoßig und wohl über 10 m hoch. Noch in römischer Zeit wurde er zerstört. Die Zwischendecken und der Dachstuhl brannten ab und stürzten in das Gebäude. Die unzähligen Dachziegel schlugen regelrecht in die Estrichböden ein. Wodurch das Schadfeuer ausgelöst wurde, konnte noch nicht geklärt werden. Ein anderes Rätsel geben die Fundobjekte auf. Die meisten der bisher geborgenen Artefakte sind eindeutig älter als der *burgus*. Möglicherweise hat es also hier einen Vorgängerbau gegeben, den es allerdings erst noch zu entdecken gilt.

Über 1.000 Jahre zogen ins Land bis dieses wunderschöne Plätzchen gegenüber der Rannamündung wieder als Siedlungsplatz entdeckt wurde. Die ohnehin exponierte und weitgehend hochwassersichere Lage wurde durch den Schuttkegel des römischen Kleinkastells noch mehr betont und lose Bausteine lagen tonnenweise herum. Wahrscheinlich um 1500 kamen findige Leute auf die Idee, ein kleines Gebäude auf den Kegel zu setzen. Der größte Vorteil: Der noch vollständig erhaltene untere Teil des Nordturmes des römischen Bauwerkes bildete quasi das Fundament für das Gebäude.

Südwestflanke nach den Ausgrabungen und partiellen Zerstörungen im Jahr 1960.
Foto: OÖ. Landesmuseum

Südturm nach der Schleifung für die Zufahrt zur Tankstelle 1960.
Foto: OÖ. Landesmuseum

Der Hohlraum konnte wunderbar als Keller genutzt werden. Unmittelbar an die römischen Mauern ist ein zweiter Mauerkranz angebaut, der das Gewölbe des Kellers trägt. Jeder, der heute diesen Teil der Anlage betritt, steht also gleichzeitig in einem römischen und einem spätmittelalterlichen Bau.

Lange Zeit wurde das Gebäude als Wirtshaus geführt, der Keller diente als Lagerraum (ideal für Weine) und als „Partyraum". Bis ins 20. Jahrhundert erfuhr das Wirtshaus diverse Umbauten und Erweiterungen, der darunterliegende römische Turm wurde nur einmal beim Durchbruch eines zweiten Kellereingangs in Mitleidenschaft gezogen. Ansonsten muss die spätmittelalterliche Überbauung unter Einbeziehung der römischen Substanz als absoluter Glücksfall bezeichnet werden. Durch das darüber errichtete Gebäude war die archäologische Substanz bestens geschützt. Diesem Umstand ist es zu verdanken, dass wir mit dem „Römerburgus Oberranna" ohne jeglichen Zweifel das mit Abstand am besten erhaltene römische Bauwerk Oberösterreichs vor uns haben.

DER UMGANG MIT ARCHÄOLOGIE IM WANDEL DER ZEIT

Die übrigen drei Türme wurden von späteren unsachgemäßen Eingriffen leider nicht verschont. Die massivsten Zerstörungen wurden durch die bereits genannten Arbeiten für die Tankstellenzufahrt im Jahr 1960 verursacht. Der Südturm und Teile des Westturms wurden dabei erheblich dezimiert. Die Tankstelle existiert heute nicht mehr.

Im Jahr 1985 wurde das Kleinkastell unter Denkmalschutz gestellt, um es vor weiteren Zerstörungen zu bewahren. Das Wirtshaus war zu diesem Zeitpunkt nicht mehr in Betrieb, der Zerfall hatte bereits begonnen. 2007 wurde das ruinöse Gebäude endgültig geschliffen, die Bodenplatte blieb zum Schutz der archäologischen Substanz unberührt. Bis zum Jahr 2016 präsentierte sich das Areal wiederum als wild verwachsener Schutthügel und wurde als Abstellfläche für alte Geräte und Fahrzeuge genutzt. Auf der archäologischen Stätte wuchsen mehrere Meter hohe Bäume und Sträucher und verursachten langsam aber beständig Schäden an der römischen Substanz.

Blick auf den Westturm mit der integrierten Badeanlage und originalen Wandverputzen.
Foto: Archeonova

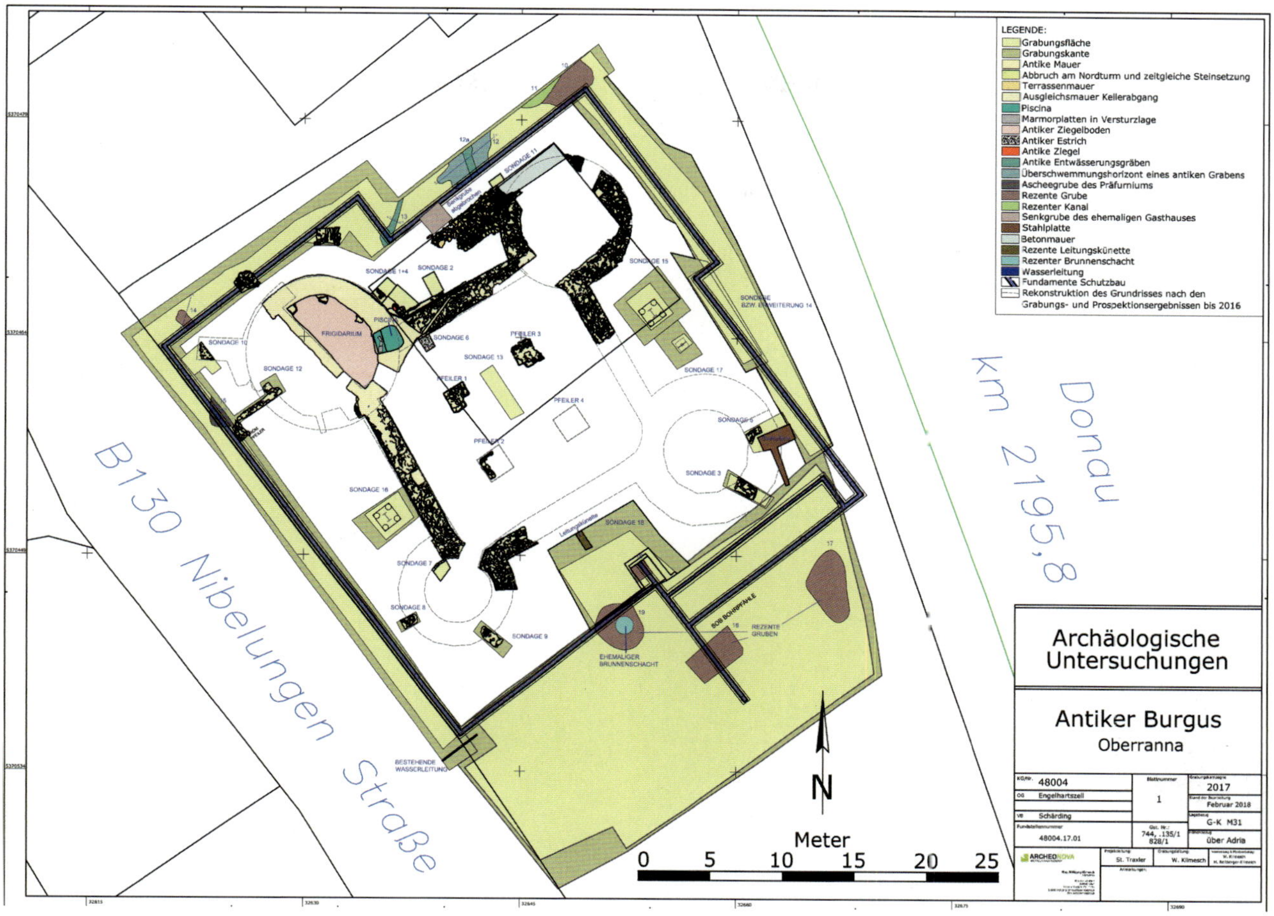

Grabungsplan 2017 inkl. Fundamente (blau) für den Schutzbau.
Archeonova

Den Verantwortlichen der Gemeinde Engelhartszell und des Landes Oberösterreich war klar, dass dieser Zustand für die bevorstehende Einreichung zum UNESCO Welterbe Donaulimes nicht tragbar ist. Durch die OÖ. Landesausstellung 2018 bot sich wieder einmal die Gelegenheit, Verhandlungen zum Erwerb der betroffenen Liegenschaft zu führen. Die privaten Eigentümer stimmten dankenswerter Weise einem Grundstückstausch zu. Mittlerweile ist die Gemeinde Engelhartszell vertragliche Eigentümerin des Grundstückes, die Mittel werden aus dem Budget der Landesausstellung bereitgestellt. Praktisch mit Unterzeichnung des Vertrages wurde mit der Rodung des Bewuchses begonnen. Die anschließenden geophysikalischen Untersuchungen durch ZAMG/Archeo Prospections gaben bereits Anlass zur Hoffnung auf einen beachtlichen Erhaltungszustand. Die von März bis September 2017 in mehreren Etappen durchgeführten Ausgrabungen haben jedoch alle Erwartungen übertroffen. Das aufgehende Mauerwerk steht teilweise bis in eine Höhe von über 2 m, die Fundamente ragen bis zu 1,5 m in den Boden. In einem Innenraum des 1960 zum Glück nur partiell zerstörten Westturmes haben sich mehrere Quadratmeter des originalen wasserfesten römischen Wandverputzes und sogar Fingerabdrücke aus der Römerzeit erhalten. Ein ganz besonderes Highlight ist die praktisch vollständig erhaltene römische „Badewanne“ *(piscina)*, die zeigt, dass dieser Turm im Untergeschoß als Bad genutzt worden ist. Dieser Raum war das Kaltbad *(frigidarium)*.

Hervorragend erhaltene „Badewanne" *(piscina)* im Westturm.
Foto: OÖ. Landesmuseum

Parallel zu den Ausgrabungen ist in Oberranna mit dem Bau des Donauradweges begonnen worden, um in absehbarer Zukunft die Lücke zwischen Engelhartszell und Weserufer zu schließen. Bei der ursprünglichen Planung hätte der Radweg über die 1960 eingeebneten Bereiche des *burgus* geführt. Durch die perfekte Abstimmung zwischen der Gemeinde, der Direktion Kultur sowie der Direktion Straßenbau und Verkehr des Landes Oberösterreich konnte eine Verschwenkung der Straße erreicht werden. Eine derartige Rücksichtnahme eines Straßenbauprojektes auf ein Bodendenkmal ist als österreichweites Vorzeigebeispiel zu bewerten. Erst durch diesen Schritt wurde garantiert, dass die Fundstelle in Oberranna zur Gänze mit einem Schutzbau gesichert und damit langfristig der Öffentlichkeit präsentiert werden kann.

Römische Fingerabdrücke im Verputz.
Foto: OÖ. Landesmuseum

Visualisierung des geplanten Schutzbaues.
Diesen.Schroecken.Rihl.zt gmbh

Die Dimension der Bausubstanz und insbesondere auch die originalen römischen Verputze stellen die RestauratorInnen vor große Herausforderungen. Deshalb ist bereits parallel zur Ausgrabung mit diversen konservatorischen Maßnahmen begonnen worden. Auch hier ist es das erklärte Ziel, durch den Schutzbau und eventuelle Spezialmaßnahmen möglichst gute Bedingungen für die nachhaltige Sicherung zu schaffen.

Im Sinne des angestrebten UNESCO Welterbes wird nicht nur eine zeitgemäße Präsentation zur bewegten Geschichte dieser Stätte angestrebt. Teile der archäologischen Substanz werden unberührt bleiben. Damit wird ein archäologisches Reservat geschaffen, das künftigen Generationen die Möglichkeit gibt, mit anderen Methoden ungeklärte oder neue Fragen zu beantworten.

Erste restauratorische Maßnahmen 2017.
Foto: blickwerk/M. Zauner

Ausgrabung Oberranna 2017 von der Donau aus.
Foto: OÖ. Landesmuseum

3D-Laserscan.
EF-TECH

DER SCHUTZBAU

Im Winter 2017/18 ist mit der Errichtung eines Schutzbaus begonnen worden, der im Sommer 2018 eröffnet wird. Damit werden die langfristige Erhaltung der archäologischen Substanz und die öffentliche Zugänglichkeit für das interessierte Publikum gewährleistet. Aufgrund des außergewöhnlichen Erhaltungszustandes wurde beschlossen, das gesamte archäologisch relevante Areal mit einem Baukörper einzufassen (Grundfläche: ca. 1.000 m²). Im Inneren des Baus ist eine zum Teil schwebende Steganlage in Stahl-Holzkonstruktion mit Holzbohlenbelag geplant, welche die BesucherInnen über das römische Bauwerk führt. Am höchsten Punkt eröffnet eine Glasfläche den wunderbaren Blick auf die Donau und macht die strategische Lage und die Funktion des Römerburgus nachvollziehbar.

Die Hülle des Baus bildet eine Lamellenfassade aus Lärchenholz, wie sie sich bei anderen archäologischen Schutzbauten, etwa in Chur/Schweiz oder in Teurnia/Kärnten, bereits bestens bewährt hat. Als Fundamentierung sind im Abstand von ca. 2 m Pfähle entlang der gesamten Außenhülle vorgesehen, die einen Stahlbetonkranz tragen, der gegen einfallendes Erdreich schützt. Im Bereich der tragenden Eckkonstruktionen werden die Pfähle im statisch erforderlichen Ausmaß verdichtet. In diesen Eckbereichen sind Stahlbetonwandscheiben im Grundriss windmühlenartig angeordnet. Diese werden mit einem Kranz aus Leimschichtholzträgern verbunden, welche die Horizontalkräfte des Daches aufnehmen. Das Schalendach besteht aus sog. Paraschalenelementen aus farbig beschichtetem Stahlblech.

Idealrekonstruktion *burgus* Oberranna.
(7Reasons)

RAIMUND KASTLER – FELIX LANG – STEFAN TRAXLER

NETWORKING

DAS HINTERLAND

Grabmedaillon eine Ehepaares, eingemauert im Haus Stadtplatz 18 in Wels. *Foto: SRI/Hemmers/Traxler*

„mulier vero sanitate recepta opus agrale die tertio iuxta morem provinciae propriis coepit manibus exercere."

„Die Frau aber begann, nachdem sie genesen war, am dritten Tag die Feldarbeit nach dem Brauch des Landes mit eigenen Händen zu verrichten."

Eugippius, *Vita Sancti Severini*, 14,3 zu Iuvao = Iuvavum/Salzburg *(übersetzt von R. Noll)*

Die Militärlager der Provinz Noricum befanden sich unmittelbar an der Donaugrenze. An diese waren zivile Siedlungen angeschlossen, in denen die halblegalen Familien der Soldaten lebten und diverse Handwerks- und Dienstleistungsgewerbe mit den entsprechenden Personen untergebracht waren. Die Ansiedlungen im Nahbereich der Auxiliarkastelle bezeichnet man als Kastellvici, die im Umfeld eines Legionslagers, wie es ab dem späten 2. Jh. in Lauriacum/Enns der Fall war, als *canabae legionis*.

Das Hinterland war in vielfältigster und komplexer Weise mit den an der Grenze stehenden Truppen verbunden. Diese garantierten nicht nur die Sicherheit der Zivilbevölkerung und damit Wohlstand und Prosperität. Sie waren zugleich der wichtigste Abnehmer von den zahlreichen im Hinterland erzeugten oder gewonnenen Produkten. Sondereinheiten wie *beneficiarii* sorgten für die Sicherheit der Bevölkerung im Inneren und für Einhebung von Zöllen an den Grenzen der Provinz (Abb. S. 93). Wahrscheinlich wurde auch der Abbau bestimmter Rohstoffe vom Militär kontrolliert und organisiert. Zudem war das Knowhow der Heerestechniker beim Straßenbau und bei der Errichtung von (öffentlichen) Bauten unentbehrlich. Viele Veteranen dürften in der Region geblieben sein. Sie konnten nach dem Ende ihrer Dienstzeit zivilen Tätigkeiten nachgehen. Einige dürften ihren ersparten Lohn in Grundbesitz angelegt haben. Andererseits rekrutierten die Heereseinheiten Männer aus der Provinz, in der sie stationiert wurden. Durch den Dienst in den Hilfstruppen konnten diese Provinzialen das römische Bürgerrecht erlangen. In mehreren Fällen ist zudem belegt, dass Noricer in der *legio II Italica* dienten.

Als unmittelbares Hinterland des norischen Limes kann der Raum zwischen Donau und Alpenhauptkamm betrachtet werden, also der Bereich, der in der Spätantike nach der Teilung der Provinz zu Ufernoricum

Bündel mit Mittelmeermakrelen,
Mosaik aus Iuvavum/Salzburg, Waagplatz.
Salzburg Museum – Foto: Salzburg Museum

(Noricum ripense) wurde. Drei Siedlungsformen prägten diesen Raum: Städte *(municipia/coloniae)*, dörfliche Ansiedlungen *(vici)* und Einzelgehöfte, sog. Villae Rusticae.

STÄDTE

Im nördlich der Alpen gelegenen Teil der Provinz Noricum lagen drei *municipia*: Iuvavum/Salzburg, Ovilava/Wels (auch Ovilavis genannt) und Cetium/St. Pölten. Der Erhalt des Stadtrechts garantierte eine innere Selbstverwaltung. Oberste Beamte waren die *duumviri iure dicundo*, die auch auf unterer Ebene Recht sprachen. Iuvavum/Salzburg erhielt nach Plinius dem Älteren (Naturalis Historia 3,146) Mitte des 1. Jhs., wahrscheinlich unter Kaiser Claudius (41–54 n. Chr.), gemeinsam mit vier südnorischen Städten als einzige norische Siedlung nördlich der Alpen das Stadtrecht. Ovilava/Wels und Cetium/St. Pölten wurden von Hadrian (117–138 n. Chr.) in den Munizipalstatus erhoben, was einen wirtschaftlichen und demographischen Aufschwung in Folge der Verstärkung der Truppen an der Donau in der zweiten Hälfte des 1. und dem beginnenden 2. Jh. widerspiegelt.

Alle drei Siedlungen zeichnen sich durch ihre topographisch hervorragende Lage aus. Iuvavum/Salzburg lag an der schmalsten Stelle der Salzach und somit an dem idealen Punkt, eine Brücke über den Fluss zu schlagen. Zudem befand sich hier der Schnittpunkt wichtiger Verkehrsverbindungen. Eine Straße führte nach Süden über das Salzachtal und die Radstädter Tauern nach Virunum (auf dem Zollfeld) bzw. Teurnia/St. Peter im Holz und weiter nach Aquileia in Italien. Nach Westen gelangte man an den Inn und in der Folge nach Cambodunum/Kempten und Augusta Vindelicum/Augsburg, die erste (?) und die folgende Hauptstadt der Provinz Raetia. Nach Norden stellte die Flussverbindung Salzach-Inn eine wichtige Transportroute über das Innviertel bis nach Passau an der Donau dar. Richtung Nordwesten schließlich führte eine wichtige Reichsstraße nach Ovilava/Wels und weiter nach Lauriacum/Enns. Ovilava liegt Iuvavum/Salzburg vergleichbar an einer Engstelle im Augürtel der Traun, die günstige Voraussetzungen für eine Brücke bot und somit wiederum an einem wichtigen Flussübergang lag. Zudem führte von hier die sog. norische Hauptstraße über den Pyhrnpass nach Süden bis Aquileia. Diese Straße wurde bereits unter Kaiser Claudius Mitte des 1. Jhs. angelegt. Im 3. Jh. wurde die Verbindung Richtung Nordwesten über das Eferdinger Becken nach Passau ausgebaut. Cetium/St. Pölten, im unteren Traisental gelegen, hatte für die norischen Militärlager im heutigen Niederösterreich eine wichtige Verteilerfunktion.

IUVAVUM/SALZBURG

In Iuvavum entstand unmittelbar nach der Eingliederung in das Imperium Romanum in der Niederung zwischen den Salzburger Stadtbergen – Festungs-/ Mönchs- und Kapuzinerberg – im Bereich der heutigen Altstadt eine Zivilsiedlung *(vicus)*, die sich aufgrund der günstigen topographischen Voraussetzungen schnell entwickelte. Im 1. Jh. waren die Gebäude in Holzbauweise errichtet, die in latènezeitlicher Tradition stand. Diese wurden mehrfach durch

OVILAVA/WELS – LEBEN IN EINER RÖMISCHEN STADT

Die heutige Stadt Wels wurde über der römischen Stadt Ovilava errichtet. Jede neue Ausgrabung in Wels zeugt von der bewegten Vergangenheit dieser Stadt und fördert beeindruckende Funde zutage. Im Stadtmuseum Wels – Minoriten und entlang des Römerweges Ovilava erfahren Sie mehr zum Leben in einer römischen Handels- und Verkehrsdrehscheibe. Und beim interaktiven Stadtrundgang „Helden der Römerzeit" wird die Römerzeit zum Leben erweckt.

Die „Venus von Wels" wurde im Bereich eines römischen Gutshofes in Hof, Gunskirchen gefunden. *Stadtmuseum Wels – Minoriten Wels Marketing – Foto: H. Stasny*

Die App „Helden der Römerzeit" steht kostenlos in den App-Stores zur Verfügung.

Schadfeuer zerstört und wiederaufgebaut. Erst nach einer großen Überschwemmung um 100 n. Chr. setzte sich die Steinbauweise durch. Im letzten Drittel des 2. Jhs. konnten durch Ausgrabungen an verschiedenen Stellen des Stadtgebiets Zerstörungen festgestellt werden. Dies wurde mit einem Einfall der Markomannen um 170 n. Chr. in Verbindung gebracht. Eindeutige Hinweise auf eine gewaltsame Verwüstung fehlen jedoch. Außerdem ist noch nicht geklärt, ob es sich um ein Ereignis handelte oder die Gebäude zu unterschiedlichen Zeiten zerstört wurden.

Unter Septimius Severus (193–211 n. Chr.) dürfte es jedenfalls zu Wiederaufbaumaßnahmen in größerem Stil gekommen zu sein. Darauf verweisen Bau- sowie Ehreninschriften, die diesem Kaiser gewidmet sind. Im folgenden 3. Jh. erlebte die Stadt eine letzte Blüte. In dieser Phase stellte Iuvavum/Salzburg das Zentrum der Mosaikkunst in Noricum dar. Nicht nur die Wohnhäuser des *municipium,* auch die Gutshöfe im Umland waren mit qualitätvollen Mosaikböden ausgestattet. In der zweiten Hälfte des 3. Jhs. setzte aber ein steter Niedergang ein, der sich in der Spätantike fortsetzte, in der das Siedlungsareal wohl auf den Bereich des heutigen Doms und den Festungs-/Nonnberg reduziert war. Dies entspricht im Wesentlichen der allgemeinen Entwicklung in Ufernoricum. Wie aus der sog. *Vita Sancti Severini* hervorgeht, bestand die Siedlung in der zweiten Hälfte des 5. Jhs. weiterhin, allerdings dürfte sie ihren städtischen Charakter verloren haben. Ein Teil der Bevölkerung verblieb mit Sicherheit nach dem Ende der römischen Herrschaft vor Ort, was dazu beigetragen haben dürfte, dass Salzburg im Frühmittelalter relativ schnell eine wichtige Position einnahm.

Der Weihaltar aus Aelium Cetium/St. Pölten wurde dem Neptunus anlässlich einer (Gewässer-)Umleitung in die Traisen gestiftet.
Stadtmuseum St. Pölten – Foto: SRI/Hemmers/Traxler

OVILAVA/WELS

Eine römische Besiedlung ist in Ovilava (und/oder Ovilavis) anhand der ausgewerteten Münz- und Terra Sigillata-Funde ab der Zeit des Kaisers Vespasian (69–79 n. Chr.) nachzuweisen. Auch hier dürften die günstigen Handelsverbindungen, vor allen zu den an der Donau stationierten Truppen, zu einem raschen Wachstum beigetragen haben. Dies führte zu einer schnellen Ausdehnung des Stadtgebiets. In der zweiten Hälfte des 2. Jhs. wurden ältere Gräberfelder aufgegeben und das Areal verbaut. Diese zunehmende Bedeutung spiegelt sich nicht nur in der Stadterhebung durch Hadrian (117–138 n. Chr.) wider. Wie durch Inschriften belegt ist, wurde die Stadt unter Caracalla (211–217 n. Chr.) sogar in den Rang einer *colonia* erhoben. In dieser Zeit erhielt Ovilava eine 1,4 m breite, etwa 92 ha umfassende Stadtmauer mit vorspringenden Türmen und bis zu vier vorgelagerten Gräben. In der Spätantike könnte die Stadt als Residenz des *praeses*, des zivilen Statthalters von Ufernoricum gedient haben. Über diese letzte römische Phase ist wenig bekannt. Der Grabstein der Ursa ist eines der seltenen Zeugnisse für das frühe Christentum im Nordwesten der Provinz Noricum.

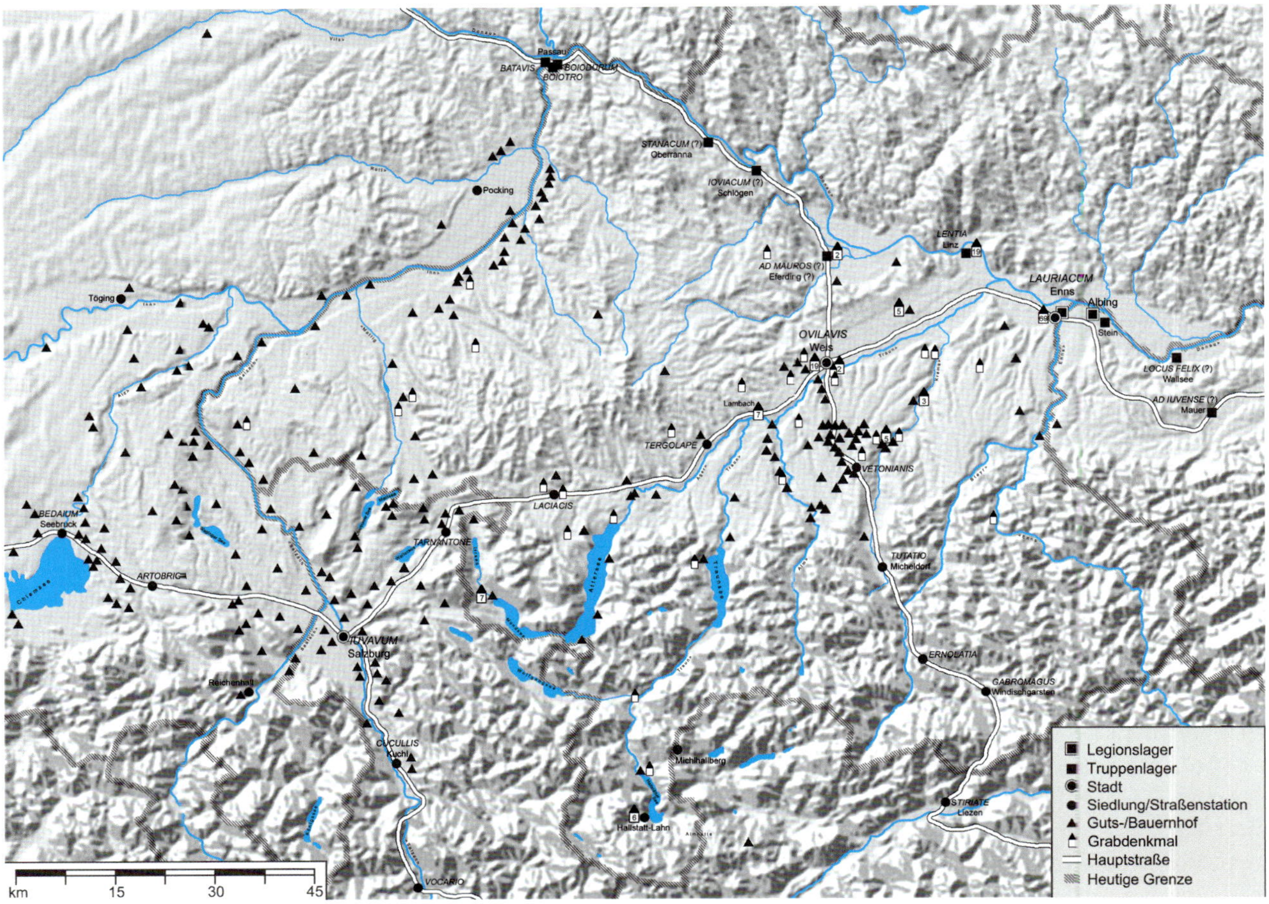

Besiedlung von Oberösterreich und Salzburg in römischer Zeit.
St. Traxler

Ein Fortbestehen einer kleinen Siedlung nach dem Ende der römischen Herrschaft ist naheliegend, kann aber bislang nicht belegt werden.

CETIUM/ST. PÖLTEN

Im Gegensatz zu den ersten beiden *municipia* ist in Cetium keine Vorgängersiedlung vor der Stadtrechtverleihung durch Hadrian bekannt. Es könnte sich somit um eine ad hoc-Gründung mit streng orthogonalem Straßennetz handeln. In der ersten Phase war Holz noch ein wesentliches Bauelement. Im Zuge der Markomannenkriege dürfte die Stadt völlig zerstört worden sein. Der Wiederaufbau erfolgte in *opus caementicium*-Technik (Stein/Mörtel-Bauweise). Auch im 3. Jh. scheint Cetium/St. Pölten unter Überfällen gelitten zu haben. Um 300 n. Chr. lebte Florianus, der pensionierte Kanzleivorstand des zivilen Statthalters (praeses), in dieser Stadt, bevor er nach Lauriacum/Enns aufbrach, um christliche Glaubensgenossen zu unterstützen und dort den Tod fand. Eine neue Blüte erlebte die Stadt unter Kaiser Constantinus 306–337 n. Chr. Areale, die in der Krisensituation des 3. Jhs. brach lagen, wurden wieder mit gut ausgestatteten Häusern verbaut. Bei Grabungen auf dem heutigen Domplatz konnte zudem ein Großbau aus dieser Zeit freigelegt werden. Ende des 4. Jhs. setzte allerdings der endgültige Niedergang ein, der schnell dazu führte, dass weite Teile des Stadtgebietes verödeten. Eine Wiederbesiedlung ist erst im ausgehenden 8. Jh. nachzuweisen.

VICI

Für die Erforschung von *vici* im Hinterland von Nordwest-Noricum stehen sowohl schriftliche als auch archäologische Quellen zur Verfügung. Neben der Erwähnung von Bedaium/Seebruck bei Ptolemaios (Geographike Hyphegesis 2,13,3), sind es vor allem die Tabula Peutingeriana (Tab. Peut.) und das Itinerarium Antonini (It. Ant.), in denen eine größere Zahl an Orten aufgeführt ist. Für die Spätantike steht zusätzlich die sog. *Vita Sancti Severini* zur Verfügung, in der neben mehreren Orten im Bereich des sog. Donaulimes auch Iuvavum/Salzburg und Cucullis/Kuchl erwähnt sind (Kap. 11–14). Die Lokalisierung der dabei genannten Orte beschäftigt die Forschung seit über 200 Jahren.

Unter dem Begriff *„vicus"* sind alle Siedlungsanhäufungen zusammengefasst, die einerseits über landwirtschaftliche Einzelbetriebe (sog. Villae Rusticae) hinausgehen bzw. ihren wirtschaftlichen Schwerpunkt nicht primär im Agrarbereich haben, andererseits über kein Stadtrecht verfügen, also weder *municipia* noch *coloniae* darstellen. Dies dürfte weitgehend der antiken Terminologie entsprechen. Derartige Siedlungen finden sich vor allem an verkehrsgeographisch wichtigen Punkten (Straßenstationen und/oder ländliche Umschlagplätze), im Nahbereich geeigneter Rohstoffquellen (Handwerkerdörfer) einschließlich Thermalquellen sowie bei (bedeutenderen) Heiligtümern.

Im Nordwesten der Provinz Noricum ist in diesem Kontext die Salzgewinnung besonders hervorzuheben. Im Süden des Bundeslandes Oberösterreich und im unmittelbar angrenzenden steirischen Salzkammergut

Die Grabinschrift aus Pirath, die Saecularis, der Sklave (der Gutsbesitzerin) Sabinia Digna, für seine verstorbene Frau Crispa meißeln hat lassen, ist im Römermuseum Altheim ausgestellt.
OÖ. Landesmuseum – Foto: O. Harl, lupa.at/4503

CRISPAE CO(N)IUGI
OB(ITAE) AN(NORUM) XL SAECULARIS
SABINIAE DIGNAE
SER(VUS) V(IVUS) F(ECIT) SIB(I) ET
SUIS

„Für seine Gattin Crispa, verstorben mit 40 Jahren, hat Saecularis, Sklave der Sabinia Digna, (dieses Grabmal) errichten lassen, zu Lebzeiten für sich und die Seinen."

Römermuseum Altheim – Kornkammer Innviertel

Im Mai 2018 öffnet das neue Römermuseum seine Pforten. Im sogenannten Ochzethaus, einem malerischen Bauernhaus aus dem 19. Jahrhundert, können BesucherInnen unterschiedlichste Aspekte des römischen Landlebens kennenlernen. Unter dem Motto „Innviertel: die Kornkammer des Römischen Reiches in Oberösterreich" informiert das Museum über Ackerbau, Viehzucht und den Alltag in römischen Gutshöfen. Die sog. Villae Rusticae im Hinterland spielten für die Versorgung der am Donaulimes stationierten Truppen eine entscheidende Rolle.

Das neue Römermuseum Altheim.
Visualisierung: M. Gletthofer

www.roemermuseum-altheim.at

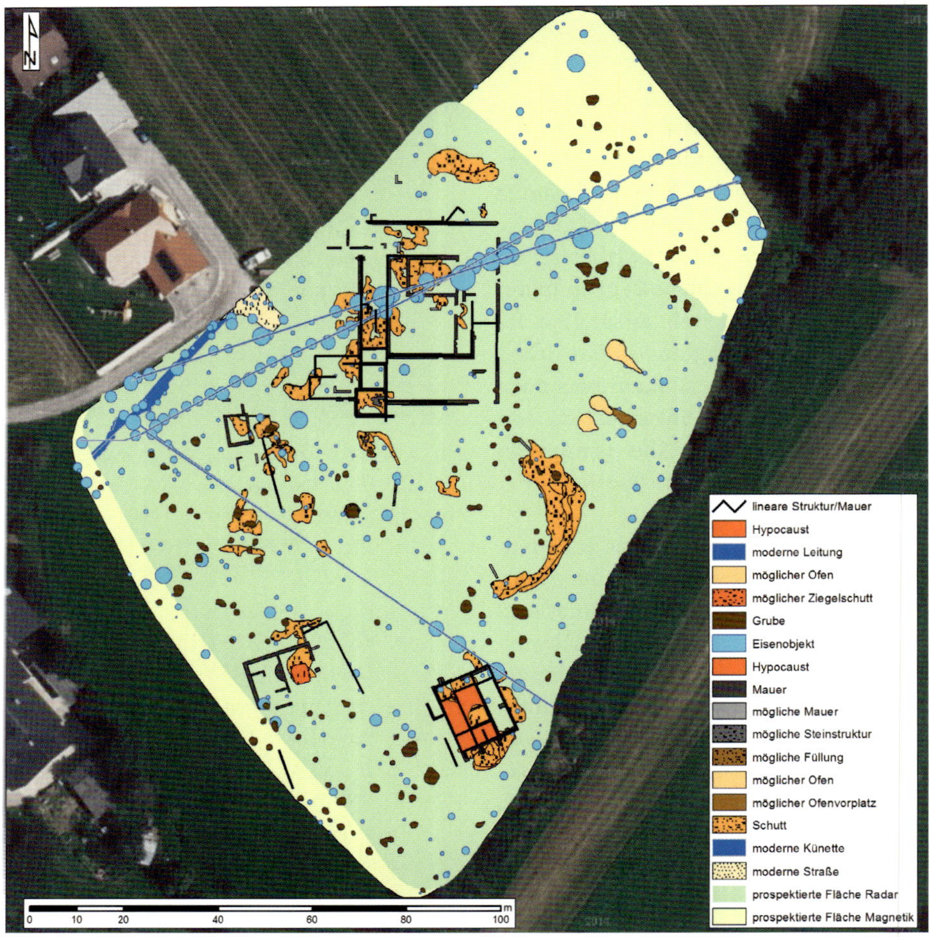

Interpretation von geophysikalischen Prospektionen eines Gutshofes bei St. Georgen im Attergau, Stand 2015.
ZAMG/ArchaeoProspections

können diesbezüglich zwei Siedlungsstellen – Hallstatt und Michlhallberg – angeführt werden, deren Existenz sich primär mit dem Rohstoff Salz erklärt, da sich beide weit abseits der Hauptverkehrsrouten befanden.

Der *vicus* von Hallstatt lag am Südwestufer des Hallstätter Sees im heutigen Ortsteil Lahn im Bereich des Aufgangs auf den Salzberg. Trotz zahlreicher Ausgrabungen im 19. und 20. Jh. ist das Wissen um Aussehen und Größe der Siedlung eingeschränkt. Eine zusammenfassende Gesamtdarstellung fehlt ebenso wie Materialvorlagen aus den einzelnen Grabungen. Durch die Errichtung des Besucherzentrums der Salzwelten Hallstatt ergab sich im Jahr 2015 die Möglichkeit, einen kleinen Teil der römischen Siedlung von Hallstatt zu erforschen. Im Bereich der Wartehalle wurden auf einer Fläche von 160 m² Teile eines massiven Gebäudes aus dem 2./3. Jh. ausgegraben, das bereits 1940/1941 angeschnitten worden war. Zudem gelang der Nachweis eines Vorgängerbaus. Nördlich des Gebäudes lag eine geschotterte Straße. Im Westen des *vicus* schloss ein Gräberfeld mit reich ausgestatteten Grabbauten an. Im Bereich des Sportgeschäfts Janu im heutigen Ortszentrum liegen die Überreste eines weiteren römischen Gebäudes. Wie dieser abseits des eigentlichen Siedlungskernes gelegene Bau zu interpretieren ist, kann derzeit nicht beantwortet werden. Qualitätsvolle Fresken, große Mengen an Terra Sigillata und Glasfunde weisen auf den gehobenen Lebensstandard in dieser Siedlung hin. Eisenschlacken und Halbfabrikate geben uns wichtige Hinweise auf metallverarbeitende Betriebe. Auffällig ist auch die große Anzahl an erhaltenen Ritzinschriften. Das Spektrum an römischen Münzen aus Hallstatt reicht vom 1. bis in das frühe 5. Jh. Auch wenn der römerzeitliche Bergbau noch nicht lokalisiert werden konnte, dürfte der *vicus* von Hallstatt als Verwaltungs- und Vertriebssiedlung für das im Hochtal gewonnene Salz zu sehen sein.

Der *vicus* Michlhallberg befindet sich am südlichen Abhang des Sandlings im Gemeindegebiet von Altaussee an der Grenze zwischen den Bundesländern Oberösterreich und Steiermark auf einer Seehöhe von 1.000 m. Die Siedlungsstelle markiert den Scheitelpunkt der römischen Straßentrasse zwischen dem Ausseerland und dem Trauntal bei Bad Goisern. Auswertbare eindeutig römerzeitliche Baubefunde gibt es von der Siedlung vom Michlhallberg keine. Selbst die Abfolge der archäologischen Schichten ist durch geomorphologische Aktivitäten verändert worden. Die zahlreichen Funde aus den Ausgrabungen 1997–1999 ergaben einen zeitlichen Rahmen vom Ende des 2. bis ins späte 4. Jh. Auch wenn die Siedlung nicht näher charakterisiert werden kann, ist sie eindeutig im Kontext mit dem Salzvorkommen am Sandling zu sehen.

An verkehrsgeographisch wichtigen Punkten befanden sich die *vici* von Bedaium/Seebruck, Tutatio/Micheldorf und Gabromagus/Windischgarsten. Bedaium/Seebruck lag an der Straße von Augusta Vindelicum/Augsburg nach Iuvavum/Salzburg am Nordrand des Chiemsees, westlich des Ausflusses der Alz. An dieser Stelle ist mit einer Brücke über die Alz zu rechnen. Außerdem handelte es sich um eine regional wichtige Verehrungsstätte für die Gottheiten Bedaius und die Alounae. Die Siedlung ist sowohl im It. Ant. unter Bidaio als auch in der Tab. Peut. unter Bedaio angeführt. Teile der Siedlung mit mehreren Gebäuden wurden bislang ergraben. Ein Gräberfeld konnte östlich der Alz entlang der Straße nach Iuvavum/Salzburg untersucht werden. Von einem weiteren im Westen liegen einzelne Funde vor. Den Kern der Siedlung bildete ein monumentaler Tempel, auf den massive sorgfältig gehauene Fundamentquader unter der heutigen Kirche verweisen. Dieser war dem wohl auf keltische Wurzeln zurückgehenden Gott Bedaius geweiht. Auf dieses Heiligtum ist eine Serie verschleppter Weihesteine aus der Umgebung von Seebruck zu beziehen. Der Kult des Bedaius sowie die Verehrung der Alounae waren dabei, wie Weihungen von *duumviri* von Iuvavum/Salzburg zeigen, für die Munizipaladministration und wohl für die gesamte Bevölkerung von Iuvavum/Salzburg von Bedeutung. An Stelle des Tempels wurde in der Spätantike ein *burgus* zur Überwachung des Brückenübergangs errichtet.

Auf dem Georgenberg bei Micheldorf am Ausgang des Kremstales dürfte sich ebenfalls ein Heiligtum befunden haben, das möglicherweise in spätlatènezeitlicher Tradition stand. Darauf könnte sich auch der Ortsangabe Tutatio beziehen, der wohl von Teutates/Toutates/Tutates abzuleiten ist. Die in It. Ant. und Tab. Peut. genannte Station Tutatio lag offensichtlich nordwestlich des Georgenberges im Ortsteil Kremsdorf. 1960 wurden erste Siedlungsspuren festgestellt, im Jahr 1962 konnten nur Suchgräben angelegt werden, bei denen der Nachweis einfacher Gebäude („Ständerbauten", ein „Rieselmauerhaus") und eines 9 m breiten Straßenkörpers gelang. Diese Siedlung bestand vermutlich ab dem 2. Jh., auffällig waren 18 Münzen, die allesamt ins 4. Jh. datierten. Der römische Siedlungshorizont wurde auch bei späteren Untersuchungen noch angetroffen, Aufschlüsse zur Struktur der Siedlung brachten aber auch diese nicht. In der Spätantike wurde der Georgenberg als Höhensiedlung genutzt und wies eine Befestigungsanlage auf.

Das im It. Ant. und der Tab. Peut. angeführte Gabromagus/Windischgarsten stellte eine typische römische Straßenstation dar. Auf Basis des Fundmaterials wird von einer Errichtung in den späten 60er- oder 70er-Jahren des 2. Jhs. ausgegangen. Im frühen 4. Jh. dürfte die Siedlung ihre Bedeutung bereits wieder verloren haben. Sie wies beachtliche Ausmaße auf. Die begünstigte Beckenlage als erste Station nach bzw. vor dem Bergübergang trug dazu sicher bei. Die Gebäude des *vicus* weisen alle dieselbe Ausrichtung auf, was eine systematische Aufmessung nahelegt. Die deutliche militärische Komponente, die v.a. durch Ziegel der *legio II Italica*, eines *numerus* und einer *ala* unterstrichen wird, ist aufgrund der Lage an der direkten Verkehrsverbindung zwischen der ersten Provinzhauptstadt Virunum (Zollfeld) und Ovilava bzw. weiter zum Legionsstützpunkt Lauriacum nicht verwunderlich.

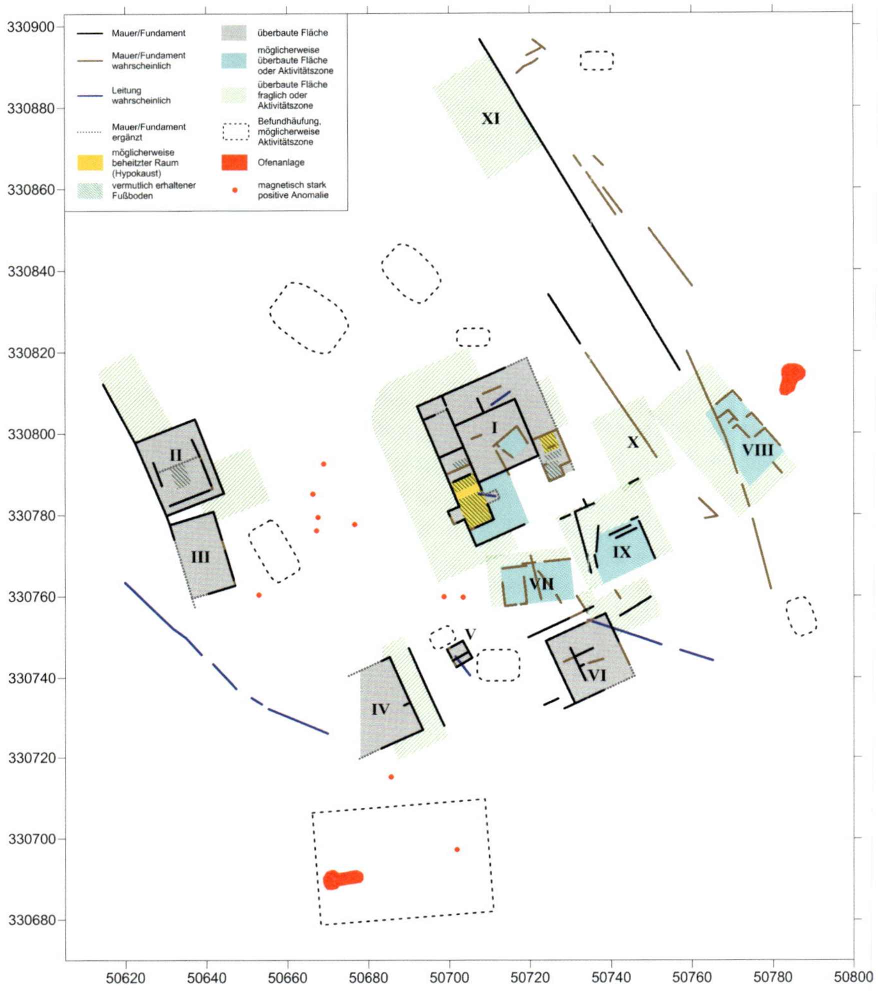

Interpretation von geophysikalischen Prospektionen eines Gutshofes in Steinhaus bei Wels.
Posselt & Zickgraf Prospektionen GBR, Marburg

Bei den Routen Ad Enum/Mühltal – Iuvavum/Salzburg, Iuvavum – Ovilava/Wels und Ovilava – Gabromagus/Windischgarsten können die Auflistungen im It. Ant. der Tab. Peut. gegenübergestellt werden. Dabei fällt einerseits auf, dass die Übereinstimmungen, sowohl was die genannten Orte als auch die Entfernungen betrifft, sehr hoch sind. Andererseits ist bemerkenswert, dass von den sieben im It. Ant. genannten Orten sechs lokalisiert sind; nur Laciacis, die Mittelstation auf der Route Iuvavum – Ovilava entzieht sich unserer Kenntnis. In der Nähe von Laciacis, in Mösendorf bei Vöcklamarkt, ist in der Spätantike ein sog. Straßenburgus errichtet worden, dessen Grundriss im Rahmen von geophysikalischen Prospektionen im Jahr 2015 eruiert werden konnte.

Bei den fünf in der Tab. Peut. zusätzlich genannten Stationen ist hingegen keine einzige eindeutig geklärt. Die angegebenen Entfernungen bewegen sich im It. Ant. zwischen XVIII Meilen (ca. 26,6 km) und XXXIII Meilen (48,8 km), in der Tab. Peut. zwischen VIII Meilen (ca. 11,8 km) und XVIII Meilen (ca. 26,6 km). In Anbetracht der anzunehmenden Marschleistungen von römischen Soldaten zwischen 30 und 36 km pro Tag ist wohl davon auszugehen, dass im It. Ant. zumindest in dem hier näher betrachteten Raum vorwiegend Orte mit Übernachtungsmöglichkeiten angeführt sind. Mit der damit verbundenen Infrastruktur, die sich entsprechend im archäologischen Befund niedergeschlagen hat, lässt sich die hohe Konkordanz zwischen Schriftquellen und Fundorten erklären. Die Tab. Peut. hebt lediglich besonders wichtige Orte mit Vignetten hervor. Im Nordwesten der Provinz Noricum sind lediglich Iuvavum/Salzburg und Ovilava/Wels durch solche Bildmarken gekennzeichnet. Alle anderen Orte sind durch einen Haken im Straßenverlauf angegeben.

Eine Unterscheidung zwischen *mansio* (Straßenstation/Herberge) und *mutatio* (Zug- und Reittierwechsel) lässt sich also nicht ableiten. Eine mögliche Erklärung für die nicht bzw. nur mit Unsicherheit zuweisbaren Ortsnamen der *Tab. Peut.* wäre, dass es sich zumindest teilweise um *mutationes* gehandelt haben könnte, bei denen die Infrastruktur deutlich bescheidener ausfallen konnte als bei *mansiones*. Für diese Interpretation spricht, dass die lediglich in der Tab. Peut. genannten Orte immer nur Ergänzungen/Zwischenstationen zu den Nennungen im It. Ant. sind und alle daraus resultierenden Abstände deutlich unter der Soll-Marschleistung von Soldaten liegen. Allerdings sollte auch die Möglichkeit nicht außer Acht gelassen werden, dass das eine oder andere „Häkchen" einen wichtigen Orientierungspunkt für die Reisenden, etwa ein auffälliges Geländemerkmal oder eine besondere Passage, z.B. einen Fluss- oder Passübergang, angibt.

Vieles ist nach wie vor Spekulation, bei einigen Fundorten ließe bereits die Vorlage des Fundmaterials neue Erkenntnisse und Interpretationen erwarten, bei anderen würden sich geophysikalische Prospektionen und Surveys anbieten. Bei den Beispielen, die in Ballungsräumen und Erschließungsgebieten liegen oder auch in Regionen, die durch Ackerbau geprägt sind, ist Handlungsbedarf gegeben. In Breitenschützing Schlatt, das immer wieder für Tergolape ins Treffen geführt wird, ist die letzte Stunde bereits angebrochen. Jedes Jahr wird die ohnehin schon bedenklich dezimierte Fundstelle weiter in Mitleidenschaft gezogen. Wahrscheinlich ließe sich heute durch Ausgrabungen die eine oder andere Frage noch klären, in wenigen Jahren wird es jedoch nicht einmal mehr Fundamentreste und Gruben geben, die man untersuchen könnte – und das ist kein Einzelfall in Nordwest-Noricum. Gerade an diesem Beispiel zeigt sich eine Problematik sehr deutlich: Die ArchäologInnen sind auf den guten Willen der GrundstückseigentümerInnen angewiesen. In Breitenschützing Schlatt sind nicht einmal alle EigentümerInnen bereit gewesen, die absolut zerstörungsfreien geophysikalischen Messungen zu erlauben.

GUTS- UND BAUERNHÖFE

Einzelgehöfte, sog. Villae Rusticae, stellten die charakteristischen landwirtschaftlichen Betriebe im Hinterland des Donaulimes dar. Gerade der Nordwesten von Noricum zeichnet sich gegenüber den anderen Teilen der Provinz durch eine große Zahl bekannter römischer Gutshöfe aus. Es handelt sich um sog. Streuhöfe, die ein eingefriedetes Hofareal mit mehreren Wohn- und Wirtschaftsgebäuden ohne strengen axialen Bezug im Inneren auszeichnete. Die wirtschaftlichen Nutzflächen – Äcker, Wiesen, Wälder – befanden

WEYREGG AM ATTERSEE – 1.800 JAHRE SOMMERFRISCHE

Die Reste einer römischen Luxusvilla mit Seeblick in Weyregg legen nahe, dass auch die Erfindung der Sommerfrische am Attersee auf die Römer zurückgeht. Im Jahr 1767 stieß man erstmals auf einen Mosaikfußboden. Umfangreiche Forschungen fanden 1924 statt, die letzten Ausgrabungen 2017. Insgesamt sind bis dato mindestens 13 verschiedene Mosaiken in Weyregg gefunden worden, leider ist nur ein Bruchteil heute noch erhalten. In Weyregg wird das Thema „1.800 Jahre Sommerfrische" präsentiert, Highlights sind die noch erhaltenen Mosaikböden und ein 3D-Modell des Hauptgebäudes der römischen Luxusvilla. In Attersee am Attersee werden die Themen „Römer im Salzkammergut" sowie 6.000 Jahre Siedlungsgeschichte in Form einer rund 350 m langen „Sitz-Bank" mit Glas-Schautafeln direkt am See präsentiert.

Im Jahr 1830 entdecktes Mosaik
OÖ. Landesmuseum

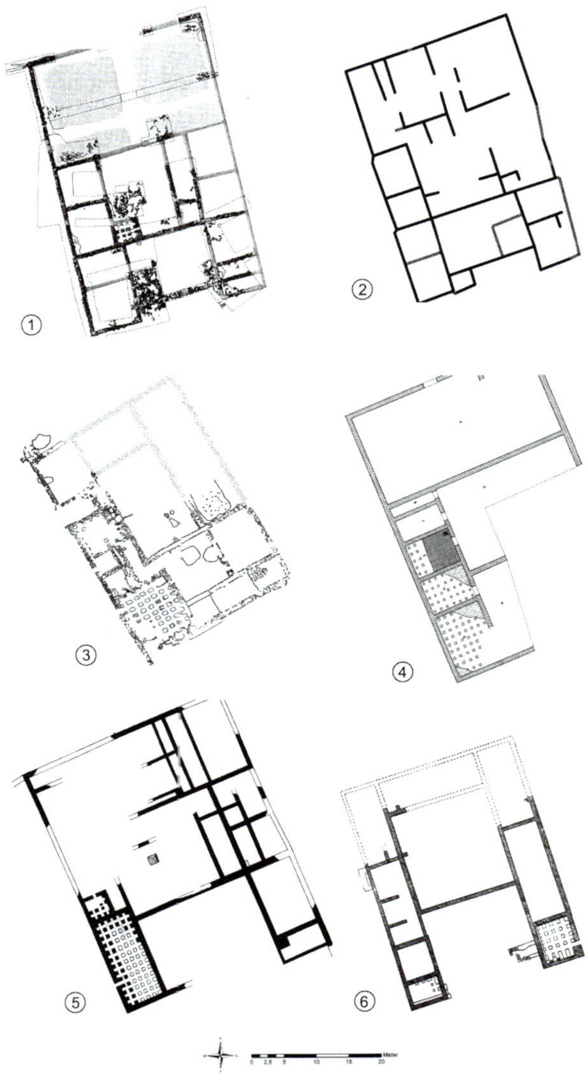

Gebäude von römischen Gutshöfen in Nordwest-Noricum, die sowohl Wohn- als auch Wirtschaftsfunktionen erfüllten.
1. Emmerting (Bay), 2. Pfongau II (Sbg), 3. Kay, Haus 2 (Bay), 4. Glas (Sbg), 5. Liefering (Sbg), 6. Gmunden Engelhof (OÖ)
St. Traxler, R. Kastler

sich außerhalb der Hofanlagen. Die Mehrzahl dieser Villen wurde nahe oder an der Vorderkante von eiszeitlichen Terrassen errichtet. Sie lagen in der Regel in leichter Hanglage und im Nahbereich von Bächen/Flüssen. Gelegentlich wurde eine ausgesprochene Spornlage gewählt. Diese herausgehobenen Positionen entsprachen auch der „Landmarken"-Funktion und der Sichtbarmachung sozialer Distinktion ihrer Besitzer. Demgegenüber waren Standorte in der Ebene eher die Ausnahmen. Häufig wurden die Hofanlagen in einer gewissen Distanz, ca. 300 m, zu den Überlandstraßen angelegt und durch Stichstraßen mit diesen verbunden. Hinsichtlich der Entfernungen der Gutshöfe zueinander zeichnet sich insbesondere im Nahbereich von Iuvavum und Ovilava eine eindeutige Tendenz in Richtung einer Meile / 1,5 km, teilweise sogar weniger ab. Die zugehörigen Bestattungsplätze weisen häufig einen Bezug zu einer Straßentrasse auf.

Die Gutshöfe in Nordwest-Noricum sind im archäologischen Befund primär in ihren Ausbauphasen in Steinarchitektur fassbar, was im späten 1. Jh. oder im Lauf des 2. Jhs. erfolgte. Vorher dürften die landwirtschaftlichen Betriebe mit Holzbauten versehen gewesen sein, die bislang kaum/nicht festgestellt wurden und häufig wohl nicht mehr erhalten sind. Auffällig ist, dass die Stationierung der *legio II Italica* am Ende des 2. Jhs. nicht mit einer deutlichen Zunahme von Gutshöfen im unmittelbaren Umland einhergeht. Auch wenn dies z. T. am Forschungsstand liegen dürfte, liegt eine verstärkte Versorgung von *Lauriacum*/Enns durch das Hinterland nahe. Zum einen könnte hier dem fruchtbaren Innviertel eine tragende Rolle zugekommen sein. Über Inn und Donau konnte wohl auch ein intensiverer Güterverkehr problemlos organisiert werden. Zum anderen darf das offensichtlich gleichzeitig mit Lauriacum prosperierende Umland der rechtlich zur *colonia* aufgewerteten Stadt Ovilava/Wels nicht unterschätzt werden. Und auch hier gab es mit der Traun einen geeigneten Zubringer für größere Schiffstransporte. Dies könnte den Ausbau vieler Gutshöfe in Nordwest-Noricum (Wirtschaftsbauten in Steinbautechnik, Ausstattung mit Mosaiken) erklären, der in vielen Fällen gegen Ende des 2. / Anfang des 3. Jhs. erfolgt sein dürfte, was wiederum im Kontext mit dem zeitgleichen Limesausbau zu sehen sein wird.

Bei der Ausrichtung der Höfe bzw. der darin befindlichen Bauten zeichnet sich eine Nordnordwest-Südsüdost bis Nordwest-Südost-Orientierung ab, wobei Abweichungen einzelner Gebäude durchaus möglich sind. Die tendenziell eher rechteckigen bis trapezförmigen Einfriedungen sind meist als Mauern gestaltet. Daneben finden sich Hecken oder Zäune. Mehrere Bauten können an die Umfassungen angebaut sein.

Das Wohngebäude des Gutsherrn, Pächters oder Verwalters sowie das Badegebäude waren mit Mosaikschmuck, Wandmalerei und Fußbodenheizungen, gegebenenfalls auch architektonischer Gliederung der Front repräsentativ ausgestattet. Ein Gebäudetyp ist dabei für Nordwest-Noricum sehr charakteristisch: der langrechtreckige Risalitbau. Die dabei typischen quadratischen Zentralbereiche, häufig mit einem weiteren großen, vorgelagerten Raumbereich, werden entweder als Höfe oder überdachte Hallen angesprochen. Diese Gebäude finden sich zumeist im Zentrum der Hofstelle. In einigen Fällen konnte ein zweites repräsentatives Wohngebäude im Hofareal festgestellt werden. Sie sind zumeist kleiner und wirken daher weniger imposant als die langrechteckigen Risalitbauten, weisen jedoch eine deutlich bessere Ausstattung auf. Dementsprechend dürfte es sich dabei um das Herrenhaus gehandelt haben, während der größere Bau als Haus des Verwalters *(vilicus)* gedient und auch Wirtschaftsfunktionen gehabt haben könnte.

Bei den Badeanlagen im Untersuchungsgebiet ist eine klare Tendenz zur Errichtung selbständiger Einzelgebäude zu erkennen. Es handelt sich in der Regel um Bäder im Reihentypus. Bei diesen sind die eigentlichen Baderäume – *frigidarium* (Kaltbaderaum), *tepidarium* (Lauwarmraum), *caldarium* (Warmbaderaum) – in einer Linie aneinandergebaut.

Zusätzliche Bauten stellen (Turm-)Speicher, Scheunen, Stallungen, Pferche und die Unterbringungen für das Gesinde sowie Tagelöhner dar. Im Hofareal ist zudem mit Gärten und Obstbaumpflanzungen zu rechnen. Auch handwerkliche Tätigkeiten fanden auf den Gutshöfen statt. So wurden Ziegelbrennöfen und Hinweise auf Metallverarbeitung festgestellt.

Ab dem 3. Jh. nahm die Zahl der Gutshöfe stetig ab. Nur wenige dürften bis in das 5. Jh. fortbestanden haben. Die Abwanderung der ländlichen Bevölkerung, die sich auf geschützte Anhöhen oder hinter Festungsmauern zurückzog, ging mit einer Besitzkonzentration und dem Entstehen großer landwirtschaftlicher Güter mit prachtvollen Repräsentationsbauten einher. Ein in dieser Hinsicht herausragendes Phänomen stellte die Anlage von Wals-Siezenheim Loig bei Salzburg dar.

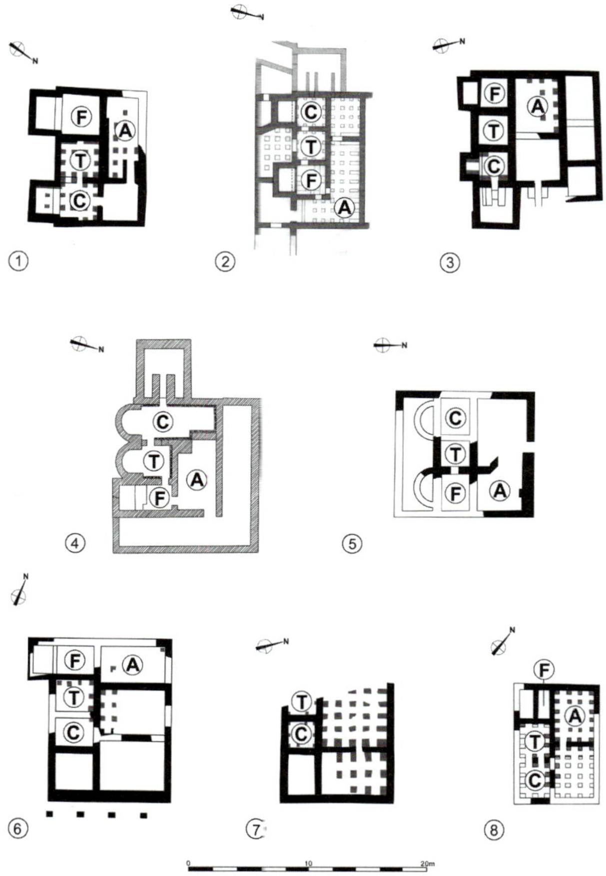

Kleine Badegebäude in Nordwest-Noricum mit blockförmigen Grundriss, die eigentlichen Baderäume sind in einer Reihe angeordnet.
(A: *apodyterium*, F: *frigidarium*, T: *tepidarium*, C: *caldarium*).
1. Bad der Straßenstation Immurium/Moosham (Sbg).
Bäder von Gutshöfen: 2. Kemeting (Sbg),
3. Hof Elsenwang (Sbg), 4. Gmunden Engelhof (OÖ),
5. St. Agatha Au (OÖ), 6. Bernau am Chiemsee (Bay),
7. Moosdorf (OÖ), 8. Leustetten (Bay)
St. Traxler, R. Kastler

CARLOS RUIZ ZAFÓN, DER SCHATTEN DES WINDES

„Es gibt keine toten Sprachen, nur abgestumpfte Geister."

UNSER RÖMISCHES ERBE

STEFAN TRAXLER – FELIX LANG – BERNHARD SCHLAG

UNSER RÖMISCHES ERBE

WAS, FRAGE ICH EUCH, HABEN DIE RÖMER JE FÜR UNS GETAN?

Fragmente einer Terra Sigillata-Schüssel mit Ritzinschrift VENUS.
Museum Lauriacum – Foto: E. Grilnberger

„– Sie haben uns ausbluten lassen, diese Schweine. Sie haben alles genommen, was wir hatten. Und nicht nur von uns, von unseren Vätern und von unseren Vätern-Väter. – Und von unseren Vätern-Väter-Väter. – Ja. – Und von unseren Vätern-Väter-Väter-Väter. – Das reicht, noch genauer brauchen wir es nicht. – Was haben sie dafür als Gegenleistung erbracht, frage ich?".

Die in Monthy Python's Leben des Brian (1979) aufgeworfene Frage wird mit einer ganzen Liste an Errungenschaften beantwortet, die ihr Anführer Reg noch einmal zusammenfasst:

„– Also gut. Mal abgesehen von sanitären Einrichtungen, der Medizin, dem Schulwesen, Wein, der öffentlichen Ordnung, der Bewässerung, Straßen, der Wasseraufbereitung, der allgemeinen Krankenkassen, was frage ich euch, haben die Römer je für uns getan? – Den Frieden gebracht. – Ach, Frieden, halt die Klappe!"

Roms kulturelles und geistiges Erbe ist omnipräsent (lat. *omnis* – alles und *praesens, -ntis* – anwesend, gegenwärtig), um gleich mit Alltagslatein zu beginnen. In diesem kurzen Überblick wird nicht einmal annähernd der Versuch unternommen, alles aufzulisten, was auf antike Wurzeln zurückgeht, sondern wir beschränken uns lediglich auf einige plakative Aspekte.

SPRACHE UND SCHRIFT

Gerade im Bereich der Sprache zeigt sich das römische Erbe besonders deutlich. Und das nicht nur in den heutigen romanischen Sprachen wie Italienisch, Spanisch, Französisch und Rumänisch, die über Vulgärlatein aus der (keineswegs) „toten Sprache" Latein entstanden sind. Auch in der deutschen Sprache sind viele lateinische Lehnwörter enthalten, von der Aula über das Debakel und die Republik bis zu Villa und Vase.

Audi – Höre! / Horch! Selbst auf unseren Straßen ist Latein allgegenwärtig. August Horch (!) erfand den *Audi*, *Volvo* heißt „ich rolle", der Ford *Transit* „fährt hindurch" oder Skoda *Fabia* und *Octavia* tragen bekannte römische Frauennamen. Und das Wort Automobil setzt sich aus dem altgriechischen Wort *αὐτός/autós* – selbst und dem lateinischen Wort *mobilis* – beweglich zusammen.

In unseren Monatsnamen haben sich vier antike Götternamen erhalten: Der doppelköpfige Janus, der für Anfang und Ende steht, hat dem Jänner seinen Namen gegeben, Kriegsgott Mars dem März und Göttermutter Juno dem Juni. Der Mai ist wahrscheinlich nach Maia, der Tochter des Titanen Atlas benannt, die in Rom mit der Fruchtbarkeitsgöttin Bona Dea (gute Göttin) gleichgesetzt worden ist. Das Fest zu Ehren der Bona Dea und für deren Gunst hat man in eben diesem Wonnemonat zelebriert. Der Februar ist nach dem römischen Reinigungsfest *Februa* (*februare* = reinigen) benannt.

Gewölbeziegel mit Stempel sowie eingeritzter Datumsangabe:
IIII KAL(LENDAS) SEPT(EMBRES) – (geschlagen am) 28. August.
Museum Lauriacum – Foto: E. Grilnberger

Die Herkunft des Namens *Aprilis* ist umstritten. Außerdem sind zwei berühmte Römer in unserem Kalender (von *calendae, -arum* f. = erster Tag des Monats) verewigt: Gaius JULIus Caesar und Kaiser AUGUSTus. Die weiteren Monate sind durchnummeriert. Da im Jahr 153 v. Chr. der Jahresbeginn vom Monat des Mars (März) auf den Monat des Janus (Jänner) vorverlegt worden ist, ist der September – „der Siebente" – bei uns der 9. Monat, der Oktober – „der Achte" – der 10. Monat und so weiter.

Mit den Römern gelangt eine neue Baukultur in die Provinzen. Neben dem Gussmauerwerk sind besonders Ziegeldächer sowie Fußboden- und Wandheizungen zu nennen. Diese Revolutionierung des Bauwesens hat nachhaltige Spuren hinterlassen, die bis ins Hier und Jetzt reichen. Neben den Anleihen, die sich Architektinnen und Architekten heute noch aus der Antike holen, sind es insbesondere die Lehnwörter aus dem Latein, die das baukulturelle Erbe Roms abbilden, wie die folgende Auswahl zu zeigen vermag:

- Estrich – *astracum* (Pflaster)
- Fenster – *fenestra*
- Kalk – *calx*
- Kammer – *camera* (Gewölbe)
- Keller – *cella*
- Mauer – *murus*
- Mörtel – *mortarium* (Mörser)
- Pforte – *porta*
- Ziegel – *tegula* (Dachziegel)

Viele unserer Sprichwörter gehen auf die Antike zurück. Zwei davon seien hier näher erläutert:

tabula rasa ist die Urform des deutschen „reinen Tisch machen". *tabula* bedeutet Brett, Tafel. Und sowohl das deutsche Wort Tafel als auch das englische Wort table = Tisch gehen darauf zurück. *rasa* ist das Partizip Perfekt Femininum von *radere*, das mit schaben, kratzen,

HOMO BENE FIGURATUS – DER WOHLGEFORMTE MENSCH

„Ferner ist natürlicherweise der Mittelpunkt des Körpers der Nabel. Liegt nämlich ein Mensch mit gespreizten Armen und Beinen auf dem Rücken, und setzt man die Zirkelspitze an der Stelle des Nabels ein und schlägt einen Kreis, dann werden von dem Kreis die Fingerspitzen beider Hände und die Zehenspitzen berührt. Ebenso, wie sich am Körper ein Kreis ergibt, wird sich auch die Figur eines Quadrats an ihm finden. Wenn man nämlich von den Fußsohlen bis zum Scheitel Maß nimmt und wendet dieses Maß auf die ausgestreckten Hände an, so wird sich die gleiche Breite und Höhe ergeben, wie bei Flächen, die nach dem Winkelmaß quadratisch angelegt sind."

Vitruv, De architectura libri decem 3,1,3 (übersetzt von C. Fensterbusch)

1-Euro-Münze Italien: Leondardo da Vinci, *homo vitruvianus (Banca d'Italia, WikimediaCommons)*

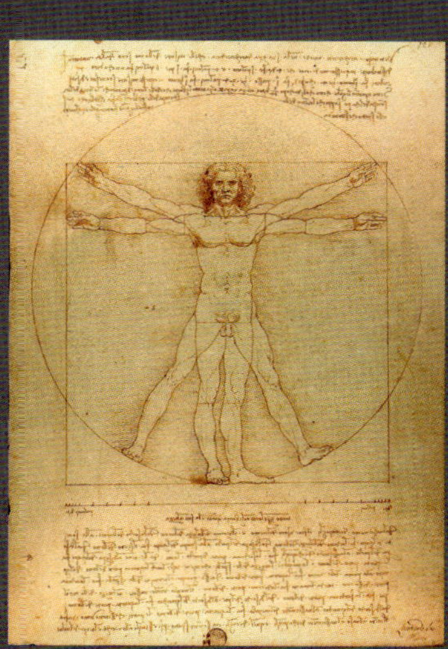

Leondardo da Vinci, *homo vitruvianus*, um 1492. *L. Viatour (lucnix.be)*

glätten übersetzt werden kann. Rasieren und radieren erinnern uns heute noch regelmäßig an dieses lateinische Verb. Die *tabula rasa* war also die geglättete (Schreib-)Tafel. Das „Notizbuch der Antike" bestand aus einer Holztafel oder auch aus mehreren kleinen gerahmten Tafeln, die mit Wachs ausgegossen wurden. Geschrieben wurde mit dem *stilus* = Griffel. Mit der Spitze wurden Buchstaben und Zahlen ins Wachs gekratzt, mit dem abgeflachten Ende konnten sie wieder ausradiert werden. Tablet-Computer und Stylus = Eingabestift sind in Funktion und Benennung die jüngsten Nachkommen dieses mindestens 2.500 Jahre alten Systems.

... carpe diem ... Das berühmte Motto „Nutze den Tag" oder „Pflücke den Tag" stammt aus der Feder von Quintus Horatius Flaccus, besser bekannt als Horaz (69–8 v. Chr.). *carpe diem, quam minimum credula postero* – „Pflücke den Tag, dem folgenden möglichst wenig vertrauend" lautet der Abschluss eines Gedichtes an die fiktive Gestalt Leukonoe, der er rät, in Anbetracht der Ungewissheit der Dauer des Lebens dieses nicht mit unvernünftigen Aktivitäten zu vergeuden (Carmina 11,1).

kulturellen Errungenschaften der Antike wiederzubeleben. Kunst und Kultur der Griechen und Römer galten als besonders glanzvoll, während das Mittelalter (zu Unrecht) als Zeitalter des Verfalls angesehen wurde. Ein wesentliches Merkmal der Renaissance ist die Rückbesinnung auf den „antiken Geist". Man beschäftigte sich mit antiken Schriftstellern und glaubte an den Wert humanistischer Bildung, das Studium der Sprachen, der Literatur, der Geschichte und der Philosophie. Dadurch wurde das religiös-theozentrische

Doppeltüriger „Zündapp Janus".
Foto: The Bruce Weiner Microcar Museum (WikimediaCommons)

LITERATUR, KUNST UND FILM

Viele Werke der Antike werden heute noch gelesen und rezipiert. Generell üben sie einen großen Einfluss auf die Entwicklung von Kunst und Literatur in Mittelalter und Neuzeit aus. Die Renaissance (französisch für Wiedergeburt) wird deshalb so bezeichnet, weil sich Künstler und Gelehrte im 15. und 16. Jh. bemühen, die

mittelalterliche Weltbild von einer stärker anthropozentrischen Sichtweise abgelöst. Einer der bedeutendsten Künstler dieser Epoche war Leonardo da Vinci (1452–1519). Er schuf 1492 eine 34,4 cm × 24,5 cm große Zeichnung, die den vitruvianischen Menschen (lat. *homo vitruvianus*) darstellt. Die Studie zeigt das

GÖTTINNEN & GESCHICHTSSCHREIBER

Das Österreichische Parlament ist ein Paradebeispiel für die Rezeption antiker Architektur und Kunst im späten 19. Jahrhundert. Der Zentralbau ist griechischen Tempeln nachempfunden. Und beim Brunnen vor dem Parlament wacht bekanntlich Athena-Minerva, die Göttin der Weisheit, über das Geschehen. Nike/Victoria, Siegesgöttin und „Botin des Erfolgs" findet sich gleich mehrfach. Außerdem zieren die Sitzstatuen von acht antiken Geschichtsschreibern, darunter Livius und Tacitus, die Auffahrtsrampe des Parlamentsgebäudes und erinnern die Abgeordneten daran, dass ihre Tätigkeit „vor dem Urteil der Geschichte und der kommenden Generationen Bestand haben" sollte (www.parlament.gv.at).

Tacitus, Statue vor dem Österreichischen Parlament.
Foto: Pe-Jo (WikimediaCommons)

Latein im Alltag: Tablet/Stylus – *tabula/stilus*.
Fotos: istock, OÖ. Landesmuseum

große Interesse Leonardos an menschlichen Körperproportionen und ist ein Symbol für die Ästhetik der Renaissance. Die Darstellung bezieht sich auf den wohlgeformten Menschen *(homo bene figuratus)*, den Vitruvius im 1. Kapitel seines 3. Buches über Architektur beschreibt.

Der römische Schriftsteller Cicero (*De legibus* 1,5) bezeichnet den Griechen Herodot(os) als *pater historiae* – Vater der Geschichtsschreibung. Herodot gilt als Begründer dieser Literaturform. Sein einziges erhaltenes Werk sind die neun Bücher umfassenden Historien, eine Universalgeschichte, die als zentralen Punkt den Kampf der Griechen gegen die Perser im späten 6. und frühen 5. Jh. v. Chr. behandelt. Um seine Leser zu unterhalten, flicht er immer wieder Anekdoten, Mythen und Märchen ein. Titus Livius (ca. 59 v. Chr. – ca. 17 n. Chr.) und Publius Cornelius Tacitus (ca. 58 – ca. 120 n. Chr.) führen die von Herodot begründete Tradition der Geschichtsschreibung in römischer Zeit fort. Livius verfasst eine umfassende römische Geschichte in 142 Büchern mit dem Titel *Ab urbe condita* (Von der Gründung der Stadt an) von der legendären Gründung im Jahr 753 v. Chr. bis zum Tod des Drusus 9 v. Chr. Die Herrschaft der Römer über andere Völker hält er für die natürliche Ordnung der Welt. Entsprechend waren alle Kriege Roms seiner Meinung nach gerecht. Der ca. 100 Jahre später lebende Tacitus ist ein Anhänger der alten nicht mehr existierenden Republik und ein scharfer Kritiker des von Augustus eingeführten Prinzipats. Er prangert diese Alleinherrschaft als Ursache für den Verfall von Gerechtigkeit und Moral an. In seiner *Germania* stellt er die „freien und edlen" Germanen der „dekadenten und korrupten" römischen Gesellschaft gegenüber. Im Gegensatz zur didaktisch-moralischen Geschichtsschreibung des Livius ist die des Tacitus äußerst pessimistisch. Er arbeitet mit

Von Ovids Metamorphosen inspiriert: Josef Abel, Amor und Psyche, Wien, 1815.
OÖ. Landesmuseum – Foto: A. Bruckböck

Medaillon des Severus Alexander mit der Darstellung des Kolosseums auf der Rückseite.
Foto: Classica Numismatic Group, Inc. (www.cngcoins.com)

Set der TV-Serie ‚Rome' (2005–2007).
Foto: C. Caravano (WikimediaCommons)

Schwarz-Weiß-Kategorien und streut häufig Gerüchte und Hofklatsch ein. Sein Werk weist dementsprechend stark tendenziöse Züge auf. Eines seiner großen Werke trägt den Titel *Annales* (abgeleitet von *annus* = Jahr). Bis in das 2. Jh. v. Chr. oblag es dem höchsten Priester Roms, dem *Pontifex Maximus* (heute noch inoffizieller Titel des Papstes), die wichtigsten Ereignisse eines jeden Jahres niederzuschreiben. Diese *annales maximi* waren streng chronologisch aufgebaut und bestanden in der Regel aus kurzen Hauptsätzen. Dieser Aufbau und Stil wurde von vielen römischen Geschichtsschreibern fortgeführt. Über das Mittelalter bis in unsere Zeit werden immer noch wichtige Ereignisse nach Jahren gegliedert und dafür häufig die Bezeichnung Annalen verwendet.

Die Metamorphosen des römischen Dichters Publius Ovidius Naso (43 v. Chr. – 17 n. Chr.) zählen bereits im Mittelalter zu den bekanntesten Werken der Antike und haben einen enormen Einfluss auf Dichtung und Kunst der Neuzeit. Es handelt sich dabei um eine Sammlung von ca. 250 Erzählungen aus der antiken Mythologie, die Verwandlungen zum Thema haben. Sie beginnen mit der Entstehung der Welt und enden mit der Verwandlung der Seele Caesars in einen Stern. Ovids Metamorphosen haben die Kunstgeschichte vermutlich sogar noch stärker geprägt als Homers Epen. Und diese unerschöpfliche Quelle beeinflusst nach wie vor Kunst und Kultur. Berühmte Themen sind zum Beispiel Deucalion und Pyrrha, Pyramus und Thisbe, Daedalus und Icarus, Philemon und Baucis, Narcissus und Echo, Orpheus und Eurydice, Apoll und Daphne, Phaeton, Pygmalion, Actaeon sowie Europa.

Im Jahr 1913 kam der erste Monumentalfilm der Geschichte in die Kinos. Mit etwa 5.000 Statisten gilt ‚Quo Vadis?' als einer der aufwendigsten Filme aller Zeiten. Seitdem sind die Römer aus Kino und Fernsehen nicht mehr wegzudenken. Als weitere frühe Meilensteine gelten ‚Im Zeichen des Kreuzes' (1932) und ‚Caesar und Cleopatra' (1945). Die 1950er- und 1960er-Jahre stellen zweifelsfrei die erste Hochblüte dieses Genres dar. Die unvergesslichen Romanverfilmungen ‚Quo Vadis?' mit Peter Ustinov (1951) und Stanley Kubricks ‚Spartacus' mit Kirk Douglas (1952) sind hier ebenso zu erwähnen wie ‚Julius Caesar' (1953), ‚Ben Hur' (1959) – mit dem grandiosen Wagenrennen – oder ‚Der Untergang des Römischen Reiches' (1964) – mit einer unglaublichen 1:1 Rekonstruktion des Forum Romanum als Kulisse. Der Kassenschlager ‚Gladiator' (2000) läutete die zweite Hochblüte ein. Es folgten beispielsweise die Miniserie ‚Rom. Blut und Spiele' (2005), die 22-teilige Serie ‚Rome' (2005–2007) und von 2010–2013 liefen die drei Staffeln plus Miniserie mit insgesamt 39 Episoden der Fernsehserie ‚Spartacus' in den USA. Mit ‚Centurion' (2010) und ‚Der Adler der neunten Legion' (2011) sind weitere Filme zu diesem Themenbereich

5-Euro-Cent-Münze Italien: Kolosseum, Rom.
Banca d'Italia (WikimediaCommons)

Europa-Park Rust mit dem Erlebnishotel „Colosseo".
Foto: Th. Maier (WikimediaCommons)

erschienen. Die Serie ‚Rome' beginnt übrigens mit der Episode ‚The Stolen Eagle – Der gestohlene Adler' und auch bei ‚Der Adler der neunten Legion' steht ein unrühmlich abhanden gekommenes Feldzeichen im Zentrum der Handlung.

Neben martialischen Kämpfen von Soldaten und/oder Gladiatoren darf auch die sexuelle Komponente in diesem Genre nicht fehlen. Rom steht für *luxuria* (Üppigkeit, Genusssucht) und Dekadenz, und mit diesen Klischees wird ausgiebig gespielt.

BADEKULTUR

Die faszinierende römische Badekultur bietet einen reichen Fundus für Anleihen, sodass auch hier nur einige wenige Beispiele herausgegriffen werden. Es beginnt bei der Benennung unserer Wellnessoasen. ‚Therme' leitet sich von lateinisch *thermae* ab, das wiederum auf das griechische Wort θερμός (thermos = warm) zurückgeht. Mit *thermae* wurden primär große und/oder öffentliche Bäder bezeichnet. Bezeichnungen für kleinere Badegebäude waren *bal(i)neum* oder *balnearium*. Darauf beziehen sich etwa die ‚Balneum Hautpflegeprodukte'. Das Erlebnisbad ‚Balineum' in Passau und das ‚Balneum Sterzing' (Südtirol) können hier ebenfalls angeführt werden. In manchen Thermen kann man sich in Analogie zur römischen Badekultur im *frigidarium* (Kaltbaderaum), *tepidarium* (Laubaderaum), *caldarium* (Warmbaderaum) und/oder *sudatorium* (Schwitzbad) aufhalten.

NUTZPFLANZEN UND WEINANBAU

Intensiver Anbau von Gemüse, Gewürzen, Obst und Wein stellen ein Charakteristikum römischer Landwirtschaft dar. Einige Nutzpflanzen wurden erst in römischer Zeit aus dem Mittelmeerraum in die Nordprovinzen importiert. Dazu sind Mangold, Portulak, Dill, Koriander und Sellerie, aber auch die Walnuss und die Esskastanie zu zählen. Zudem kam es zu einem gezielten Anbau vieler bis dahin wild vorkommender Arten wie Karotten, Pastinaken oder Vogerlsalat.

Auch der Weinanbau war in römischer Zeit von großer Bedeutung. Die Anfänge gehen bis in das Neolithikum zurück. In Italien gewann er in der späten Republik (2./1. Jh. v. Chr.) immer mehr an Bedeutung. In der

Reiterstatue des Marcus Aurelius in den Kapitolinischen Museen in Rom.
Foto: J.-Ch. Benoist (Wikimedia Commons)

Kaiserzeit nahm der Verbrauch weiter zu. Schätzungen nach lag in der Stadt Rom der Weinkonsum zwischen 1 und 1,5 Millionen Hektoliter pro Jahr. Der Weinanbau galt als besonders ertragreicher Zweig der Landwirtschaft. Bedeutende Anbaugebiete in der Westhälfte des Imperium Romanum waren Kampanien in Italien sowie Südfrankreich und Teile Spaniens. In welchen Gebieten des heutigen Österreich und ab wann in römischer Zeit Wein angebaut wurde, lässt sich noch nicht mit Sicherheit sagen. Eine Passage in der *Vita Sancti Severini* (4,6) des Eugippius (ca. 465–533 n. Chr.) zeigt jedenfalls, dass es an der Donau Weinberge gab:

Kopie der Reiterstatue des Kaisers Marcus Aurelius in Tulln.
Foto: St. Traxler

„Dann zog sich der selige Severin in einen etwas abseits gelegenen Ort zurück, der ‚Zu den Weinbergen' (lat.: ad Vineas) hieß, wo er sich mit einer kleinen Zelle begnügte. Aber durch Gottes Offenbarung wird er veranlasst, in die vorerwähnte Stadt (Anm.: Favianis/Mautern) *zurückzukehren …"* (übersetzt von R. Noll).

Häufig wird dem Kaiser Probus (232, Kaiser 276–282 n. Chr.) die Einführung des Weinanbaus nördlich der Alpen zugeschrieben. Dies geht auf eine Passage in der „Historia Augusta" (*Probus* 18,8) zurück, nach der er allen Einwohnern Galliens, Hispaniens und Britanniens erlaubte, Reben zu besitzen und Wein herzustellen. Kultiviert wurden Trauben in den Nordwest-Provinzen jedoch schon wesentlich früher.

Die Verbindung von Weingenuss und römischer Vergangenheit ist praktisch überall zu finden. Der Gott des Weines Bacchus verleiht nicht nur einer weißen Rebsorte ihren Namen ‚Bacchus' sondern auch dem ‚Bacchuspreis', der von der Österreich Wein Marketing GmbH und dem Österreichischen Weinbauverband an Personen vergeben wird, die sich um den österreichischen Wein besondere Verdienste erworben haben. Eine andere Rebsorte und die Winzer Initiative der Generali sind nach Kaiser Probus benannt. Weitere Kaiser werden ebenfalls zitiert, wie der ‚Marc Aurel Weißburgunder' oder der Dreikaiserwein aus Petronell-Carnuntum exemplarisch belegen. Neben Marcus Aurelius sind Septimius Severus und Diocletian auf dem Etikett dargestellt. Gerade die Region ‚Römerland Carnuntum' spielt die Themenkombination Wein und Römer in Perfektion. Das sog. Heidentor ist als Symbol für die Region ausgewählt worden. Der ‚Vinum Stanacum', der auf den vermutlichen antiken Namen von Oberranna bei Engelhartszell reflektiert, stammt ebenfalls aus niederösterreichischen Weinbauregionen.

Die griechisch-römische Mythenwelt ist generell aus der heutigen Welt nicht wegzudenken, man braucht nur die Augen offenzuhalten und schon laufen einem die alten Gottheiten und Heroen über den Weg – aber das ist eine andere Geschichte

5-Euro-Cent-Münze Italien: Reiterstatue des Marcus Aurelius auf dem von Michelangelo gestalteten Kapitolsplatz.
Banca d'Italia (WikimediaCommons)

LUCIUS ANNAEUS SENECA, DE BREVITATE VITAE

„Es ist nicht
wenig Zeit,
die wir haben,
sondern es ist
viel Zeit,
die wir nicht
nutzen.“

ANHANG

WEITERFÜHRENDE LITERATUR

GRABRELIEF MIT DER DARSTELLUNG EINER WOHLHABENDEN FAMILIE

St. Traxler, Die römischen Grabdenkmäler von Lauriacum und Lentia. Forschungen in Lauriacum 14 (Linz 2009), 49f.

„WOHIN MAN HIER DEN FUSS SETZEN MAG, STÖSST MAN AUF EIN STÜCK GESCHICHTE"

L. Eckhart, Wilhelm Jenny und die archäologische Bodenforschung in Oberösterreich. Jahrbuch des Oberösterreichischen Musealvereines 105, 1960, 95-97.

J. Gaisberger, Lauriacum und seine römischen Alterthümer (Linz 1846).

J. Schicker, Führer durch das Museum der Stadt Enns mit Anhang eines geschichtlichen Rückblickes auf Laureacum, Lorch und Enns und eines Rundganges durch die Stadt (Enns 1907).

St. Traxler, Wiederverwendung und Verlust von römischen Steindenkmälern in Lauriacum/Enns. In: **F. Humer / G. Kremer / E. Pollhammer / A. Pülz,** Akten der 3. Österreichischen Römersteintagung in Carnuntum (Wien 2016), 207-218.

G. Winkler, Römerzeitliche Forschung in Oberösterreich – Ein historischer Überblick. In: **J. Leskovar / Ch. Schwanzar / G. Winkler (Hrsg.),** Worauf wir stehen. Archäologie in Oberösterreich, Kataloge des OÖ. Landesmuseums, Neue Folge 195 (Weitra 2003), 23-34.

EIN VETERAN DER LEGIO II ITALICA UND SEINE FAMILIE ALS VORLAGE FÜR EINEN FILM

H. Petrovitsch, Legio II Italica. Forschungen in Lauriacum 13 (Linz 2006), 14f.

St. Traxler, Die römischen Grabdenkmäler von Lauriacum und Lentia. Forschungen in Lauriacum 14 (Linz 2009), 91-93.

G. Winkler, Oberösterreichs ältester Römerstein. Die wechselvollen Schicksale der Inschrift CIL III 5671 = 11814. Mitteilungen Museumsverein Lauriacum Enns 11, 1973, 19-21.

L. Wierschowski, Fremde in Gallien – „Gallier" in der Fremde: die epigraphisch bezeugte Mobilität in, von und nach Gallien vom 1. bis 3. Jh. n. Chr. HISTORIA Einzelschriften 159 (Stuttgart 2001), 200f.

DAS IMPERIUM ROMANUM UND DIE PROVINZ NORICUM

G. Alföldy, Noricum (London 1974).

T. Fischer (Hrsg.), Die römischen Provinzen. Eine Einführung in ihre Archäologie (Stuttgart 2001).

T. Fischer, Noricum (Mainz 2002).

V. Gassner / S. Jilek / S. Ladstätter, Am Rande des Reiches. Die Römer in Österreich. Österreichische Geschichte 15 v. Chr.-378 n. Chr. (Wien 2002).

E. M. Ruprechtsberger, Archäologische Forschungen (1983-2014) im Nordwesten der Provinz Norikum. Linzer Archäologische Forschungen, Sonderheft 52 (Linz 2015).

R. Steinacher, Rom und die Barbaren. Völker im Alpen- und Donauraum (300-600) (Stuttgart 2017).

R. Wedenig, Epigraphische Quellen zur städtischen Administration in Noricum (Klagenfurt 1997).

L. Wamser / B. Steidl (Hrsg.), Neue Forschungen zur römischen Besiedelung zwischen Oberrhein und Enns. Kolloquium Rosenheim 14.-16. Juni 2000 (Remshalden-Grunbach 2002).

LIMES UNLIMITED. GRENZEN DES RÖMISCHEN REICHES

V. Gassner / A. Pülz (Hrsg.), Der römische Limes in Österreich. Führer zu den archäologischen Denkmälern (Wien 2015).

G. Grabherr / B. Kainrath (Hrsg.), conquiescamus! longum iter fecimus. Römische Raststationen und Straßeninfrastruktur im Ostalpenraum, Akten des Kolloquiums zur Forschungslage zu römischen Straßenstationen, Innsbruck 4. und 5. Juni 2009. IKARUS 6 (Innsbruck 2010).

M. Konrad / C. Witschel (Hrsg.), Römische Legionslager in den Rhein- und Donauprovinzen – Nuclei spätantik-frühmittelalterlichen Lebens? Bayerische Akademie der Wissenschaften, Philosophisch-historische Klasse, Abhandlungen, Neue Folge 138 (München 2011).

S. Matešić / C. S. Sommer (Hrsg.), Am Rande des Reichs. Ausflüge zum Limes in Süddeutschland. Beiträge zum Welterbe Limes, Sonderband 3 (Mainz 2015).

R. Ployer, Der norische Limes in Österreich. Fundberichte aus Österreich, Materialhefte B 3 (Wien 2013).

ROMS LEGIONEN IM MÜNZBILD. KRIEGSBERICHTERSTATTUNG IM KLEINFORMAT

M. Alram / F. Schmidt-Dick (Hrsg.), Numismata Carnuntina. Forschungen und Material. Die Fundmünzen der römischen Zeit in Österreich III/2 (Wien 2007).

U. Schachinger, Der antike Münzumlauf in der Steiermark. Die Fundmünzen der römischen Zeit in Österreich VI/1 (Wien 2006).

F. Schmidt-Dick, Typenatlas der römischen Reichsprägung von Augustus bis Aemilianus I: Weibliche Darstellungen (Wien 2002).

F. Schmidt-Dick, Typenatlas der römischen Reichsprägung von Augustus bis Aemilianus II: Geographische und Männliche Darstellungen (Wien 2011).

K. Vondrovec, Die antiken Fundmünzen aus Ovilavis/Wels. Mit einem Beitrag von R. Miglbauer. Die Fundmünzen der römischen Zeit in Österreich IV/1 (Wien 2003).

In Vorbereitung: Die antiken Fundmünzen aus Lauriacum/Enns. Die Fundmünzen der römischen Zeit in Österreich IV/2.

ROMA TE VULT – ROM BRAUCHT DICH!

Ph. Matyszak, Legionär in der römischen Armee. Der ultimative Karriereführer (Darmstadt 2010).

LAURIACUM. HÄNDLERSIEDLUNG – LEGIONSSTÜTZPUNKT – RELIGIÖSES ZENTRUM

R. Harreither / B. Muschal, Enns – Lauriacum. In: **V. Gassner / A. Pülz (Hrsg.),** Der römische Limes in Österreich. Führer zu den archäologischen Denkmälern (Wien 2015), 163-178.

W. Katzinger / J. Ebner / E. M. Ruprechtsberger, Geschichte von Enns (Enns 1996).

H. Ubl (Hrsg.), Katalog zur Schausammlung „Römerzeit" im Museum Lauriacum. Forschungen in Lauriacum 12/2 = Sonderband I/2 (Enns – Wien 1997).

G. Winkler (Hrsg.), Schausammlung „Römerzeit" im Museum Lauriacum. Forschungen in Lauriacum 12/1 = Sonderband I/1 (Enns 2006).

DIE KONTROLLE DES AISTTALS VOR ANKUNFT DER LEGION. EIN NEU ENTDECKTES RÖMISCHES KASTELL IN ST. PANTALEON-ERLA

M. Groller, Grabung bei Stein a. d. Donau. Der römische Limes in Österreich XI, 1910, Sp.27-40.

K. Lappé, St. Pantaleon-Erla. In: **V. Gassner / A. Pülz (Hrsg.),** Der römische Limes in Österreich. Führer zu den archäologischen Denkmälern (Wien 2015), 181f.

H. Matouschek / H. Novak, KG St. Pantaleon, OG St. Pantaleon-Erla, VB Amstetten. Fundberichte aus Österreich 35, 1996, 508-518.

M. Pfisterer, Limesfalsa und Eisenmünzen – Römisches Ersatzkleingeld am Donaulimes. In: **M. Alram / F. Schmidt-Dick (Hrsg.),** Numismata Carnuntina. Forschungen und Material. Die Fundmünzen der römischen Zeit in Österreich III/2 (Wien 2007), 689-694.

H. Ubl, Das norische Provinzheer der Prinzipatszeit im Spiegel neuer Diplom- und Inschriftfunde. In: **Z. Visy (Hrsg.),** Limes XIX. Proceedings of the XIXth International Congress of Roman Frontier Studies (Pécs 2005), 107-120.

H. Ubl, Fragmente von drei unedierten norischen Militärdiplomen aus Stein bei St. Panataleon, Pol. Bez. Amstetten, Niederösterreich. Römisches Österreich 32, 2009, 107-121.

DIE LAGER DER LEGIO II ITALICA IN LOČICA, ENNS UND ALBING

St. Groh, Im Spannungsfeld von Macht und Strategie. Die legio II Italica und ihre castra in Ločica (Slowenien), Lauriacum/Enns und Albing (Österreich). Forschungen in Lauriacum 16 (Linz 2018).

CASTRA LEGIONIS. DAS LEGIONSLAGER VON LAURIACUM

St. Groh, Im Spannungsfeld von Macht und Strategie. Die legio II Italica und ihre castra in Ločica (Slowenien), Lauriacum/Enns und Albing (Österreich). Forschungen in Lauriacum 16 (Linz 2018).

B. Leingartner / W. Neubauer, Neue Überlegungen zur Kirche „Maria am Anger" in Lauriacum. Mitteilungen zur christlichen Archäologie 12, 2006, 18-35.

BILDERBUCHKARRIERE. EIN BESONDERES DENKMAL UND EIN UMTRIEBIGER KOMMANDANT

H. Petrovitsch, Legio II Italica. Forschungen in Lauriacum 13 (Linz 2006), 30f.

St. Traxler, Wiederverwendung und Verlust von römischen Steindenkmälern in Lauriacum/Enns. In: **F. Humer / G. Kremer / E. Pollhammer / A. Pülz,** Akten der 3. Österreichischen Römersteintagung in Carnuntum (Wien 2016), 212f.

G. Winkler, Die Reichsbeamten von Noricum und ihr Personal bis zum Ende der römischen Herrschaft (Wien 1969), 75-80.

ZIEGLER, SCHREIBER, POLIZISTEN. SPEZIALISTEN IN DER LEGION

J.-P. Adam, Roman Building: Materials and Techniques (London 1999).

Y. Le Bohec, Die römische Armee von Augustus zu Konstantin d. Gr (Stuttgart 1993).

H. Petrovitsch, Legio II Italica. Forschungen in Lauriacum 13 (Linz 2006).

MEDICUS LEGIONIS. DIE MEDIZINISCHE VERSORGUNG IN DER LEGION

H. Petrovitsch, Legio II Italica. Forschungen in Lauriacum 13 (Linz 2006), 30f.

O. Krause, Der Arzt und sein Instrumentarium in der römischen Legion (Remshalden 2009).

H. Ubl (Hrsg.), Katalog zur Schausammlung „Römerzeit" im Museum Lauriacum. Forschungen in Lauriacum 12/2 = Sonderband I/2 (Enns – Wien 1997), 154-162.

HERCULES IM KALKBRENNOFEN. EIN VORPROJEKT ZUR OÖ. LANDESAUSTELLUNG 2018

H. Amrein / E. Carlevaro / E. Deschler-Erb / S. Deschler-Erb / A. Duvauchelle / L. Pernet, Das römerzeitliche Handwerk in der Schweiz. Bestandsaufnahme und erste Synthesen. Monographies instrumentum 40 (Montagnac 2012).

W. Sölter, Römische Kalkbrenner im Rheinland. Kunst und Altertum am Rhein. Rheinische Kunststätten 490, 2005.

St. Traxler / F. Lang / M. Hainzmann, Hercules im Kalkbrennofen. Ein bemerkenswertes Ensemble von Steindenkmälern aus Lauriacum/Enns. In: Akten XV. Internationales Kolloquium zum Provinzialrömischen Kunstschaffen. Graz 2017 (im Druck).

DER HUND IN DER ASCHENGRUBE. DIE TIERRESTE AUS EINEM RÖMISCHEN KALKBRENNOFEN IN LAURIACUM/ENNS

G. K. Kunst, Tierreste aus ausgewählten Befunden der Grabungen 1997-1999 im Vicus Ost von Mautern a.d.Donau. In: **St. Groh / H. Sedlmayer,** Forschungen im Vicus Ost von Mautern-Favianis – Die Grabungen der Jahre 1997-1999. Der römische Limes in Österreich 44/1 (Wien 2006).

M. Maltby, Feeding A Roman Town – Environmental evidence from excavations in Winchester, 1972-1985 (Winchester 2010).

E. Pucher, Milchkühe versus Arbeitsochsen: Osteologische Unterscheidungsmerkmale zwischen alpin-donauländischen und italischen Rindern zur Römischen Kaiserzeit. In: **S. Flohr (Hrsg.),** Beiträge zur Archäozoologie und Prähistorischen Anthropologie IX (Langenweißbach 2013).

RÖMISCHE HAUSTIERE UND IHRE NUTZUNG

N. Benecke, Archäozoologische Studien zur Entwicklung der Haustierhaltung in Mitteleuropa und Südskandinavien von den Anfängen bis zum ausgehenden Mittelalter. Schriften zur Ur- und Frühgeschichte 46 (Berlin 1994).

J. Peters, Römische Tierhaltung und Tierzucht. Passauer Universitätsschriften zur Archäologie 5 (Rahden/Westf. 1998).

BLÖDE KUH! IMPRESSIONEN AUF RÖMISCHEN ZIEGELN

U. Brandl / E. Federhofer, Ton+Technik. Römische Ziegel. Schriften des Limesmuseums Aalen 61 (Esslingen 2010).

E. Federhofer, Der Ziegelbrennofen von Essenbach, Lkr. Landshut und römische Ziegelöfen in Raetien und Noricum. Passauer Universitätsschriften zur Archäologie 11 (Rahden/West. 2007).

H. Stiglitz, Ein Ziegelofen an der Erla, Jahrbuch des Oberösterreichischen Musealvereines 114/I, 69-74.

DIE RÖMISCHEN SIEDLUNGSRÄUME UM DAS LEGIONSLAGER VON LAURIACUM/ENNS

K. Freitag, Canabae et Municipium. Die römischen Siedlungsräume um das Legionslager von Lauriacum/ Enns. Forschungen in Lauriacum (in Vorbereitung).

EXTRA MUROS. ZUM LEBEN UND ARBEITEN AUSSERHALB DER MAUERN DES LEGIONSLAGERS LAURIACUM

H. Sedlmayer, Extra muros. Lebenswelt der consistentes ad legionem von Lauriacum. Forschungen in Lauriacum 17 (Linz 2018).

IN BESTER LAGE, BUNT BEMALT. RÖMISCHE WOHNKULTUR

G. Preßmair / St. Traxler, Das Projekt Enns Plochberger 2013/14. Sonius 18, 16f.

M. Santner (Hrsg.), Das Haus der Medusa. Römische Wandmalerei in Enns. Fokus Denkmal 8 (Wien 2017).

H. Sedlmayer, Extra muros. Lebenswelt der consistentes ad legionem von Lauriacum. Forschungen in Lauriacum 17 (Linz 2018).

St. Traxler (Hrsg.), Begleitheft zum Tag der offenen Ausgrabung entlang der römischen Nord-Umfahrung von Enns (Linz – Enns 2015).

H. Ubl, Lauriacum – die zivilen Siedlungsräume. In: **G. Winkler (Hrsg.),** Schausammlung „Römerzeit" im Museum Lauriacum. Forschungen in Lauriacum 12/1 = Sonderband I/1 (Enns 2006), 57-83.

GETREIDE, AUSTERN UND WEIN. DE GUSTIBUS NON EST DISPUTANDUM

B. Cech, Lukullische Genüsse, Die Küche der alten Römer (Darmstadt 2013).

M. Junkelmann, Panis Militaris: die Ernährung des Soldaten oder der Grundstoff der Macht (Mainz 1997).

H.-P. v. Peschke, Kochen wie die alten Römer (Düsseldorf 1998).

K.-W. Weeber, Alltag im alten Rom – Das Landleben (Darmstadt 2013).

K.-W. Weeber, Alltag im alten Rom – Das Leben in der Stadt (Mannheim 2011).

VENUS ODER HUND. DIE WÜRFEL SIND GEFALLEN.

A. Rieche, Römische Kinder und Gesellschaftsspiele, Schriften des Limesmuseums Aalen Nr. 34 (Stuttgart 1984).

U. Schädler, Spiele der Menschheit: 5000 Jahre Kulturgeschichte der Gesellschaftsspiele (Darmstadt 2007).

K.-W. Weeber, Baden, spielen, lachen – Wie die Römer ihre Freizeit verbrachten (Darmstadt 2007).

IUPITER, IUNO, MINERVA UND DIE ÜBRIGEN GÖTTER UND GÖTTINNEN

R. Fleischer, Die römischen Bronzen aus Österreich (Mainz 1967).

H. Ubl (Hrsg.), Katalog zur Schausammlung „Römerzeit" im Museum Lauriacum. Forschungen in Lauriacum 12/2 = Sonderband I/2 (Enns – Wien 1997), 91 u. 146-151.

HIGHTECH-ARCHÄOLOGIE. METALLURGISCHE UNTERSUCHUNGEN VON „BRONZEN" AUS LAURIACUM

H. Ubl (Hrsg.), Katalog zur Schausammlung „Römerzeit" im Museum Lauriacum. Forschungen in Lauriacum 12/2 = Sonderband I/2 (Enns – Wien 1997), 95-105.

DIS MANIBUS (GESAMMELTE LITERATUR ZU DEN BEITRÄGEN DIESES KAPITELS)

R. Breitwieser, Medizin im römischen Österreich. Linzer Archäologische Forschungen 26 (Linz 1998).

G. Gruppe / M. Harbeck / G. C. McGlynn, Prähistorische Anthropologie (Berlin 2015).

Ä. Kloiber, Die Gräberfelder von Lauriacum. Das Ziegelfeld. Forschungen in Lauriacum 4/5 (Linz 1957).

Ä. Kloiber, Die Gräberfelder von Lauriacum. Das Espelmayrfeld. Forschungen in Lauriacum 8 (Linz 1962).

O. Krause, Der Arzt und sein Instrumentarium in der römischen Legion (Remshalden 2009).

H. Lehar, Die römische Hypokaustheizung – Berechnungen und Überlegungen zu Leistung, Aufbau und Funktion (Aachen 2012).

C. S. Larsen, Bioarchaeology – Interpreting Behavior from the Human Skeleton (Cambridge 2015).

K.-H. Leven (Hrsg.), Antike Medizin. Ein Lexikon (München 2005).

P. D. Mitchell, Human parasites in the Roman World: health consequences of conquering an empire. Parasitology 144, 2017, 48-58.

D. J. Ortner, Identification of Pathological Conditions in Human Skeletal Remains (San Diego 2003).

E. M. Ruprechtsberger (Hrsg.), Das spätantike Grab von Kronstorf. Linzer Archäologische Forschungen 51 (Linz 2018).

Ch. Roberts / K. Manchester, The Archaeology of Disease (Stroud 2010).

D. Schmitz, Ad suppicium ducere – Hinrichtungen in römischer Zeit. In: **M. Reuter / R. Schiavone (Hrsg.),** Gefährliches Pflaster – Kriminalität im römischen Reich. Xantener Berichte 21 (Mainz am Rhein 2011), 319-340.

St. Schrumpf, Bestattung und Bestattungswesen im Römischen Reich (Göttingen 2006).

S. Tarlow / L. N. Stutz (Hrsg.), The Oxford Handbook of the Archaeology of Death and Burial (Oxford 2013).

St. Traxler, Die römischen Grabdenkmäler von Lauriacum und Lentia. Forschungen in Lauriacum 14 (Linz 2009), 49f.

Th. P. Winklehner, Das Gräberfeld auf der Flur Steinpass in Lauriacum-Enns (Diplomarbeit Wien 2013).

J. Wahl, Leichenbranduntersuchungen – Ein Überblick über die Bearbeitungs- und Aussagemöglichkeiten von Brandgräbern. Prähistorische Zeitschrift 57, 1982, 1-125.

T. Waldron, Palaeopathology (Cambridge2009).

K.-W. Weeber, Alltag im Alten Rom – Das Leben in der Stadt, 4. Auflage (Mannheim 2011).

18 – 180 – 1.800. RÖMERBAD UND RÖMERPARK SCHLÖGEN

H. Bender / G. Moosbauer, Das römische Donaukastell Schlögen in Oberösterreich. Die Funde aus den Grabungen 1957-1959, 1984 und die Altfunde. Passauer Universitätsschriften zur Archäologie 8 (Rahden/Westf. 2003).

St. Traxler, Archäologische Fundzeichnungen aus der Feder von Anton Ritter von Spaun und andere bemerkenswerte Archivalien zu den Ausgrabungen in

Schlögen 1838–1841. Jahrbuch der Gesellschaft für Landeskunde und Denkmalpflege 162, 2017, 23-37.

St. Traxler / B. Prokisch (Hrsg.), Die Römer an der Donauschlinge – vicus und Kastell Schlögen. Forschungen 2013-2018. Studien zur Kulturgeschichte von Oberösterreich (in Vorbereitung).

ERHOLUNG, GESUNDHEIT, DEKADENZ. DIE RÖMISCHE BADEKULTUR

R. Kastler / St. Traxler, Römische Bäder in Nordwest-Noricum: Altgrabungen, neue Forschungen, typologische Aspekte. In: SPA – Sanitas Per Aquam, Internationales Frontinus-Symposium zur Technik- und Kulturgeschichte der antiken Thermen, Aachen 2009, BABESCH Supplement 21 (Leuven 2012), 131-145.

St. Traxler / R. Kastler (Hrsg.), Colloquium Lentia 2010. Römische Bäder in Raetien, Noricum und Pannonien. Beiträge zur Tagung im Schlossmuseum Linz, 6.-8. Mai 2010. Studien zur Kulturgeschichte Oberösterreichs 27 (Linz 2012).

St. Traxler / F. Lang, Römische Badekultur in Nordwest-Noricum. In: **G. Groschner (Hrsg.),** Badeszenen. Ritual, Entrüstung und Verführung, Katalog zur gleichnamigen Ausstellung in der Residenzgalerie Salzburg (Salzburg 2009), 61-73.

VOM RÖMISCHEN KLEINKASTELL ZUM WEINKELLER. DER QUADRIBURGUS VON OBERRANNA

St. Traxler / W. Klimesch, Der römische burgus von Oberranna – Archäologie und Denkmalpflege, ARX – Burgen und Schlösser 39. Jg, 2/2017, 13-16 (weitgehend ident mit dem hier publizierten Beitrag).

NETWORKING – DAS HINTERLAND

H. Bender / H. Wolff (Hrsg.), Ländliche Besiedlung und Landwirtschaft in den Rhein-Donau-Provinzen des römischen Reiches. Passauer Universitätsschriften zur Archäologie 2 (Espelkamp 1994).

L. Borhy / P. Zsidi (Hrsg.), Die norisch-pannonischen Städte und das römische Heer im Lichte der neuesten archäologischen Forschungen. Aquincum Nostrum 2/3 (Budapest 2005).

F. Lang / R. Kastler / W. K. Kovacsovics / St. Traxler (Hrsg.), Colloquium Iuvavum 2012 – Das municipium Claudium Iuvavum und sein Umland. Bestandsaufnahme und Forschungsstrategien. Archäologie in Salzburg 8. Jahresschrift des Salzburg Museum 56 (Salzburg 2014).

F. Lang / St. Traxler / R. Kastler (Hrsg.), Neue Forschungen zur ländlichen Besiedlung in Nordwest-Noricum. ArchaeoPlus 8 (Salzburg 2017).

F. Lang / St. Traxler / R. Kastler / W. K. Kovacsovics / M. Pietsch / B. Steidl, Zivile „Vici" in Nordwestnoricum – Ein Überblick zum Forschungsstand. In: Römische Vici und Verkehrsinfrastruktur in Raetien und Noricum, Colloquium Bedaium Seebruck, 26.-28. März 2015. Inhalte – Projekte – Dokumentationen 15 (München 2016), 11-30.

M. Šašel Kos / P. Scherrer (Hrsg.), Die autonomen Städte in Noricum und Pannonien. Noricum. Situla 40 (Ljubljana 2002).

St. Traxler, Römische Guts- und Bauernhöfe in Oberösterreich. Passauer Universitätsschriften zur Archäologie 9 (Rahden/Westf. 2004).

UNSER RÖMISCHES ERBE. WAS, FRAGE ICH EUCH, HABEN DIE RÖMER JE FÜR UNS GETAN?

S. R. Joshel / M. Malamud / D. T. MacGuire, Jr. (Hrsg.), Imperial Projections: Ancient Rome in Modern Popular Culture. (Baltimore 2001)

M. Junkelmann, Hollywoods Traum von Rom. „Gladiator" und die Tradition des Monumentalfilms (Mainz/Rhein 2004).

W. Stroh, Latein ist tot, es lebe Latein! Kleine Geschichte einer großen Sprache (München 2007).

St. Traxler / F. Lang, Einfach göttlich! Mythologisches von der Antike bis zur heutigen Werbung. Landesmuseum Burgenland, Katalog Neue Folge 49 (Linz – Eisenstadt 2015).

K.-W. Weeber, Rom sei Dank! Warum wir alle Caesars Erben sind (Frankfurt/Main 2010).

K.-W. Weeber, Latin reloaded. Von wegen Denglisch – alles nur Latein! (Darmstadt 2011).

K.-W. Weeber, Latein – da geht noch was! Rückenwind für Caesars & Co. (Stuttgart 2016).

OBERÖSTERREICHISCHE LANDESAUSSTELLUNG 2018

VERANSTALTER

Land Oberösterreich
Geschäftsführung
Amt der Oberösterreichischen Landesregierung
Direktion Kultur, Promenade 37, A-4021 Linz
Leiter: Landeskulturdirektor Mag. Reinhold Kräter

Projektleitung / PR und Marketing
- Roland Pichlbauer

Projektorganisation
- Mag.ª Verena Karner

Begleitung durch Abteilung Gebäude- und Beschaffungsmanagement
- Mag. Gerhard Eurgstaller, Direktion Präsidium – Abteilung GBM
- DI Richard Deinhammer, Direktion Präsidium – Abteilung GBM

Technische Abwicklung und Koordination
- DI[in] Pia Goldmann, Direktion Präsidium – Abteilung GBM
- Reinhard Böttcher, Direktion Präsidium – Abteilung GBM
- Ing.[in] Regina Wildmann, Direktion Präsidium – Abteilung GBM

Organisation
- Bernhard Stolberger

Örtliche Ausstellungsleitung
- Ludwig Vogl

Ausstellungsbüro
- Christina Bayer
- Mag.ª Raffaela Janetschko

Redaktion
- Dietmar Leitner

Konservatorische Betreuung
- Ing.[in] Heike Ruhrig, OÖ. Landesmuseum
- Mag.ª Susanne Heimel, ARTEFACTIS, Diplomrestauratorin
- Traute Rupp, Textilrestauratorin

WISSENSCHAFT, PLANUNG UND GESTALTUNG

WISSENSCHAFTLICHE LEITUNG

Ausstellung:
- Dr. Stefan Traxler
- Dr. Reinhardt Harreither
- Mag. Bernhard Schlag

Katalog:
- Dr. Stefan Traxler
- Dr. Felix Lang
- Mag. Bernhard Schlag

Ausstellungsgestaltung (Museum Lauriacum, Basilika)
ARGE Plank Veit Aschenbrenner
- Arch.[in] DI[in] Elisabeth Plank
- Arch.[in] DI[in] Susanne Veit-Aschenbrenner
- Arch. DI Oliver Aschenbrenner

Ausstellungsgrafik
- Mag. Gerald Lohninger

Architektur (Umbau und Zubau Museum Lauriacum)
- Arch. DI Christoph Haas

Architektur Schutzbauten
DIESEN.SCHROECKEN.RIHL ZT GmbH
- Arch. DI Michael Schröckenfuchs, Steyr
- Arch. Prof. DI Siegfried Diesenberger, Neuhofen/Krems
- Arch. Mag.arch. Bernhard Rihl, MSc, Linz

Film zur Landesausstellung & Rekonstruktionen
- 7reasons Medien GmbH

Multimediaguide/App zur Landesausstellung
- Fluxguide Ausstellungssysteme GmbH
- Andreas Wolf

Projektmanagement Rahmenprogramm
- Mag.[a] Verena Karner
- Waltraud Paukner, Stadtamt Enns
- Mag. Martin Selinger

Kulturvermittlung
- Mag.[a] Inge Friedl

Illustration
- Michael Gletthofer
- Roland Reznicek

Kataloggestaltung
- Werner Schmolmüller

Werbegrafik
- Matern Creativbüro

Medientechnik
- Roland Babl
- Gerd Thaller

LEIHGEBER

- Bundesdenkmalamt
- Kunsthistorisches Museum Wien, Münzkabinett
- OÖ. Landesmuseum
- Mules of Marius, München
- Museum Maranatha, Südtiroler Kunsthandwerk, Luttach
- Technische Universität Wien, Institut für Kunst und Gestaltung, Wien

Kooperationspartner
- Amt der OÖ. Landesregierung
- Direktion Bildung und Gesellschaft
- Direktion Inneres und Kommunales
- Direktion Straßenbau und Verkehr
- Direktion Finanzen
- Direktion Personal
- Bezirkshauptmannschaft Linz-Land
- Bezirkspolizeikommando Linz-Land
- Bundesdenkmalamt
- Gemeinde Engelhartszell
- Gemeinde Haibach ob der Donau
- Gemeinde St. Agatha
- Museumsverein Lauriacum Enns
- Stadt Enns
- EWV Enns
- TSE Enns
- Freiwillige Feuerwehren der Ausstellungsgemeinden
- Gesellschaft für Archäologie in Oberösterreich
- Kunsthistorisches Museum Wien
- Naturhistorisches Museum Wien
- Österreichische Akademie der Wissenschaften/ Österreichisches Archäologisches Institut
- ÖAMTC
- OÖ. Landesmuseum
- ÖBB
- Ö1
- Oö. Familienkarte
- ORF OÖ.
- Örtliche Tourismusbüros der Ausstellungsgemeinden
- PANEUM – Wunderkammer des Brotes
- Universität Salzburg
- WGD Donau Oberösterreich Tourismus GmbH
- 4youCard

Medien
- Bezirksrundschau
- ORF – Landesstudio OÖ.
- Life Radio
- Krone Hit Radio
- Ö1
- BTV
- LT1
- Die Presse
- Kronen Zeitung
- OÖ. Nachrichten
- Neues Volksblatt
- Österreich
- Tips

u.v.m.

Weiters ergeht unser Dank für Anregungen, Beratung, Unterstützung an alle Beteiligten, die am Gelingen der Landesausstellung beigetragen haben. Für die Durchführung der Ausgrabungen im Vorfeld und während der Landesausstellung gebührt ein herzlicher Dank den Teams der Firma Archeonova und der Universität Salzburg.

UNSER DANK FÜR ANREGUNGEN, BERATUNG, UNTERSTÜTZUNG ERGEHT AN:

- Roland Aigner, Linz
- Dr.[in] Walpurga Antl-Weiser, Wien
- Helmut Ardelt, MBA, St. Valentin
- Mag.[a] Gerhild Aspalter, Großraming

- Sophie Barfuss, Wien
- Christoph Baumgartner, Kirchham
- Wilfried Benda, Enns
- Dr.in Margit Berner, Wien
- Friedrich Bernhofer, Engelhartszell
- Mag. Christoph Blesl, Wien
- Mag. Herbert Böhm, Wien
- Assoz. Prof. Dr. Jan Cemper-Kiesslich, Salzburg
- Dir. Dr. Wolfgang David, Frankfurt/Main (D)
- mw. drs. Maja d'Hollosy, Amsterdam (NL)
- Univ.-Prof. Dr. Boris Dreyer, Erlangen (D)
- Mag. Cyril Dworsky, Wien
- Prof. Dr.in Sabine Eggers, Wien
- Julia Eichelseder, Radegund
- Christian Eichlseder, Altheim
- Dr. Bernd Euler-Rolle, Wien
- Ernst Eutermoser, Traun
- Klaus Freitag, MA, Wien
- Tobias Gahleitner, Traun
- Kelly Gillikin, MSc, Wien
- Dr.in Anita Giuliani, Marchtrenk
- Mag. Peter Glatz, Leonding
- Assoz.-Prof. Dr Gerald Grabherr, Innsbruck
- Mag.a Michaela Greisinger, Wels
- HR Univ. Doz. Mag. Dr. Stefan Groh, Wien
- Mag.a Dr.in Karina Grömer, Wien
- Dr.in Marion Großmann, Carnuntum
- Mag. Heinz Gruber, Linz
- Mag.a art. Romana Gstrein, Radegund
- PD. Dr. Christian Gugl, Wien
- Eva Gugler, Schlögen
- Ao.Univ.-Prof.in Dr.in Sylvia Hahn, Salzburg
- Ass.-Prof. Dr. Manfred Hainzmann, Graz
- Markus Hauder, Linz
- HR Univ.-Doz. Dr. Bernhard Hebert, Wien
- Dr. Christian Hemmers, Leonding
- Mag. Laurin Holzleitner, Enns
- Mag.a art. Lea Huck, Wien
- Mag.a Edith Humer, Salzburg
- Mag. Franz Humer, Carnuntum
- Dipl.-Rest. Johannes Jacob, Wien
- Dr.in Barbara Kainrath, Rum
- Oskar Kassik, Linz
- Christoph Kastl, MSc, Linz
- Dr. Raimund Kastler, Salzburg
- HR Dr. Anton Kern, Wien
- Mag.a Julia Klammer, St. Pölten
- Michael Klein, Wien
- Mag. Wolfgang Klimesch, Traun
- Prof. Gottfried Kneifel, Enns
- Richard Koch, Pucking
- Manuel König, Schlögen
- Dr.in Kerstin Kowarik, Wien
- Mag. Christoph Kremer, Linz
- HR Dr. Herbert Kritscher, Wien
- Johann Leonhartsberger MA, Hörsching
- Dr.in Jutta Leskovar, Linz
- Mag.a Maria Marschler, Wien
- Maria Meßner M.A., Manching (D)
- Eur. Ing. Hermann Miesbauer, M.A.
- Dr.in Renate Miglbauer, Wels
- Dr. Jörg-Peter Niemeier, Passau (D)
- Dr. Farkas Pinter, Wien
- Dr. Georg Plattner, Wien
- Mag. Dr. René Ployer, Wien
- Mag. Henrik Pohl, Attersee am Attersee
- Dr. Eduard Pollhammer, Carnuntum
- Dr. Bernhard Prokisch, Linz
- Univ.-Ass. DI Josef Prost, Wien
- Dir. Dr. Walter Putschögl, Linz
- Mag.a Julia Rabitsch, Innsbruck
- Mag. Josef Reisinger B.A., St. Pantaleon Erla
- Rudolf Reitberger, Traun
- Dr.in Martina Reitberger-Klimesch, Traun
- Mag. Hans Reschreiter, Wien
- Helga Ritzinger
- Mag. Hans Rudorfer, Irdning
- Dr. Erwin M. Ruprechtsberger, Linz
- Mag.a art. Alexandra Sagmeister, Wien
- Mag. Dr. Markus Santner, Wien
- Dr.inMed. Gabriela Schadenböck-Kranzl, Enns
- Univ.-Prof. Dr. Christoph Schäfer, Trier (D)
- Mag.a art. Magdalena Schindler, Korneuburg
- Univ.-Prof. Dr. Wolfgang Schörner, Wien
- Christian Schrenk, Linz
- Dr.in Christina Schmid, Linz
- Anna Schmidbauer, Salzburg
- Martin Schwarz, Linz
- Dr.in Helga Sedlmayer, Wien
- Christian Seisenbacher, Wien
- Alexander Seisenbacher, Wien
- Alexander Sendlhofer, Salzburg
- Christian Sovis, BSc, Wien
- Mag.a Andrea Stadlmayr, Wien
- Univ.-Prof. Dr. Karl Stingl, Graz
- DIin Astrid Stollnberger, Salzburg
- Ao.Univ.-Prof.in DIin Dr.in Christina Streli, Wien
- Univ.-Prof. Dr. Timothy Taylor, Wien
- HR ao. Univ.-Prof. Dr. Maria Teschler-Nicola, Wien
- Univ.-Prof.in Dr.in Claudia Theune-Vogt, Wien
- Dir. Dr. Andreas Thiel, Linz
- Mag.a Eva Thysell, Salzburg
- Dr.in Barbara Tober, Salzburg
- Gertrude Traxler, BEd, Pucking
- Univ.-Prof. Dr. Hannsjörg Ubl, Dietenheim (IT)
- PD Dr. Klaus Vondrovec, Wien

- Dipl.-FH-Ing. Robert Wacha, MSc, Mauerbach
- Mag. Dr. Reinhold Wedenig, Graz
- Kons. Josef Weichenberger, LInz
- Günther Weinlinger, Wien
- Mag.[a] Magdalena Wieser, MAS, Linz
- Dr.[in] Karin Wiltschke-Schrotta, Wien
- Anna Windischbauer
- Andrea Winkler, Schlögen
- Ao.Univ.-Prof.i.R. DI Dr. Peter Wobrauschek, Wien
- Univ.-Prof. Dr. Wolfgang Wohlmayr, Salzburg
- Mag. art. Christian Woller, Radegund
- Mag.[a] art. Susanne Wutzig, Wien
- Murat Yasar, BA, Wien
- Mag. Manuel Zauner, Wien

u.v.m.

AUTORINNEN UND AUTOREN

- Mag. Herbert Böhm
  VIAS – Vienna Institute for Archaeological Science, Wien

- Assoz. Prof. Dr. Jan Cemper-Kiesslich
  Universität Salzburg, Interfakultärer Fachbereich Gerichtsmedizin und Forensische Neuropsychiatrie

- mw. drs. Maja d'Hollosy
  Skullpting & Universität von Amsterdam, Geisteswissenschaftliche Fakultät (NL)

- Klaus Freitag, MA
  Österreichische Akademie der Wissenschaften/ Österreichisches Archäologisches Institut, Wien

- Mag.[a] Inge Friedl, Graz

- Michael Gletthofer
  grafik design illustration, Mürzzuschlag

- Assoz.-Prof. Dr. Gerald Grabherr
  Universität Innsbruck, Institut für Archäologien

- HR Univ. Doz. Mag. Dr. Stefan Groh, Wien
  Österreichische Akademie der Wissenschaften/ Österreichisches Archäologisches Institut, Wien

- Ass.-Prof. Dr. Manfred Hainzmann
  Österreichische Akademie der Wissenschaften/ Österreichisches Archäologisches Institut, Graz

- Dr. Reinhardt Harreither
  Museum Lauriacum, Enns

- Dr.[in] Barbara Kainrath, Rum

- Dr. Raimund Kastler
  Landesarchäologie Salzburg / Salzburg Museum

- Mag. Wolfgang Klimesch
  Archeonova, Traun

- Dr. Felix Lang
  Universität Salzburg, Fachbereich Altertumswissenschaften

- Mag.[a] Maria Marschler, Wien
  Naturhistorisches Museum Wien, Anthropologische Abteilung

- Eur. Ing. Hermann Miesbauer, M.A., Scharnstein

- Univ.Ass. DI Josef Prost
  Technische Universität Wien, Atominstitut

- Mag. Josef Reisinger B.A., St. Pantaleon-Erla

- Mag. Bernhard Schlag, Salzburg

- Dr.[in] Helga Sedlmayer
  Österreichische Akademie der Wissenschaften/ Österreichisches Archäologisches Institut, Wien

- Mag.[a] Andrea Stadlmayr
  Naturhistorisches Museum Wien, Anthropologische Abteilung

- Ao.Univ.Prof. DI[in] Dr.[in] Christina Streli
  Technische Universität Wien, Atominstitut

- Dr. Stefan Traxler
  OÖ. Landesmuseum, Abteilung Römerzeit, Mittelalter- und Neuzeitarchäologie, Linz/Leonding

- PD Dr. Klaus Vondrovec, Wien
  Kunsthistorisches Museum Wien, Münzkabinett

- Ao.Univ.Prof.i.R. DI Dr. Peter Wobrauschek
  Technische Universität Wien, Atominstitut

BILDNACHWEISE

Die Fotonachweise wurden nach bestem Wissen und Gewissen erstellt. Sollten dennoch Fragen offen geblieben sein, wird um Kontaktnahme mit der Redaktion ersucht.